시선

# 시선

정운영 선집

정운영 지음

생각의힘

차례

## 3부. 세상의 풍경

## 4부. 사람 읽기

## 5부. 크리티크

## 일러두기

1. 저자의 사상을 잘 반영하면서도 여전히 시의성이 있다고 판단되는 글들을 편집자가 1차로 선별한 후 저자와 가까웠던 몇 분의 자문을 거쳐 최종 수록하였다. 선별 과정에서 편집자의 주관적 판단을 최소화하고자 하였으나 미흡한 사례가 있다면 전적으로 편집자의 책임임을 밝힌다. 이 책의 글들은 아래의 책들에 수록되어 있다.

   『광대의 경제학』, 까치, 1989
   『저 낮은 경제학을 위하여』, 까치, 1990
   『경제학을 위한 변명』, 까치, 1991
   『시지프의 언어』, 까치, 1993
   『피사의 전망대』, 한겨레출판, 1995
   『레테를 위한 비망록』, 한겨레출판, 1997
   『세기말의 질주』, 해냄, 1999
   『신세기 랩소디』, 산처럼, 2002
   『심장은 왼쪽에 있음을 기억하라』, 웅진지식하우스, 2006

2. 원문의 표현은 수정하지 않는 것을 원칙으로 하되, 글마다 다른 표기들은 통일하였다.

3. 본문의 '후기'는 저자가 최초 집필 후 출판 시 추가한 것이며, 편집자의 주석이 필요한 경우에는 '편집자 주'로 표기하였다.

추도사
# 영생하는 영혼의 소유자

정 형, 운영 형!

그대를 떠나보내며 써야 했던 조사에 이렇게 호칭했었는데, 이제 다시 10년 만에 추도사를 쓰며 같은 호칭으로 당신을 부르고 있습니다. 그때 그대를 그렇게 문득, 허망하게 떠나보내는 것이 너무 기막히고, 서럽고, 안타까워 '정 형!'이라고 한 번 부르는 것으로 모자라 가슴을 억누르며 '운영 형!'을 덧붙여 부를 수밖에 없었던 내 심정을 당신은 이제 아시리라 믿습니다.

10주기 기념 선집에 추도사를 써달라는 연락을 받고 정 형과 나 사이에 놓인 세월의 강폭이 10년이나 되었다는 것을 '아아…… 벌써……' 하는 놀란 가슴으로 깨달았습니다. 그건 세월의 흐름을 놓치고 살다가 불현듯 깨닫는 일상적 무상감이 아니라 정 형은 나와 내 아내의 가슴 속에서 언제나 살아 있어서 10년이란 세월의 간격이 전혀 실감나지 않은 탓입니다.

정 형이 우리 부부에게 남겨놓고 간 마지막 글을, 아내는 산책길에서나 여행길에서나 문득문득 읊조리며 말하고는 했습니다.

"지금 살아 있으면 서로에게 참 좋을 텐데. 꼭 옆에 있어야 할 사람들이 서둘러 세상을 떠나다니. 당신은 운이 없는 사람 같아요."

이렇듯 정 형을 가슴에 품고 살았으니, 정 형은 표표히 떠났지만 우리는 정 형을 보내지 아니하였습니다. 정 형은 상대를 다니면서도 소설을 쓰고 싶어 했던 문학청년의 순정을, 우리 부부에게 남긴 마지막 글에서도 유감없이 발휘해 한 편의 눈물겨운 시를 만들어놓고 있습니다. 그 가슴에 사무치는 절절함과 목숨의 고적감과 거역할 수 없는 하늘의 무정함이 아련한 시적 운율을 이루어내 집사람은 같은 시인의 감성으로 정 형의 글을 생생하게 암송하고는 하나 봅니다.

이 추도사를 쓰려니 그 글을 꺼내보지 않을 수가 없었습니다. 어제 만난 사람의 얼굴도 못 알아보고, 조금 전에 둔 물건도 어디 두었는지 몰라 허둥대기 예사인 내가 정 형의 그 글을 단박에 찾아낸 것을 보고 정 형은 무슨 생각을 했습니까. 지난 10년 세월 동안 정 형을 보내지 않고 가슴에 품고 살았다는 것이 결코 소설가적 과장이 아니라는 것을 확인하셨겠지요.

정 형의 그 마지막 글을 다시금 한 자, 한 자 읽으며 가슴이 접어 내립니다.

조정래, 김초혜 선생님께

남이 나한테 저지른 잘못은
내가 남한테 저지를 잘못과
비긴다지만 남이 나한테 베푼
은혜는 어쩐다지요?
처음이자 마지막으로 가는
이 발길이
이렇게 무거울 줄이야
혹시 이승을 지날 일이 있으면
두 분 사시는 곳을 내려다보고
환한 미소를 한 대접 보내지요.

2005년 7월 9일
정운영

우연히 만나 형제보다 고맙게 해주었다면서 마지막 가는 길에 말했습니다.●

정 형의 글을 읊조리고 난 아내는 꼭 하늘을 올려다보며 "지금 정운영 씨가 내려다보고 있는 것 같다"고 하고는 합니다.

● 편집자 주―끝 문장은 정운영 선생의 부인 박양선 여사가 적은 추신임.

그러면 나도 같이 하늘을 올려다봅니다. 그럴 때마다 정 형의 훤칠한 모습이 하늘 가득 선연히 떠오르고는 합니다. 그러니 정 형은 늘 우리와 함께 살고 있는 것 아닙니까.

정 형과 나의 첫 만남은 저 1986년, 서애 류성룡이 말년을 보냈던 안동의 병산서원에서 이루어졌습니다. 어느 출판사가 진보적인 지식인 40여 명을 모은 토론회 자리였습니다. 날마다 벌어지는 가투를 향해 터지는 취루탄으로 사람들이 눈물을 흘려야 하는 시대상황이었지요.

뒤로는 우람한 산줄기가 에둘러 병풍을 치고, 앞으로는 하얀 모래밭을 거느리며 맑은 내가 흐르고, 병산서원은 그 산자락에 의연한 자태로 자리 잡고 있었습니다. 학문과 경세에 두루 통달한 서애가 찾아냈음직한 명당이었습니다. 50여 명이 넘게 넉넉히 둘러앉을 수 있는 높직한 누정樓亭은 특히 일품이었습니다. 거기에 큰 뜻을 품은 후학들을 불러 앉혀놓고 세상사를 설파하는 서애의 음성이 들리는 듯했습니다.

어둠살이 퍼지는 백사장에 모닥불은 피어오르고, 돌아가는 술잔을 따라 취기와 대화의 열기가 함께 오르고 있었습니다. 그런데 어떤 한 사람이 내 앞에 다가섰습니다. 키가 훌쩍 크다 못해 장대같이 길게 보이는 남자였습니다. 그럴 수밖에 없는 것이 나는 앉아서 술을 마시고 있는데 키가 큰 그 남자는 서 있었으니까요.

"안녕하십니까, 조 선생님. 저는 정운영이라고 합니다."

장대키의 사내가 말했는데, 울림 좋은 굵은 목소리가 너무나 좋아 기분 나쁠 정도였습니다. 나는 빨리 쉬는 내 목소리가 영 좋지 않다는 열등감을 가지고 있었기 때문입니다.

"『태백산맥』, 아주 잘 읽었습니다."

시선―정운영 선집

악수를 나누며 정 형이 한 말이었습니다.

나는 그만 한순간에 정 형이 좋아지고 말았습니다. 그때 나는『태백산맥』1부 세 권을 내놓고 그 반응이 어떨지 내심 불안한 상태에 있는 처지였던 것입니다. 그런데 예사 사람도 아닌 경제학자가 거침없이 호감을 드러내니 그보다 큰 응원군이 어디 있겠습니까.

더구나 나는 그때 어느 분의 몇 마디 말 때문에 심사가 별로 편치 않았던 것입니다. 다름이 아니라 나는 병산서원에 도착할 때까지 평론가 김윤식 선생과 버스의 한자리에 앉아 갔습니다. 그 긴 시간 동안 대화는 자연히『태백산맥』일 수밖에 없었지요.

이런저런 얘기를 해나가다가, "그런데 조 형, 1부에다가 그 많은 얘기들을 써버리면 앞으로 열 권을 어쩌겠다는 거요?" 김 선생이 불쑥 한 말이었습니다.

"앞으로 할 얘기가 열 배는 더 많은데요⋯⋯."

나는 김 선생의 말뜻이 얼른 잡히지 않아 좀 어물거리는 어조로 말했습니다.

"아⋯⋯, 그래에요오⋯⋯."

말꼬리가 길게 늘어지는 그 어조의 의미를 명확히 파악하기가 무척 어려웠습니다. 그 긴 어조는 긍정과는 거리가 먼 부정이 분명한데, 그 부정이 '넌 10권짜리 소설의 구성을 잘못한 거야' 하는 뜻인지, 아니면 '뒤로 갈수록 이야깃거리가 궁해져 10권을 못 채우고 흐지부지 될 거야' 하는 의미인지 모호하고 막연해 종잡을 수가 없었습니다. 그렇다고 그걸 따져 물을 수도 없는 노릇 아닙니까. 그게 평론가와 작가라는, 그리고 고상한 지식인 간의 대화 품격이라는 것 아니던가요.

그런 찜찜한 감정의 찌꺼기가 남아 있던 판에 정 형의 그런 흔쾌한 반응을 접했으니 정 형이 얼마나 예뻐보였겠습니까. 작가란 이렇게 모성애 강한 여자처럼 이성적이지 못한 존재랍니다.

그런데 정 형은 젊은 나이에 비해 지나치게 핼쑥한 몰골이었고, 혁대 풀고 맘껏 마셔도 될 분위기 속에서 술을 한 잔도 하지 않았습니다. 다름이 아니라 큰 수술의 뒤끝이었던 것입니다. 위를 다 들어내다시피 한 대수술의 와중에서도 정 형은 『태백산맥』 1부 세 권을 다 읽은 것이었습니다. 그 치열한 독서열은 그 뒤로 정 형과의 사귐이 깊어질수록 감탄하고 감탄하게 된 덕목 중의 하나입니다. 그 자리에 온 모든 분들이 책 읽는 것을 직업으로 하고 있는데도 "지금 『태백산맥』을 읽고 있다"고 할 뿐이었습니다. 그러니까 세 권을 다 읽은 사람은 정 형과 김윤식 선생, 두 분이었던 거지요.

술잔이 오가며 모두 불콰해지고 있는 속에서 안주만 축내고 있던 정 형이 나직하게 그러나 정색을 하고 말했습니다.

"『태백산맥』을 완성할 때까지는 제발 다른 일은 하지 마십시오. 우리 문학도 이제는 무어 하나쯤 후세에 자랑거리로 남겨야 하지 않겠습니까."

이 말을 듣고 나는 어리둥절해지고 말았습니다. 김윤식 선생의 말처럼 난해해서가 아닙니다. 너무 명료했기 때문입니다. 너무 큰 기대였기 때문입니다. 너무 과분했기 때문입니다.

'이대로 끝까지 잘 써나가면 후세에 자랑거리로 남겨질 수 있어.' 이런 뜻이 아닙니까. 이보다 더 큰 칭찬, 이보다 더 큰 격려가 어디 있겠습니까. 내가 글을 쓴 이후로 최초로 받은 가장 뜨겁고, 가장 무겁고,

가장 진한 인정이고 위로였습니다. 김윤식 선생한테서 받았던 찜찜함이 말끔하게 씻겨져 나가는 기분이었습니다.

키 크고 선한 인상이 갈데없이 식물적인데, 대수술로 피 많이 흘려 핼쑥한 얼굴에 마른 체구는 더욱 정적이고 사색적으로 보이게 했습니다. 그런 정 형과 이틀을 더 보내고 헤어지면서도 나는 더 얘기를 나누진 않았습니다. 첫 만남에서 지식인들이 으레 보이기 마련인 '거리 두기'와 '거리 재기' 때문이 아니었습니다. 내 머릿속은 정 형의 그 말을 끝없이 되새김질하는 소의 위가 되고 있었기 때문에 그 누구하고도 말을 섞을 수가 없었던 것입니다.

우리는 그렇게 헤어졌습니다. 그리고 나는 매달 보름씩 집을 떠나 『태백산맥』과 샅바를 잡고 혈투를 벌이느라고 정 형 같은 존재는 까맣게 잊어버렸습니다. 다리가 열 배쯤 통통 부어오른 것 같은 착각에 놀라 불현듯 장단지를 감싸 잡고 주무르고, 밥때가 되어 5층에서 아래 식당으로 걸어 내려가다가 복도며 계단이 걷잡을 수 없이 흔들리고 출렁거려 가까스로 벽을 붙들고 위기를 넘기고, 밥을 먹고 나면 꼭 가슴속 저 깊은 데서부터 들떠 오르는 것 같은 먹먹한 통증이 신경성 위궤양 때문이라는 것도 모른 채 끅끅거리며 다시 원고지 칸을 메우려고 기를 써대고 있었으니 정 형을 생각할 틈이 어디 있었겠습니까.

그렇게 몇 년이 지나 『태백산맥』 열 권을 끝냈습니다. 기진맥진하여 온몸이 쑤시고 결리고, 아무리 값진 음식이라고 해도 입맛이 없고, 그 누구나 반가운 사람이 없고, 좀 과하게 체력이 소진되어 있었습니다. 아니, 체력만이 아닙니다. 『태백산맥』에 시비를 거는 심야의 협박 전화까지 걸려오고 있었으니 내 정신마저도 피폐해지는 상황이었습니다.

그즈음에 누군가가 전화를 걸어왔습니다. 정운영이라는 사람이 「문예중앙」에『태백산맥』작품평을 썼으니 한 번 읽어보라는 것이었습니다.

정운영!

장대같이 키 큰 사나이의 실루엣이 기억 저편에서 떠올랐습니다. 그리고 "우리 문학도 이제는 무어 하나쯤 후세에 자랑거리로……"하는 울림 좋은 굵은 목소리가 생생하게 되살아나고 있었습니다.

그러나 다음 순간 나는 이상한 생각이 들었습니다. 「문예중앙」이면 문학 전문 계간지인데 어떻게 경제학자의 글이 실릴 수 있는 것인가. 경제학자가 '작품평'을 써……? 경제학적 입장에서 작품을 분석했다는 것인가. 못할 것도 없는 일이지만, 글이 얼마나 감칠맛 없이 무미건조할까. 한순간에 떠오른 생각들이었습니다.

그런 의문과 궁금증은 곧바로 책을 사들게 만들었습니다.

1990년 「문예중앙」 가을호에는 정말 '작가에게 띄우는 편지'라는 글의 종류가 표시되어 있고, "우리를 대신하여 역사에 사죄를" 하는 제목과, 그 아래 "─趙廷來 형에게"라는 부제가 붙어 있었습니다. 그리고 바로 밑에는 '鄭雲暎'이라는 필자 이름과 함께 '경제평론가'라는 직함이 박혀 있었습니다.

'경제학자'도 아니고 '경제평론가'라니……. 내 눈길은 한동안 그 다섯 글자에 박혀 있었습니다. 그 다섯 글자는 얼마나 딱딱하고 비문학적입니까. 무릇 모든 예술가는 '평론가'라는 것에 아무런 친근감도 매력도 못 느끼는 법입니다. 그런데 '문학'도 아니고 '경제평론가'라니요. 요즈음에는 '글 품팔이'니 '지식 노동자'니 하는 별 희한한 직함들을 스스로 만들어 쓰는 게 예사가 되었습니다만, 25년 전 그 시절에 그 직함은 막 대중화하기 시작한 컴퓨터만큼이나 생소한 것이었으니까요.

그런데 그런 거리감은 글이 시작되면서 이내 사라지는 것을 느끼게 했습니다. 글이 정답고 부드러웠으며, 문장이 바뀔 때마다 감칠맛 나게 사람의 마음에 감겨드는 묘한 매력을 발산하고 있었습니다.

'어어, 이 사람 글 쓸 줄 아네.'

이게 내 마음에 떠오른 첫 느낌이었습니다. 그러니 글이 줄줄 읽혀 나갈 수밖에요.

조 형으로서는 다소 듣기에 면구스런 언사가 될지 모르겠습니다만, 나는 『태백산맥』에 민족문학의 거봉이란 명예를 아낌없이 선사합니다.

정 형은 이 문장을 네 페이지째 상단에 쓰고 있었습니다. 이 용감무쌍한 찬사와 정의 앞에서 내가 맞닥뜨린 감정은 놀라움과 당황이었습니다. 왜냐하면 나는 열 권짜리 대하소설을 몇 달 전에 완성시켜 세상에 내놓고 꽤나 불안한 정신 상태에 처해 있는 상황이었습니다. 그건 '무언가를 보여 주고, 평가받아야 하는 자들'이 공통적으로 겪어야 하는 불안일 것입니다. 그런데 그 첫 번째 내려진 평이 '민족문학의 거봉'이었으니 내 심정이 어떠했겠습니까. 그 심정에 대해서는, 정 형이 세상을 떠나기 전까지 수십 번을 만나고, 긴 시간을 함께 보내고 했으면서도 이제야 겨우 입에 올리고 있습니다. 인간관계의 깊이란 이런 것임을 정 형에 대한 그리움과 함께 새삼 느끼고 있습니다.

정 형의 그 평에 더할 수 없이 큰 무게가 실렸던 것은 정 형의 글이 단순히 서간문이 아니라 그 어떤 문학평론가의 글에 견주어도 아무 손색이 없는 논리 정연하고 예리한 분석의 본격적 문학평론이었기 때문입니다. 그리고 다른 문학평론가들은 한창 읽고 있을 상황에서 정 형은 가장 먼저 첫 발언을 한 것이었습니다. 또한 정 형은 경제학자로서의 전문적 식견을 발휘해 『태백산맥』의 핵심이며 분단 요인인 '생존과 토지 문제'를 명쾌하게 투시하고, 제시해 객관성을 확보한 것이었습니다. 그 부분은 문학평론가들이 감히 범접할 수 없는 정 형 특유의 탁월함이었습니다. (사실 그 후로 수십 명의 평론가들이 평을 썼지만 그 부분에서는 모두 정 형에게 신세를 지고 있었습니다.)

자본주의 생산양식이 사회 전반에 침투하지 않은 시기이고 더욱이 소작관계가 생존과 생산을 좌우하던 지역이란 그 배경의 특수성을 십분 고려하면서도, 정치사회적 현상의 설명변수를 우직하리만큼 집요하게 토지소유관계에서 찾아내려는 조 형의 고집에 처음에는 나도 상당히 냉담한 눈길을 보냈던 것이 사실입니다. 그러나 이 글을 쓰기 위해 다시 한 번 차근히 책을 읽어가면서 작가가 도처에 치밀하게 쳐놓은 음모의 덫과 함정에서 벗어나기가 무척 힘들다는 사정을 깨닫게 되었습니다. 그것은 나의 이론 무장이 그처럼 미미했다는 점에도 이유가 있겠지만, 조 형의 세뇌 공작(!)이 그만큼 치열했다는 사실에 더 큰 책임을 돌려야 할 듯합니다. 여하튼 나는 어쩔 수 없이 조 형의 설득에 백기를 들고 말았지만, 이와 같은 전향(?)에 별로 유감이 없으니 당분간 안심하기 바랍니다.

정 형의 이 분석과 진단은 적중했습니다. '당분간'이 아니라 25년 세월이 흘러간 지금까지도 그 '백기'를 바꾸어 든 평자들이 없으니까요.

그런데 같은 시기에 정 형과 똑같은 평가를 내린 사람이 또 하나 있습니다. 그분은 다름 아닌 정치경제학자 박현채 선생이었습니다.

"와따메, 니는 워찌 농토문제가 이데올로기문제라는 것을 딱 알아부렀드라냐? 이데올로기는 생활상의 요구에서 비롯된다는 것이 바로 그것인 것이여. 니가 아조 솔찬허당게로."

그분이 투박한 사투리로 한 말이었습니다.

두 경제학자의 시점이 빈틈없이 일치했던 것인데, 정 형은 글로 썼던 것이고 그분은 말로 했던 것입니다.

박 선생은 나의 광주서중학교 선배인 동시에, 정 형의 서울상대 선배이기도 합니다. 그리고 그분은 『태백산맥』의 '소년 빨치산 조원제'의 실제 모델인 것은 정 형도 이미 알고 있을 것입니다.

그런데 두 경제학자가 투시하고 주목한 그 '생활상의 요구'에 대해서 그동안 모든 문학평론가들은 뭐라고 해왔을까요. 해방 공간에서 좌익에 경도되었거나, 빨치산 투쟁에 앞장섰던 수많은 농민들에 대해 '아무것도 모르는 무지한 그들은 감정에 휩쓸려 무모하게 행동했다'는 내용으로 평가가 통일되어 있었습니다.

그 평가에는 두 가지 큰 문제점이 있습니다. 첫째는 농민들은 모두 무지한 무리로 속단한 인격적 모독입니다. 둘째는 사회경제적 현실에 대한 객관적이고 논리적인 분석과 파악 없이 지식인의 우월감만 앞세워 저지른 자만과 무지입니다.

그런 문학평론가들의 무책임한 답습에 대하여 정 형은 명료한 분석으로 쐐기를 박음과 동시에, 소작인 문 서방이 내뱉은 "나라가 공산당 맹글고 지주가 빨갱이 맹근당께요" 하는 탄식에서 민심이 어떻게 '생활상의 요구'를 현실적으로 발현시키는지를 일깨워주고 있습니다. 정 형의 그 노고로 나는 소설의 핵심 주제의 하나를 마침내 성취하게 되었고, 더 나아가 문학평론가들이 그 무책임한 무지를 더는 반복하지 않게 된 것이었습니다. 정 형은 결벽증이 유난히 심해 살아 생전에는 입에 올리지 못했다가 이제사 하는 말입니다만, 정 형은 과연 남다른 혜안을 가지고 문학평론가들의 스승 노릇까지 톡톡히 한 것이었습니다. 이 말을 하다 보니 마침 내 머리 위로 지나가던 정 형이 "조 형, 그 무슨 망발이시오" 하고 꾸짖는 소리가 들리는 것 같습니다.

그리고 정 형은 평론적 논리를 넘어 한 걸음 더 성큼 나아갑니다.

역사의 진실을 전부 해명하기에는 이 시대가 아직도 음울하고, 작가가 자유롭게 발언하기에는 이 사회가 여전히 음험하기에 나는 조 형의 소설을 적과 백의 이데올로기로 서둘러 색칠하려는 주변의 시도에 완강히 반대합니다.

정 형은 그때 벌써 '작가 보호의 입장'을 이렇게 분명하게 밝히고 있습니다. 정 형의 예리한 감각과 판단력은 그때 이미 작가에게 어떤 사회적 정치적 위해가 가해질지 예감하고 간파하고 있었던 것입니다.

그 뒤로 4년이 지나 나와『태백산맥』이 국가보안법 위반 혐의로 고발당했을 때 정 형은「한겨레신문」에 고정칼럼을 쓰고 있었습니다. 그 사건에 대해서 기사만이 아니고 사설까지 쓴 것이 네댓 신문이었습니다.

모두 나에게 불리한(?) 내용들이었습니다. 「한겨레신문」은 사설을 두 번이나 썼는데, 두 번 다 나를 철저하게 옹호하고 있었습니다. 사설이 그렇게 쓰이게 하는 데 정 형이 애를 많이 썼다는 것을 몇 년이 지나서야 딴 사람을 통해서 알게 되었습니다. 그 고마움에 대해서도 정 형 생전에 표현하지 못하고 이제야 이렇게 쓰고 있습니다. 진정으로, 사무치게 고마운 것은 '고맙다'거나 '감사하다'는 말로는 도저히 표현이 안 된다는 사실을 세상살이가 길어질수록 자주 느끼고 있습니다.

정 형의 「문예중앙」 글에 또 이런 대목도 있습니다.

얘기를 일단 휴전협정에서 끝냈기 때문에 숱한 등장인물들에 대한 그 뒤의 안부가 우리의 초조감을 자극하고 있습니다. 특히 이학송이나 심재모처럼 소설에서 상당히 적극적인 역할을 담당해온 인물들이 인사말도 없이(?) 퇴장해버려 그들의 후일담이 기대되는 것이 사실입니다.

이런 지적은 정 형이 얼마나 꼼꼼하고 치밀하게 독서를 하고 있는 것인지 보여주는 좋은 예입니다. 많은 평론가들이 평문을 썼지만 그런 점을 집어낸 사람은 아무도 없었던 것입니다. 수많은 인물, 수없이 가지 쳐 나가는 사건들, 무한정 긴 소설을 읽다 보면 그런 세세한 것들은 놓치기 십상일 것입니다. 그런데 정 형의 촘촘한 의식의 그물은 그런 허술함을 용납치 않는 것입니다.

정 형의 그런 지적을 받고 가슴 뜨끔해지며 '참 대단한 사람'이라고 다시금 고개 주억거리지 않을 수 없었습니다.

그 인물들을 인사말도 없이 퇴장시켜 버린 것은 작가의 특권 행사였습니다. 인사말도 없는 퇴장은 그뿐만이 아니라 또 있습니다. 운정 스님이 그렇고 법일 스님이 그렇습니다. 그들은 애초에 다 그럴듯하게 퇴장하도록 얘기가 짜여져 있었습니다. 그런데 이야기를 써나가다 보니까 할 얘기가 너무 많아 그들의 얘기까지 다 펼쳐 나갈 수가 없었습니다. 소설은 열 권으로 끝내야 하는데, 그들의 얘기까지 다 하자면 소설은 두 권이 더 불어나야 할 형편이었습니다.

그래서 우물쭈물, '상징과 생략'이라는 소설의 기법에 책임을 미루며 그들을 퇴장시킬 수밖에 없었습니다. 소설가의 수다가 이런 것이라는 사실을 평론가인 김윤식 선생은 미처 몰랐던 것이지요. 소설가가 이야기의 샘이 마르면 그건 사형 선고를 당하는 것이나 마찬가지 아닌가요.

어느 날 길게 술을 마시며 그 인물들에 대한 그 후의 얘기들을 대충 풀어놓았을 때 정 형이 못내 아까워하고 아쉬워했던 모습이 지금도 눈에 선합니다. "성님은 천상 소설가시오. 그걸 다 썼으면 『태백산맥』이 훨씬 더 재미있었을 텐데."

정 형은 술을 마시거나, 기분이 좋은 사석에서는 나를 '형님'이 아닌 '성님'으로 부르며 정겨움을 표하고는 했습니다. 그 촌티 나는 호칭 속에 한 살 차이를 대접하고자 했던 정 형의 속 깊은 마음이 담겨 있었습니다.

우리의 시대를 증언하고 그 기록을 역사로서 다음 세대에게 물려주는 과제가 민족문학에게 부여된 최초의 소명이라면, 『태백산맥』은 그 소명을 성취할 자질의 '필요조건'을 이미 갖추고 있음이 분명합니다. 물론 그 작업이 다시 피를 말리고 생명을 깎는 고뇌와 고통과 고투의 계속일 수밖에 없지만, 그러나 조국과 인민에의 뜨거운 애정으로 골짜기에 뼈를 뿌리고 등성이에 혼을 날려보낸 수많은 사람들에 대한 사죄로서, 그리고 그러한 사랑에도 불구하고 그들의 삶과 죽음조차 배반하고 있는 불행한 조국의 역사에 대한 속죄로서 조 형의 고뇌와 고통과 고투는 여전히 필요합니다. 그 괴로운 과업에서 다시 승리할 때『태백산맥』은 민족문학에게 요구되는 '충분조건'을 마저 갖추게 되는 것입니다.

정 형은 이렇게 문장을 엮어내며 편지글을 마무리해가고 있습니다. 그런데 25년의 세월이 흘러 다시 읽어 보아도 그건 그냥 편지가 아닙니다. 분석과 논리와 통찰을 명료하게 갖추고 있는 본격적인 문학평론인 것입니다. 정 형이 얼마나 높고 깊은 지성의 소유자인지 이번에 그 글을 다시 읽으며 새삼스럽게 또 깨닫습니다. 하긴 그 글이 편지로서는 어울리지 않게 길어서 글자를 한 자씩 세어서 원고지로 몇 장이 되는지를 그 양을 계산해 보았지요. 그랬더니 원고지로 마흔다섯 장이나 되지 않습니까.

「문예중앙」의 요청에 따라 작가에게 편지를 쓴다는 것이 그만 작품에 대한 시덥잖은 독후감이 되고 말았습니다.

정 형은 이런 실토를 통해 편집자의 원고청탁 의도를 어기면서도 본격적인 평론 쓰기를 하겠다는 뜻을 분명히 하고 있습니다. 그건 참 정 형다운 모습이 아닐 수 없습니다. 장안의 여론을 좌지우지하는 명

칼럼니스트로서, 유려한 문장으로 설득력 강한 글을 길게 잘 쓰는 사람으로 누구보다 앞줄에 꼽히는 정 형이 원고지 열서너 장의 편지글로 만족할 리가 없는 일이지요.

정 형, 운영 형!

세상 사람들은 생전의 정 형에게 몇 가지 특징을 부여하고 있었습니다. 글을 가장 책임 있게 쓰는 사람. 책과 독서량이 가장 많은 사람. 진보 진영을 대표하는 경제 이론가이며 평론가. 당대의 대표적인 재사이며 문장가.

정 형에 대한 이런 평가들을 다시 되새기다 보니 내가 조사에다 '죽음이라는 것이 들숨과 날숨 사이에 있다는 것을 알지만, 당신의 느닷없는 비보는 허망하고 또 허망하여 그저 기막힐 따름입니다. …… 남자 기대수명이 여든이 넘은 세상에서 예순한 살도 나이라고 이렇게 황급히 떠납니까'라고 썼던 그 슬픔이 다시금 사무쳐 옵니다.

정 형은 「한겨레신문」의 한 회 분 칼럼을 쓸 때마다 밤을 하얗게 지새운다고 소문나 있었습니다. 동업자로서 그건 이해하겠는데, 그다음이 문제였습니다. 시간의 흐름을 완전히 망각할 만큼 치열한 열정으로 집중한 것도 모자라 정 형은 다음날이면 신문사 윤전기 옆을 마지막까지 떠나지 않는 필자로 유명했습니다. 윤전기를 본격적으로 돌리기 직전까지 정 형은 자신의 칼럼을 고치고 고치고 또 고치는 미련스러운 성실을 다했던 것입니다. 쇠만 두들길수록 강해지는 것이 아닙니다. 글은 고칠수록 좋아진다는 말은 동서고금의 진리화된 말입니다. 시성 이백이나 두보가 한 편의 시를 완성하기까지 백 번 넘게 고치고, 독일의 문호 괴테가 『파우스트』를 50년이 넘도록 고치고, 미국 문학의 자존심으로 일컬어지는 헤밍웨이가 『무기여 잘 있거라』의 마지막 장면을 11번이나 고치고, 우리나라의 고결한 시인 조지훈이 「승무」를 30년 넘게 고쳤다는 것은 글은 다듬을수록 좋아진다는 것을 실증해주는 좋은 사례들 아닙니까.

정 형이 으뜸가는 칼럼니스트로 꼽힌 것도, 글 한 편 한 편이 발표될 때마다 많은 사람들의 이목을 집중시키고, 화젯거리가 되곤 했던 것이 어찌 우연의 일이겠습니까. 하나의 명검을 만들어내기 위해 대장장이가 쇠망치질을 수천 번씩 되풀이하는 그 장인정신처럼 정 형이 윤전기가 돌아야 하는 마지막 순간까지 단어 하나하나를 갈고 다듬은 것은 글 쓰는 모든 사람들이 본받고 우러러야 하는 모범이고 사표였습니다.

"그 미련스러운 뚝심 아무도 못 당해요. 그러니까 아무도 당할 수 없는 글을 써냈던 거지요."

정 형의 빈소에서 「한겨레신문」의 어떤 논설위원이 했던 말입니다.

어디 그뿐입니까. 원고지 10장이 미처 못 되는 한 회 분 칼럼에 관계 서적 대여섯 권씩이 등장하기가 예사인 것이 정 형의 칼럼이었지요. 한 회의 칼럼을 쓰기 위해 그 많은 책들을 다 읽고, 완전 소화를 해서 명칼럼을 탄생시키고는 했으니 그 노고는 얼마이며, 그 치열함과 성실을 누가 당할 수 있겠습니까. 나는 정 형의 칼럼을 곱씹어 읽으며 정 형에게 무한의 신뢰를 보내지 않을 수가 없었습니다. 그리고 정 형의 칼럼들은 하루살이 생명인 신문에 실렸다 사라지는 일회성 글이 아니라 의식 깊이 아로새겨야 하는 경제 지도서였고, 사회 인식서였고, 역사 판단서였습니다.

그리고 정 형의 또 한 가지 유명한 점은 장서가 제일 많은 학자이며,

속독의 독서광이라는 사실입니다. 정 형의 집에 처음 갔다가 나는 얼마나 놀랐던지요. 책 많은 사람들을 적잖이 보아왔지만, 책이 많아도 어찌 그렇게 많을 수가 있겠습니까. 아파트 현관 초입에서부터 천장까지 빽빽하게 차 올라간 책들이, 온 집안 벽이란 벽은 그 어디든 빈틈이라고는 없이 차 있었습니다. 심지어 침실의 벽까지도 책꽂이로 가득 차 있었으니 무슨 말을 더 하겠습니까. 그런데 딱 두 군데만 책꽂이가 침범하지 못하고 있었습니다. 식당과 화장실이었습니다. 거기도 습기와 물기가 아니었더라면 두말할 것 없이 책으로 채워졌겠지요.

그런데 책 많은 사람들 집에 가보면 책이 책꽂이에 꽂히지 않고 여기저기 수북이 쌓여 있는 것을 보게 됩니다. 그건 책꽂이가 부족해서만 생기는 현상이 아닙니다. 그때그때 책 정리를 하지 않은 주인의 게으름이 그렇게 쌓여 있는 것입니다. 그리고 그 높이가 높을수록 그 주인의 독서의 게으름을 유감없이 보여주는 것이기도 합니다.

그런데 정 형의 집에서는 그렇게 쌓인 책을 전혀 볼 수가 없었습니다. 그리고 더 놀라운 것은, 그 많은 책들이 분야별로 종류별로 정리되어 있을 뿐만 아니라 책꽂이 칸칸마다 해 지난 달력들이 정성스럽게 잘려 책 위를 덮고 있었습니다. 책에 먼지 내려앉는 것을 막으려는 조치였지요. 책들을 얼마나 소중하게 여기는지를 한눈에 보게 하는 정 형의 알뜰한 마음이었습니다.

그런데 나는 정 형 집을 나오며 큰 걱정을 하고 있었습니다. 그 많은 책 무게 때문에 아파트가 괜찮을 것인가 하고 말입니다. 그게 무슨 잠꼬대냐고요? 입바른 말이 될까봐 정 형이 세상을 떠날 때까지 입 밖에 내지 않은 말입니다만, 그럴 위험은 다분했었던 거지요. 무슨 말인고 하면, 몇 년 전에 국가 문서들을 보관하는 5층 빌딩이 그 무게 때문에 층마다 쩍쩍 갈려져 임대해 쓰던 그 건물에 나라가 배상금을 물게 되었다고 텔레비전이 보도했었습니다. 그런데 정 형과 내가 사는 우리 분당의 아파트들은 처음 지을 때 간기가 다 빠지지 않은 바닷모래를 써서 크게 사회문제가 되지 않았습니까. 그래서 나는 분당으로 이사를 할 때 아파트를 피해 굳이 빌라를 택했던 것입니다. 정 형에 비해 난 책을 반에 반도 못 가진 형편이었는데도 말입니다. 바보같이 정 형이 너무 급히 떠나버려, 내가 겁쟁이인지 정 형이 무모한지는 판가름 나지 않았지만 말이오.

예로부터 장서가들이 갖는 공통점은 책탐일 것이오. 우리나라에서 책탐이 가장 많았던 것으로 소문난 사람이 육당 최남선인데, 정 형도 그에 못지않을 듯 싶소. 어느 날 정 형이 쑥스러운 듯했던 말을 잊을 수가 없소. 체 게바라의 바람이 거세게 불기 시작한 때에 마침 유럽에 갔다가 서점에서 그의 평전을 대하게 되었는데, 눈에 띄는 대로 뽑아놓고 보니 쉰네 권이었고, 그 어느 것도 놓치고 싶지 않아 다 사고 말았다고 했소. 그런데 귀국해서 보니 카드 한도 초과가 되어 일시 신용 불량자가 되었다는 얘기 말이오.

그 아름다운 책탐 때문에, 남에게 신세지거나 폐 끼치는 것을 극도로 싫어하는 정 형이 나한테 꼭 한 가지 부탁한 것이 있었소. 내 책을 내고 있는 출판사에서 몇 십 권 시리즈물로 발간하고 있는 책을 한 30퍼센트쯤 할인해서 살 수 있게 해달라는 것이었지요. 나는 즉각 전화를 해서 한 질을 그냥 기증하라고 조처를 했는데, 그다음이 문제였지요. 정 형이 부득부득 60퍼센트쯤은 돈을 내야 한다는 것이었지요. 대학 시간

강사에, 원고료 적은 신문사의 칼럼니스트로서 수입도 영 시원찮으면서도 그 깐깐한 결벽증은 소문난 그대로였지요. 그러나 조 가에, 반 곱슬머리에, 옥니인 내 고집도, 이미 소문난 것 아니던가요. 결국 정 형은 그 책들을 내가 주는 선물로 받아들이기로 했지요. 그때 어찌 그리 기분이 좋았던지요. 그리고 그런 부탁을 또 받기를 바랐는데 정 형은 더는 아무런 부탁도 하지 않았습니다.

언제나 예의 깍듯하게 잘 갖추고, 좀 지나치리 만큼 겸손해서 자기를 내세우는 일이라고는 전혀 없는 정 형이 나한테 꼭 한 번 '자기 자랑'을 했습니다.

"성님, 내 글이 그중 하나로 뽑혔어요."

못내 부끄럽고 쑥스러운 기색으로 정 형이 나직하게 한 말이었습니다.

무슨 말인고 하니, 수십 명 지식인들이, 수많은 칼럼 중에서 '100대 명문장'을 뽑은 것이었습니다. 그중에 정 형의 글이 들었다는 것은 너무나도 당연하고 자연스러운 일인데, 정 형은 그 말 하기를 그렇게 부끄러워하고 쑥스러워하고 있었습니다. 그러면서도 그 말을 굳이 나에게 하고 싶어 하는 내심……. 나는 정 형의 속마음을 환히 짚고 있었습니다. 글 쓰는 나에게 특히 그 말을 하고 싶었을 그 심정!

자기의 글이 명문으로 꼽히고, 오래오래 기억되기를 바라는 마음. 그건 글 쓰는 모든 사람들의 공통된 소망일 것입니다. 그 꿈이 이루어졌으니 아무리 겸손한 정 형이라도 자기의 값을 제대로 알고 있는 사람에게, 그 기쁨을 진심으로 축하해줄 수 있는 사람에게 말하고 싶었겠지요. 그때 나는 내 일처럼 기쁜 마음으로, 진심을 다해 축하를 했었습니다.

정 형은 대학 강단에서는 구태의연한 주입식 강의가 아니라 진취적이고 개방적인 토론식 강의로 인기 있는 교수였고, 언론계에서는 예리한 투시력과 균형 잡힌 통찰력을 앞세우면서 문장은 문학적 미감으로 엮어내 만인의 신뢰를 받는 명칼럼니스트로만 끝나지 않았습니다. 정 형은 탤런트 기질까지 요구하는 텔레비전 스크린을 향해 거침없이 도전했습니다. 「MBC 100분 토론」이 그것입니다. 프로그램을 신설하며 정 형은 사회적 위험도가 칼날처럼 예리한 시사프로그램의 사회자로 나선 것입니다. 그런데 나나, 정 형을 아끼는 사람들의 염려나 걱정은 한낱 기우에 지나지 않았습니다.

막힘없는 해박한 지식, 부드럽고 균형 잡힌 매너, 굵고 묵직한 울림 좋은 목소리로 이끌어가는 100분의 토론. 그 프로는 단연 인기 으뜸의 자리를 차지했고, 정 형은 일거에 대중스타의 자리를 차지하고 말았습니다.

'아아, 저 사람 저거 타고난 재주 아닌가!'

그 특급 탤런트 기질에 나는 마침내 시샘과 질투심이 생기고 말았습니다. 수만 권을 읽었다는 독서량에 감히 미칠 도리가 없으니 그 박학다식은 범접할 수 없는 데다가, 목소리까지 그리 아나운서 뺨 치고 있으니 나쁜 목소리에 열등감을 가지고 있는 나로서는 배가 아프지 않을 수 없는 노릇이었습니다. 그런 내 검은 속을 간파했던 것인지 정 형은 나를 그 프로에 토론자로 끌어냈습니다.

"······ 우리의 민족작가 조정래 선생······."

정 형은 거침없이 나를 이렇게 소개해 나갔습니다. 나는 당황했고, 내 귀를 의심했습니다.

왜냐하면 당시의 사회 상황으로 보아 나를 그 프로에 출연시키는 것 자체가 지극히 위험스러운 일이었습니다. 나는 '빨갱이'로 고발당해 수사를 받고 있었으니까요. 그런데 '민족작가'라니요. 그 저돌성은 정 형이 치밀하게 짠 각본이었습니다. 사회적으로 궁지에 몰려 있는 나를 공인된 프로에 출연시키고, 그렇게 호칭함으로써 '죄인' 혐의를 벗기고, 적극적으로 보호하고자 하는 뜻이었지요.

정 형은 나를 '민족작가'로 호칭한 최초의 사람이었고, 그 뒤로는 모든 매스컴이 그 호칭으로 통일했습니다. 그런데 우리 둘이는 그 일에 대해서 한 번도 입에 올리지 않고 먼 이별을 했습니다. 그러면서 나는 불가에서 말하는 '이심전심의 비법'이라는 것을 체감했고, '마음과 마음을 나눈다'는 말이 무슨 뜻인지를 실감할 수 있었습니다.

정 형, 운영 형!

당신은 '진보'라는 이름으로 평생을 살다 갔습니다. 그런데 분단된 조국에서 그 이름은 무겁기 이를 데 없는 형틀이었습니다. 당신은 그 이름을 지키다가 두 번이나 신문사와 대학에서 쫓겨나는 가시밭의 삶을 살아야 했습니다. 거듭 생각하건데 진보라는 것이 뭐 유별난 것입니까. 지식인으로서 사실을 사실이라고 말함으로써 진실을 밝혀내고, 그 진실을 옹호해 나아가자는 것 아닙니까.

그러나 분단된 우리 사회에서는 정치가 왜곡되고, 그 왜곡에서 탄생한 권력들은 진보를 죄악시하고, 더 나아가서는 범죄시까지 합니다. 그 흉악스러운 폭력 앞에서 계속 고난당하면서도 당신은 그 외롭고 힘겨운 길을 평생 꿋꿋하게 묵묵히 걸어왔습니다.

당신은 한국이라는 풍토에서 쉽게 출세할 수 있는 모든 조건을 겸

비하고 있었습니다. '진보' 그런 것에 굳이 눈 돌리지 않고 현실순응적으로 살았더라면 그 일생이 더없이 순탄하고 풍족했을 것입니다.

"저 친구 대학 때는 안 그랬는데……. 대학 동창이거든요."

어느 날 텔레비전에 비치는 경제부총리를 가리키며 정 형이 한숨을 쉬었습니다.

출세한 대학 동창을 향해 한숨을 쉬는 정 형, 그 차이는 영원히 메꾸어지지도 않고 좁힐 수도 없는 간격입니다. 정 형은 사람의 사람다운 세상을 사람답게 살고자 하는 길을 택했고, 한 번 택한 그 길을 버리지 않음으로써 이 세상의 빛이고자 했습니다.

그 선택의 삶을 한평생 살고 떠난 정 형이 남겨놓은 것은 전세 아파트라는 가난이었습니다. 정 형의 삶이 그토록 고달프고 외로웠다는 것을 아는 사람은 몇이 안 될 것입니다. 위 수술 이후에 줄곧 병앓이를 해왔다는 사실도, 당신이 몇 번씩 입원 퇴원을 거듭하면서도 그 사실을 아무도 모르게 하고 마지막 길을 떠난 것처럼, 아는 사람이 별로 없습니다.

큰 키에 깃 올린 바바리코트가 잘 어울렸던 그 멋진 모습이 화장터에서 백골 한 줌으로 변해 나오는 것을 보고서는 정 형이 영영 떠났음을 시인하지 않을 수가 없었습니다. 그리고 벌써 10주기라니, 세월의 허망감 앞에서 잠시 망연해집니다.

10주기를 기념해서 정 형의 글모음집이 나오니 추도사를 써달라는 연락을 받고 얼마나 반가웠던지요. 이 세상은 산 사람들의 것이고, 죽은 사람은 금세금세 잊히게 마련인데 정 형은 10년이 지났는데도 사회적으로 기억되고 있었기 때문입니다. 그리고 「실천문학」이란 문학지 여름호에도 정 형에 대한 긴 글이 실려 있었습니다. 그건 오로지 정 형의 글이 세월을 초월해 살아 있기 때문에 발휘되는 힘인 것입니다. 간 것은 정 형의 육신이었을 뿐 정 형의 영혼은 우리와 함께 생생히 살아 있다는 증거였던 것입니다.

다른 글과는 다르게 첫마디에 정 형의 추도사를 쓰겠노라 응답을 해놓고는 고민에 빠졌습니다. 얼마만큼의 길이로 써야 할 것인가 하는 것이었습니다. 글 쓸 일을 앞에 두고 정 형을 생각하니 온갖 상념들이 꼬리에 꼬리를 물고 이어졌습니다. 그 그리움의 깊이는 상투적이고 형식적인 추도사 쓰기를 거부했습니다. 몇 번을 망설이다가 결정을 내렸습니다. '두 번을 쓰게 될 것 같지 않은 글인데 길이에 구애되지 말자.'

정 형, 내가 정 형보다 잘하는 것이 딱 한 가지가 있습니다. 무작정 길게 쓰는 것입니다. 정 형이 『태백산맥』에 대해 쓴 글이 대충 원고지 45매 정도입니다. 그래서 나는 그 두 배인 90매를 쓴 것입니다.

정 형, 운영 형!

거친 세월의 바다를 노 저어 가며 정 형과 길벗이 되었음은 크나큰 기쁨이고 보람이었습니다. 먼 이별이 가까운 만남이 되는 그날까지 평안하시기를…….

1부   |   시간의 기억

# 1789년 7월 14일

200년 전 오늘 프랑스 시민군은 드디어 바스티유 감옥을 점령했다. 국왕이 외국의 용병을 끌어들여 국민의회를 해산하려고 획책하자 시위대로서는 무장이 불가피했기 때문이다. 우선 상이군인 병영의 무기고를 털어 총은 손에 넣었으나 화약이 없어, 파리 외곽의 옛 요새인 바스티유 성을 탄약 보급의 목표로 삼은 것이다. 물론 시작은 '말'로 했다. 처음에는 일이 잘 풀려나가 수비대 사령관은 성안으로 들어온 협상 대표들에게 점심을 대접하고 또 성루에 배치된 대포의 위치를 바꾸어 달라는 그들의 요청을 수락했다. 그러나 역사는 그들의 선의와는 달리 스스로 예비한 방향으로 진행되어 나갔다. 성 밖에서 기다리던 시민군들은 오히려 수비대가 대표들을 억류한 채 그들에게 발사하기 위해 대포를 이동시킨다고 믿었기 때문이었다. 거기에 또 몇 가지 오해가 더 보태져 마침내 총알을 나르고 대포가 불을 뿜는 사태가 벌어졌다. 평소에

신의를 잃은 정부는 항상 이런 비극을 부르게 마련이다. 결국 1명의 수비대원과 98명의 시위대원을 희생시켰던 그 바스티유 감옥에는 7명의 잡범―그중 2명은 스스로를 예수와 카이저라 일컫는 정신이상자였고 다른 1명은 근친상간범이었다―만이 갇혀 있을 뿐이었지만, 그 함락은 그대로 절대왕정의 붕괴를 알리는 신호가 되었다. 그래서 그날 저녁 베르사유에 피신해 있던 루이 16세는 리앵rien―영어로 하자면 nothing쯤 된다―이란 단 한 단어로 그의 일기를 끝내고 말았지만, 현대의 사가 미셸 위녹Michel Winock은 "그 일은 모든 것을 바꾸어놓았다. (그것으로) 파리는 혁명을 구해냈기 때문이다"라고 자랑스럽게 평가했다.

파리의 시사주간지 「르 누벨 옵세르바퇴르」는 연초에 '혁명이 다시 일어난다면'이란 주제의 여론조사를 통해 1789년의 프랑스혁명 과정에서 가장 중요했던 '사건'이 무엇인지를 물은 적이 있다. 그 1위는 단연 바스티유 점령이었고, 2위는 '8월 4일의 밤'이 차지했다. 이제 그 밤의 얘기를 하기로 하자. 혁명은 이와 같은 과정을 거쳐 승세를 잡아 나갔지만, 혁명의 성과가 모두에게 공평하게 나누어진 것은 아니었다. 당시는 꼭같이 제3신분에 속했던 부르주아지가 혁명의 승리를 자축하고 있을 때, "무거운 짐을 지는 데 익숙해졌기 때문에, 과중한 노동이 문제가 되기보다는 오히려 오래 쉬게 하면 못쓰게 될 우려가 있는 노새"와 같은 농민들은―이 말을 한 작자는 리슐리외Richelieu 추기경이다―즉시 그 '자유와 평등과 우애'의 잔치에 참여할 자리가 없다는 사실을 깨닫게 되었다. 그래서 분노한 농민들에 의해 영주의 장원이 파괴되고 토지 문서가 불살라지는 혼란이 따랐고, 이어 용병과 건달을 불러모아 농민들을 습격하려고 한다는 이른바 '귀족의 음모' 소식은 마침내 피를 부르고야 말았다.

고통은 도시의 민중들에게도 마찬가지였다. 혁명사학자 라브루스Ernest Labrousse의 추산에 따르면 1788년 7월에는 네 식구가 하루 동안 소비하는 4파운드짜리 빵 한 덩어리가 9수였으나 1년 뒤 혁명 전야에는 3프랑(60수)으로 뛰어올랐는데, 여하튼 하루의 품삯이 하루의 빵 값으로 전부 지출되어야 한다면 그 사회는 이미 체제 존속의 기능을 포기한 것이나 다름없다. 그것은 무엇보다도 가뜩이나 모자라는 곡물에 갑자기 자유 거래를 허용하고 거기다가 수출까지 장려했던 그야말로 멍청한 국가 시책의 소산이었다. 말하자면 정부가 곡물 투기꾼들에게 멍석을 펴준 셈이었다. 이러한 상황 아래서는 "빵을 구하기 위해 떠났으나 결국은 살인과 방화로 끝내고 말았다"는 텐Hippolyte Taine의 탄식이 하나도 이상할 것이 없다. 뒷날 사가들의 논쟁거리로 등장하지만, 여하튼 바로 이런 이유 때문에 혁명의 주역을 일단 부르주아지에게 돌리면서도(마티에Albert Mathiez), 거기에 농민의 역할(르페브르George Lefébvre)과 '상 퀼로트'—어원상으로는 부자들이 걸치던 '반바지조차 못 입는 녀석'이란 뜻이다—라고 불리던 민중의 기여(소불Albert Soboul)를 추가하려는 해석이 나오게 된 것이다.

거짓말을 '조금' 보태서 차를 타고 한식경을 달려도 끝이 안 나오는 그 광활한 들녘과 산야가 예전 한 귀족의 사냥터였다는 설명을 들으면서, 나는 그 가혹한 수탈과 그리고 그 수탈이 자초했을 처절한 분노를 짐작할 수 있었다. 다툼의 내용에 '원한'이 개입하면 이미 말은 별로 소용없게 되어버린다. 포악한 국왕 하나를 교수대에 매달고도 여전히 가슴 아파하는 영국의 혁명과 피를 도랑물처럼 쏟고 나서야 피차 계산을 끝내는 프랑스의 혁명이 각기 간직한 그 운명적인 차이의 한 가닥을 나는 여기에서 찾으려고 한다. 따라서 굳이 '명예'혁명일 필요가 없이 그저 혁명la Revolution이면 되는 것이다.

여하튼 혁명이 더 이상─혹은 그들이 원치 않는 방향으로─발전하는 것을 두려워한 부르주아지는 어제까지 한편이던 농민과 도시의 민중을 '반혁명'으로 몰아 진압할 것인지, 아니면 그들의 요구를 기정사실로 수락할 것인지를 놓고 중대한 선택의 기로에 서게 되었다. 실제로 동원할 수 있는 병력은 국왕의 상비군 뿐이었는데, '반도'들을 토벌하러 나간 군대가 오히려 총부리를 돌려대는 날에는 만사가 허사가 되어버릴 위험이 있었다. 따라서 지금까지 얻어놓은 것이라도 우선 지키고 보자는 영리한 계산이 국민의회로 하여금 이제까지 귀족이 향유하던 모든 '특권'privilege의 포기를 선언하게 만들었다. 그 다짐 속에는 조세의 공평이나 부역의 철폐에서부터 "환락에 지친 귀족의 잠을 방해하지 않도록 밤새껏 연못에 돌을 던져 개구리를 쫓아야 했던" 가신들의 고달픈 노역의 폐지까지 들어 있었다. 물론 그것은 '구제도'의 철폐일 뿐이지 수탈 계급의 철폐는 아니었지만, 그래도 그 선언은 이 역사의 기회에 참여했던 한 대의원이 눈물에 젖어 외친 대로 "결코 어느 민족도 이런 장엄한 순간을 만들어내지 못했다. 위대하고 찬란한 밤이여! 우리 모두 함께 울고 서로 껴안았다. 이 얼마나 멋진 나라인가! 프랑스인이란 사실이 얼마나 큰 영광이고 얼마나 큰 명예인가"라는 벅찬 감격으로 받아들여졌다. 1789년 8월 4일 밤, 1,000여 년을 버텨오던 프랑스의 봉건제도는 이와 같이 무너졌다. 적어도 문서상으로는! 그렇게 '귀족의 특권'이 끝나고 이제 새로 '부르주아지의 특권'이 시작된 것이다.

혁명은 우선 '정치적'이지만 그 정치적 행동을 이끌어낸 배후에는 반드시 경제적 요인이 잠재해 있다는 의미에서 모든 혁명은 본래 '경제적'일 수밖에 없다. 프랑스혁명의 원인에 대한 평가는 또한 바로 이 점에서 여럿으로 갈라진다. 미슐레Jules Michelet와 텐을 잇는 일련의 해석에서는 구제도 아래서 농민층이 겪은 극심한 '빈곤'이 혁명을 유발한 결정적 요인이었다. 이에 반해 토크빌Alexis de Tocqueville과 조레스Jean Jaurès 쪽의 생각으로는 이미 부정할 수 없는 현실이 되어버린 '번영'의 결실을 제도적으로 독점하려는 부르주아지의 투쟁이 곧 혁명으로 전화된 것이다. 이 '빈곤이냐 번영이냐'의 논쟁에 대한 제3의 입장으로서는 마티에, 르페브르, 소불로 이어지는 다소 좌파적 성향의 시각을 들수 있는데, 이들은 특히 '번영 속의 빈곤' 내지는 '빈곤 위의 번영'을 혁명의 주요 동기로 강조한다. 그렇다. 사회의 한 부분이 온통 번영을 구가하는데, 다른 한 부분은 거기서 제외되거나 그에 의해 희생되어야 한다면, 기껏해야 결핍에 불과하던 이제까지의 빈곤이 이후로는 굴욕으로—이어 굴욕의 폭발로—돌변할 수밖에 없기 때문이다. 혁명이란 이와 같이 빈곤만도 번영만도 아닌, 빈곤과 번영이 같이 하는 자리를 발판으로 삼는 법이다. 실로 이 맥락에서 나는 "혁명에는 정규군이 없다"라는 라브루스의 주장에 동의하며, 이것이야말로 프랑스혁명 200주년이 우리에게 보내는 메시지임을 믿어 의심치 않는다.

앞에서 언급한 여론조사는 프랑스혁명이 지금 다시 일어난다면 어느 정당의 지지자들이 가장 적극적으로 가담하겠느냐고 물었는데 그 대답이 아주 흥미롭다. 공산당 선거인의 79퍼센트가 그리고 사회당 선거인의 57퍼센트가 적극 가담을 표명한 데 반하여, 어떤 의미로는 그 혁명 유산의 가장 큰 수혜 세력이었을 두 보수정당 프랑스 민주연합 UDF과 공화국연맹RPR은 그 비율이 각각 37퍼센트와 39퍼센트에 머물 렀을 뿐이었다. 혁명 이후 200년이 지난 프랑스 사회의 한 모습이다. 어허 고얀지고!

■ 1989년 7월 14일

시선―정운영 선집

# 5월을 위한 추도사

"나의 검을 장군에게 맡깁니다." 이와 같은 프랑스 황제의 항복 문서를 받으며 독일군 참모총장 몰트케Helmuth von Moltke는 잠시 망설였다. 비스마르크Otto Eduard von Bismarck의 농간으로 독일이 프랑스에 선전을 포고한 뒤 40일 만에 세당Sedan 전선에서 나폴레옹 3세를 굴복시켰으나, 이번 기회에 철저하게 그들의 기를 꺾어놓지 않는다면 장래의 일이 편할 수 없으리라는 계산 때문이었다. 그래서 사자에게 이렇게 반문했다.

"이 검이란 황제의 검이요, 아니면 프랑스의 검이요?"

"나폴레옹 3세의 검입니다."

그렇다면 그것은 프랑스의 항복이 아니라 황제의 항복일 뿐이기에 ─ 아니 그런 의미로 받아들여 ─ 마침내 파리까지 진군했다.

국왕과 8만여 명의 군인이 포로로 잡힌 상태에서 '국민방위 임시정부'를 조직한 파리는 쥐와 고양이의 고기를 먹는 고통을 견디며 4개월이나 저항을 계속했다. 그러나 "블랑키Louis Auguste Blanqui보다는 차라리 비스마르크를"이라는 구호를 외치며 동요하는 부르주아지와 이에 맞서 끝까지 항전을 주장하는 절대 다수의 시민 사이에 유혈의 총격전이 벌어져, 결국 "내란은 몇 걸음 앞으로 다가오고 기아는 몇 시간 앞에 기다리고 있다"는 위기를 자초하고 말았다. 아무튼 정부는 항복을 서둘러 독일군의 파리 입성과 50억 프랑의 배상금과 그리고 알자스와 로렌의 할양이라는 수치스런 조건으로 강화에 동의해버렸다. 문호 위고 Victor-Marie Hugo까지 의원직을 사퇴하며 이에 항의했지만, 항복보다는 혁명을 더 두려워한 정부는 국가의 굴욕을 지배계급의 이익과 바꾸고 말았다. 그야말로 썩은 정부의 썩은 행세였다.

드디어 1871년 3월 18일 새벽 정부군은 대독 항전 기간에 시민의 성금으로 제조한 대포를 탈취하기 위해 국민방위대를 급습했으나, 칠칠치 못하게도 운반용 말을 끌고 가지 않아 우물쭈물하다가 오히려 이들에게 격퇴당하고 말았다. 분노한 파리 시민의 데모에 당황한 티에르 정부는 재빨리 베르사유로 도주해버렸다. 이리하여 수도의 혁명 정부(!)와 지방의 망명 정부(?)가 한 나라에 공존하는 기이한 사태가 빚어졌고, 마침내 '파리 코뮌'이라는 인류 최초의 자발적인 시민 정부가 탄생하게 되었다. "시민의 분노는 정당하고 정부의 실책은 유감이지만, 파리가 프랑스에 반란을 일으킬 권리는 없다"는 것이 보수 정객 클레망소Georges Clemenceau의 주장이었고, "노동자계급이 사회의 주도권을 행사할 수 있다는 사실을 공개적으로 보여준 최초의 혁명으로서…… 그들이 취했던 제반 조치는 '인민에 의한 인민의 정부'의 입장을 지향하고 있다"는 것이 런던에서 초조하게 그 과정을 지켜보았던 마르크스Karl Marx의 평가였다.

혁명으로 무엇을 얻으려고 했는지는 분명하지만 그 혁명을 누가 일으켰는지는 오히려 분명치가 않다. 그저 이름 없는 숱한 시민이었을 뿐이다. 결코 불순분자에 사주된 건달도 아니고 불온 세력에 선동된 폭도도 아니고, 다만 조국을 위해 정직하게 분노한 민중이었다. 그래 그래, '그들'도 그랬다. 국민방위대의 제안에 따라 임시로 중앙위원회가 결성되었는데, 이들은 즉시 "자유의 신성한 아치에 총질하기를 원치 않았던" 군대에 감사를 표시했고, 거리에 질서를 회복하고 일터에 노동을 소생시키는 데 무력했던" 정부의 폐지를 선언했다. 계엄령을 해제하고, 폐간된 신문들을 복간시키고, 정치범을 석방하고…… 한마디로 이 자유의 도시에 자유를 다시 찾아주었다. 질서 유지에 필요한 경비를 조달하기 위해서 그들은 혁명의 와중에서도 주먹을 삼간 채, 흔히 로쓰차일드라고 잘못 읽히는 은행가 로트쉴트Palais Rothschild에게 50만 프랑을 꾸었고 중앙은행에서 100만 프랑을 빌렸다. 그리고 즉시 보통선거를 실시하여 입법 행정 사법을 통괄하는 90명의 코뮌 대의원을 선출했다.

극우의 보수주의자로부터 과격한 혁명가에 이르기까지 그 사상적 색채는 다양했지만, 인터내셔널과 관계를 맺은 프루동주의자와 열혈의 아나키즘을 신봉하는 블랑키주의자들이 주축을 이루었다. 화가 쿠르베Gustave Courbet, 작가 발레스Jules Vallès, 학자 플루랑스Pierre Flourens 등 저명 인사들이 분연히 이 자유와 정의를 지키기 위한 대열의 선두에 섰다.

여하튼 혁명은 쟁취했지만 중앙위원회는 혁명 정부를 자임하지 않고, '열흘 만에' 코뮌 정부에 권력을 이양했다. 이날을 기념하여 한 신문은 이러한 축하를 보냈다: "오늘 마침내 사상과 혁명이 결혼하는 축제를 거행했다. 내일은 우리의 환호 아래 결혼한 이 코뮌이 아기를 낳도록 모두 일터로 돌아가자. 이제 승리의 시가 끝나고 노동의 산문이 시작된다." 식량의 공급 체계를 확보하고, 무주택자에게 주거를 제공하고, 우편 업무를 개시하고, 한 보석 가공 노동자가 화폐를 주조했다. 의무교육이 실시되고, 투표에 의해 방위대의 간부들이 선출되고, 무료 소송제도가 시행되었다.

그리고 뒷날 마르크스가 한탄한 바와 같이 "1만여 명의 인질보다 더 가치가 있었을" 중앙은행을 국유화하지 않고 "신성한 외경심으로" 정문에 보초를 세웠다. 혁명의 고통과 혼란 속에서도 코뮌은 그들의 수중에 있는 은행을 지킨 "심각한 정치적 실수"를 범한 셈이다. 그래 그래, '그들'도 그랬다. 야간 노동이 폐지되고, 노동자에게 결사의 자유가 인정되고, 남녀 간에 평등한 임금이 지급되었다. 공직 취임을 위한 시민의 자발적 신청을 접수하고, 공무원의 보수는 노동자의 수준을 초과하지 못하도록 '최고임금제'로 동결했다. 채무에 대한 원금과 이자의 지급이 유예되고, 저당 잡힌 20프랑 이하의 물건은 원래의 소유주에게 무료로 돌려주었다. 다시 한 번 한마디로 "역사를 빛낸 여러 혁명 중에 가장 크고, 가장 탐스런 혁명을 완수할 과제"를 코뮌이 감당하게 된 것이다.

이처럼 개혁의 불꽃은 찬연하게 피어올랐으나 그 혁명을 방어하는 임무에는 아주 서툴렀다. 여자와 소년까지 포함하여 코뮌의 무장력은

4만에 불과했으나, 진압군은 정규 병력 6만에 그리고 여전히 파리 외곽에 주둔하고 있는 독일군 휘하의 포로 13만을 공격에 가담시켰다. 그 나라를 지배하고 있는 외세가 혁명을 분쇄하기 위해 군대의 이동을 허가한 것이다. 그래 그래, '그들'도 그랬다. 5월 21일 드디어 정부군이 파리에 입성하고 나서부터 '피의 주간' 광란이 자행되었다. 집집마다 거리마다 바리케이드마다 학살된 시체가 즐비했고, 소총대로서는 '작업' 속도가 느려 10명 이상의 집단 처형에는 기관총이 동원되었다. 당시 정부군을 역성들던 부르주아 신문까지도 센 강은 '피의 내'를 이루고 블로뉴 숲은 '뼈의 산'이 되었다고 한탄하면서, "더 이상 죽이지 말자"는 표제를 달았다. 발레스의 자전적 기록 소설 『봉기』는 살육의 한 장면을 이렇게 증언하고 있다: "어느 희생자에게서 공책이 빠져나왔다. 총검에 목덜미를 찔려 마치 돼지처럼 도살된 열 살 가량의 소녀였다. 메달이 달린 장미빛 리번이 그대로 달려 있었다. …… 벌거숭이 노인의 몸뚱아리가 시체 안치소에 팽개쳐져 있다. 모든 피가 다 흘러 나온 듯 그의 얼굴은 무섭도록 창백하여 옆의 흰벽이 오히려 회색으로 보였다. 흡사 대리석 조각상의 파편이 딩굴고 있는 것 같았다"(『파리 꼼뮨』, 형성, 1986년). 무차별 포격 속에서도 방위대는 노트르담 성당을 구하기 위해 거리를 정비하고, 무차별 방화 속에서도 방위대는 재무부의 화재를 잡기 위해 소방대를 보내고 있었다. 그리고 그들은 방앗간 하나를 태우는 데도, 인민의 주린 배를 채워줄 빵과 밀가루를 태운다는 죄책감에서 일일이 서명된 서류로 일을 처리했었다. 아아, 이 순진한 혁명이여! 이 무구한 백성이여!

5월 28일 마침내 혁명은 그렇게 붕괴되고, 코뮨은 또 그렇게 막을 내렸다. 베르사유 정부군은 877명의 사망자를 냈을 뿐이지만, 코뮌의 희생자는 3만이 넘었고 포로는 다시 3만 8,000명을 헤아렸다. 1874년까지 계속된 '보복재판'에서 1만 4,000명이 유죄 판결을 받고 총살되거나 투옥되거나 유배(태평양의 뉴칼레도니아나 남미의 가이아나까지)되었다. 120년의 세월이 지난 현재까지 산 자는 아무도 그 죽은 자의 정확한 수효를 모른다. 혁명을 파괴한 사람은 으레 사상자의 숫자를 감추는 법이다. 그래 그래, '그들'도 그랬다. "코뮌을 말살시킨 자들에 대해선 이미 역사가 그들의 목에 두른 칼에 빗장을 걸어버렸습니다. 어떤 성직자의 기도로도 그들에게서 그 칼을 벗기지는 못할 것입니다." 코뮌에 보내는 마르크스의 조사이다. 충혈된 눈으로 프랑스의 역사를 다시 읽으며 밤을 밝히는 사연은 '5월에 진 빚'을 모래 한 알이나 터럭 한 개만큼이라도 탕감받으려는 나의 부끄러운 허욕 때문이다.

▌ 1990년 5월 18일

---

**후기**

이 글이 나간 1990년 5월 18일은 1980년 5월 18일의 10주년이 되는 날이다. '광주'를 팔아 애국을 과시하는 사람이 하도 많아서, 나로서는 그 말조차 입에 올리기가 힘들었다.

---

시선—정운영 선집

# 그 여름의 신화

1944년 8월 26일 파리를 수복한 드골 장군은 개선문 앞의 거대한 환영 인파를 향해서 "파리, 폭행당한 파리, 순교한 파리, 그러나 프랑스 군대의 힘으로 인민이 해방한 파리"라는 즉흥 연설로써 적 치하에서 시민이 당한 고통을 위로했다. 1945년 8월 15일의 한반도 역시 폭행과 순교에서 해방된 감격으로는 프랑스와 다를 것이 없었으리라. 뒷날 절망과 야유로 얼룩진 시집 『병든 서울』(미래사, 1991)●을 펴낸 오장환도 이날은 환희의 노래를 불렀다.

旗폭을 쥐었다.
높이 쳐들은 萬人의 손 우에

● 편집자 주―2013년 시인생각에서 재출간되었다.

旗빨은 일제히 나부낀다.

'萬歲!'를 부른다. 목청이 터지도록

지쳐 나서는

군중은 만세를 부른다.

우리는 노래가 없었다.

그래서

이처름 부르짖는 아우성은

일즉이 끓어오든 우리들 정열이 부르는 소리다.


　감격이 진하면 할 말을 잊듯이 신화처럼 다가온 해방에 민중도 만세 외에는 다른 말을 찾지 못하고, 시인 또한 깃발밖에는 다른 것을 보지 못했다. 조국을 탈환한 민족의 군대가 없고, 국민의 열망을 결집할 지도자도 없었다는 사실은 식민 통치에서 해방된 나라에 대단한 불운이었다. 그래서 그런지 제2차 세계대전의 전후 처리에서 한국은 승전국인지 패전국인지 그 결산이 도무지 모호했다. 1946년 5월에 개정된 도쿄 '전범 재판'의 11개 원고 국가에는 인도와 필리핀까지 끼었으나, 가장 중요한 원고인 한국은 빠졌다. 서울이 파리가 아니고, 한국에는 드골이 없었기 때문인가?

　나는 그 치열했을 8월에 다음의 두 가지를 특히 유감으로 기억한다. 하나는 민족 반역자 처단에 실패한 일이다. 1948년 9월 신생 대한민국은 법률 제3호로 반민족행위처벌법을 제정하고, 1949년 1월 친일 행위를 조사하기 위한 '반민특위'를 설치했다. 그러나 친일파를 권력 쟁취의 보루로 삼고, 왜경 출신들을 그 주구로 거느린 이승만의 공공연

한 방해로 인해 8월 특위가 해체되고, 마침내 1951년 2월에는 법 자체
가 폐지되었다. 4년간 독일에 점령당했던 프랑스는 전후의 특별 재판
을 통해서 800명을 처형하고, 4만 명을 투옥했으며, 5만 명의 공민권
을 제한했다. 35년간 일본에 합병되었던 우리는 나라를 판 매국노 하
나, 백성을 매질한 순사 하나, 민중의 고혈을 짠 면서기 하나를 처벌하
지 못했다.

독일과 제휴한 비시 정부의 수상 라발은 총살당하고, 주석 페탱은
사형에서 종신형으로 감형되어 치욕의 목숨만을 부지했다. 그러나 만
주국의 신경군관학교 시절에는 오카모토 이노부<sup>岡本實</sup>로, 일본 육군사
관학교에서는 다카키 마사오<sup>高木正雄</sup>라는 이름으로 '천황 폐하'에게 충
성을 맹세한 일본군 장교 박정희는 뒷날 쿠데타를 통해 대통령에 오
른다. 프랑스는 독일군과 어울린 여자들조차 머리를 박박 깎아 조롱거
리로 만들며 후세에 본을 보였는데, 우리는 과연 무엇을 남길 것인가?
친일파 처단은커녕 친일파에 처단당하면서 나라의 장래가 비틀어지기
시작했다. 신화는 빛이 바랬고, 그래서 임화는 1946년 5월에 벌써 해
방이 전해준 감격과 환희의 깃발을 내리고 있었다.


　　노름꾼과 強盜를

　　잡든 손이

　　偉大한 革命家의

　　소매를 쥐려는

　　辱된 하날에

　　무슨 旗ㅅ발이

날리고 있느냐
同胞여!
一齊히
旗ㅅ발을 내리자

　노름꾼과 강도만 잡던 손이라면 잊을 수도 있다. 일제의 졸개가 되어 독립지사를 체포하고, 고문하고, 살해한 만고에 저주받을 손이기에 용서할 수 없는 것이다.

　다른 하나는 외세 청산이 실패한 점이다. 외세의 빚으로 말하면 프랑스가 한국에 비할 바가 아니나, 그들은 당당히 채권자의 자리를 차지했다. 연합군은 한반도에 진주하면서 총 한 방 쏘지 않고, 피 한 방울 흘리지 않았다. 그러면서도 마치 점령군처럼 포고와 명령으로 이 나라를 주물렀다. 식민지도, 점령지도 아닌 일시 주둔지에서 그런 월권이 가능했던 것은 무엇보다도 민족의 정체성을 결여한 외세의 친위대들이 권력을 전단專斷했기 때문이다. 전쟁과 분단과 냉전을 거치며 외세 의존은 한결 심해졌고, 이제 영토 대신 시장과 '문화'의 합병이 진행되고 있다. 총검으로 다스리던 일본 군국주의의 자리에 미국 제국주의의 자본이 들어앉았다. 해방 반세기를 맞는 오늘, 분노로 치자면 의당 일본을 향해야 한다. 그러나 일본의 압제로부터 우리를 구출한 미국에 그에 비례한 감사의 마음이 일지 않는 것은 대체 어쩐 일인가?

　1945년 12월 조지훈은 식민지 시대의 어둔 밤을 지새우고, 새 아침을 맞이하는 조국에 이렇게 기구했다.

높으디 높은 산마루

낡은 古木에 못박힌 듯 기대여

내 홀로 긴 밤을 무엇을 간구하며 울어왔는가

......

메마른 입술에 피가 돌아

오래 잊었던 피리의

가락을 더듬노니

새들 즐거이 구름 끝에 노래 부르고

사슴과 토끼는

한포기 향기로운 싸릿순을 사양하라.

여기 높으디 높은 산마루

맑은 바람 속에 옷자락 날리며

내 홀로 서서

무엇을 기다리며 노래하는가.


친일 도배의 음흉한 손길과 외세의 음산한 입김을 생각하면, 한 포기 싸리 순을 사양하는 평화를 기다리기에 그해 여름은 이미 너무 지친 것이 아닐까?

▌1995년 8월 15일

# 30년 전의 묵시록

1962년 10월 27일을 미국 법무장관 로버트 케네디Robert Francis Kennedy 는 '검은 토요일'로 표현했다. 이날 아침 소련공산당 중앙위원회 국제 부의 책임자 페도르 부를라츠키는 그의 동료로부터 이런 출근 인사를 받았다.

"자네 가족은 시골로 피신했나?"

"아니, 왜 그럴 일이라도 생겼나?"

"자네 아무것도 모르는 모양이군. 미국이 오늘 모스크바에 핵 공격을 해올 것 같대."

"......"

바로 그날 빌리 그레이엄Billy Graham 목사는 부에노스아이레스에서 1만여 명의 군중에게 '세상의 종말'을 설교하고 있었다. 그리고 나는 몇 달 앞으로 다가온 대학입시조차 잊은 채, 제3차 세계대전이라고도

시선—정운영 선집

하고 하느님의 심판이라고도 하는 이 미지의 공포 앞에서 인류의 멸망을 심각하게 고민했다. 며칠 뒤 닥친다는 '휴거'携擧의 소란 따위와는 달리 30년 전 이날 아침의 상황은 매우 절박했다.

1959년 쿠바 혁명을 주도할 때까지만 해도 피델 카스트로Fidel Castro는 자신을 공산주의자로 자처하지 않았다. 그러나 라틴 아메리카를 앞마당으로 여겨온 미국으로서는 공산주의자가 아니라고 공언한 사실에 안도하기보다는 자본주의자(?)라고 공언하지 않은 사실에 불안을 느꼈다. 쿠바에 진출한 미국 자본의 이익이 혁명 정권 아래서 그대로 보장될 수는 없으리라는 우려 때문이었다. 그래서 미국은 아예 초장에 버릇을 가르치기로 작정했는데, 그 결심이 곧 석유 금수로 나타났다. 베네수엘라 원유의 쿠바 공급을 독점해온 미국이 돌연 판매 중지를 단행함으로써 쿠바 경제에 막대한 타격을 가했다. 마침 소련이 쿠바산 사탕수수와의 교환으로 석유를 공급하자, 이번에는 쿠바의 정유 시설을 장악하고 있던 미국 자본이 그 원유의 정제를 거부하고 나섰다. 아울러 쿠바 경제의 유일한 외화 공급원이던 설탕의 수입을 미국이 전면 금지하자, 쿠바는 자국내 미국인 재산의 국유화 조처로 그 보복에 대항했다.

이런저런 공방을 거듭하다가 드디어 미국은 직접적인 실력 행사로 나왔다. 1961년 쿠바 공군으로 위장한 미국 비행기가 쿠바의 군사시설들을 폭격했고, 쿠바 난민으로 분장한 미국의 용병 1,500여 명이 피그스 만을 침공했던 것이다. 그중 1,100여 명을 포로로 잡으면서 침략자들은 간단히 격퇴했지만, 그 과정에서 카스트로는 무장 강화의 필요를 절감하게 된다. 소련의 미사일이 쿠바 기지에 배치되기까지에는 실로 이런 곡절이 도사리고 있었다. 1962년 10월 22일 존 케네디John Fitzgerald Kennedy 미국 대통령은 느닷없이 쿠바 봉쇄를 발표하면서, "쿠바에서 발사되는 모든 미사일은 미국에 대한 소련의 공격으로 간주한다"고 선언했다. 사실상 그것은 무기를 적재한 소련의 함정이 봉쇄 해역으로 진입할 경우 즉각 격침하겠다는 최후통첩이었다. 소련 역시 미국의 포탄을 맞고 그대로 주저앉을 수만은 없는 노릇이었다. 니키타 흐루시초프Nikita Khrushchyov 소련 공산당 서기장은 쿠바에 배치될 무기가 전적으로 '방어용'이며, 소련의 선박을 정지시키려는 '해적 행위'에 대해 필요한 방어 조치를 강구하지 않을 수 없다고 경고했다. 미국 본토와 해외 기지에는 즉시 비상이 걸렸고, 소련 또한 꼭 같은 대응 자세를 취했다. 그들의 동맹국들 역시 뒤를 따랐으니, 결국 전 세계가 비상사태에 돌입한 셈이었다.

케네디는 미국 국민에게 이 조처의 목표가 "힘의 행사가 아닌 정의의 수호에" 있다고 설명했지만, 신문과 방송은 카리브 해역으로 접근하는 소련 함정의 동태를 시시각각으로 보도하면서 지구 파멸의 순간을 예고하기 시작했다. 미사일을 철거하지 않으면 인류 몰살의 모험을 감행하겠다는 이 통첩 앞에, 흐루시초프의 대안은 매우 곤혹스러울 수밖에 없었다. 그는 소련과 미국이 전쟁이란 매듭으로 얽힌 밧줄을 양쪽에서 서로 잡아당기는 상황에 처했다고 비유하면서, 밧줄을 당길수록 매듭은 더욱더 세게 묶이게 되며, 마침내 그 밧줄을 묶은 사람조차 다시 풀 수 없는 경우가 되면 그 매듭은 자르는 수밖에 없다고 미국의 자제를 설득했다. 그것은 매듭을 칼로 자르는 사태, 즉 핵전쟁이 터지는 위험을 피하기 위해서 서로 밧줄을 늦추자는 제안이었다.

아무튼 그가 힘에 의지하는 경우 세계는 대참사를 면할 수 없고, 그가 평화를 선택하는 경우 자신의 체면은 물론 소련의 국위가 엄청난 수모를 당하는 셈이다. 버트런드 러셀Bertrand Russell이 케네디를 "히틀러Adolf Hitler보다 훨씬 더 사악하다"고 비난하면서, 흐루시초프에게 "당신의 계속적인 인내가 우리의 위대한 희망"이라고 설득한 것이 바로 이때였다. 그야말로 일촉즉발의 긴장 속에서 선택을 고심하다가, 마침내 10월 28일 흐루시초프는 미국이 쿠바의 안전을 보장한다는 조건으로 미사일 기지의 철거를 수락했다. 그는 갓 수립된 혁명 정권의 방위를 위해 1918년 독일과 전술적으로 체결한 브레스트-리토프스크 조약의 전례를 들어 자신의 결정을 변호했다. 케네디의 보좌관을 지낸 아서 슐레진저Arthur Schlesinger, Jr. 교수는 "흐루시초프의 회답이 몇 시간만 늦었어도 미국은 가장 혹독한 결정을 내렸을 것"이라고 당시의 정황을 소개했다. 여하튼 부를라츠키의 표현대로 "인류는 다시 묵시록의 위기에 이르지 않았으며" 휴거 또한 일어나지 않은 것이다.

　힘의 측면에서 보자면 케네디가 이기고 흐루시초프가 졌다는 평가가 나올 것이다. 그러나 '용기'의 시각에서 보면 어떤 채점이 가능할까? 목적을 관철시키기 위해서는 핵전쟁조차 마다하지 않겠다는 위협과 어떤 굴욕을 감내하고라도 핵전쟁만은 막아야 한다는 대답 가운데, 과연 누구를 승자로 선언하고 또 누구를 패자로 규정할 것인가? 아무튼 이를 계기로 워싱턴과 모스크바의 정상 간에 '핫라인'이라는 직통 전화가 가설되는 등 이른바 양케이KK 시대의 화해가 개막되었지만, 1963년 11월 케네디의 암살과 1964년 10월 흐루시초프의 실각으로 역사는 그들을 무대에서 퇴장시킨다.

30년 전의 얘기를 지금 다시 꺼내는 이유는 단순한 회고 취미 때문만은 아니다. 오히려 미국의 발밑에 숯불을 피운 쿠바 기지의 건설을 힘으로 저지하려는 것이 미국의 정의이고, 소련 본토를 순식간에 잿더미로 만들 수 있는 터키의 미사일 기지를 철수시키려는 우회 수단으로 그 '불장난'을 벌인 것이 소련의 정의라면, 정녕 그 위기의 한 당사자인 쿠바의 정의는 도대체 어디서 찾아야 하느냐는 의문 때문이다. "나는 49년 동안 재직하면서 9명의 미국 대통령과 차례로 접촉했지만 그날의 교섭이 가장 어려웠다"고 그 위기 해소의 담판 장면을 술회하는 안드레이 그로미코Andrei Gromyko 소련 외무장관에 따르면, 케네디는 당시 그에게 "요컨대 쿠바의 현 체제가 미국으로서는 아주 못마땅해요, 다른 정치체제로 바꾸어야 합니다"라고 사태의 본질을 분명히 토로했다. 정직하지 않기는 흐루시초프도 한가지였다. 그는 "쿠바 정부의 요청으로" 미사일을 보냈다고 주장했지만, 슐레진저의 해석으로는 사회주의 진영의 강화와 소련의 지위 향상이라는 명분의 강요 때문에 흐루시초프의 제안을 쿠바가 마지못해 수락했다는 것이다. 그런데 소련은 "미국과의 평화 공존은 사회주의로 하여금 시간을 벌게 한다. 현재의 세력관계가 나날이 사회주의에 유리하게 전개되기 때문에 시간을 버는 것은 대단히 중요하다"는 빈말과 함께 "평화공존 만세, 공산주의 만세"를 외치고는 미국과 밀월을 모색하고 말았다.

　미국의 협박과 소련의 배반에 대해 카스트로는 분연히 외쳤다: "우리는 미사일을 받아들일 엄연한 주권을 가지고 있다. 우리는 결코 국제법을 위반하지 않았다." 실제로 그는 사후 설득차 쿠바를 방문한 아나스타스 미코얀Anastas Mikoyan 소련 부수상을 일주일이나 만나주지 않았다. 금년 1월 아바나에서는 미사일 위기 30주년을 회고하는 국제회의가 개최되었고, 6월에는 미국 국무부와 러시아 외무성이 당시 케네디와 흐루시초프 사이에 오고간 서한들을 공개했다. 이 일련의 검증 과정을 통해 확인된 바는 쿠바의 주권과 국제법은 주먹이 곧 법인 강대국의 횡포 앞에 하잘것없이 무력하다는 사실을 카스트로가 몰랐다는 점이다. 아니 그 사실을 너무 잘 알고 있었기 때문에 그의 분노는 '피할 수 없는 잔'이었다고 말해야 옳을 것이다.

▌1992년 10월 20일

# 5월의 주변에서

우리의 5월을 누구에게 헌정해야 할지는 잘 모르겠으나, 서구의 5월은 마땅히 학생에게 선사해야 하리라고 생각한다. 1968년 프랑스의 5월이 특히 그러하다. 베이징에서 프라하까지, 파리에서 버클리까지 가히 지축을 흔든 당시의 사태를 정리하여 분석한 책 『뉴 레프트의 상상력』*의 저자 조지 카치아피카스George Katsiaficas는 "만약 1968년을 어느 누구의 해라고 해야 한다면, 그것은 단연 학생의 해이다"라고 거침없이 규정한다. 그는 계속해서 "어느 학자의 지적대로 20세기 후반기의 대학이 19세기 말의 철도와 같은 지위를 차지한다면, 1968년의 학생운동은 1905년의 전투적인 철도 노동자와 같은 역할을 수행했다"고 그 역사적 의미를 추적했다. 1905년 러시아 노동자들의 투쟁은 실패했지

* 편집자 주―국내에는 『신좌파의 상상력』(난장, 2009)이라는 제목으로 출간되었다.

시선―정운영 선집

만 미구에 그들의 요구가 혁명으로 실현되었듯이, 1968년 학생들의 투쟁 또한 실패로 끝났지만 그들의 저항은 여전히 정당하다는 것이 나의 생각이다. 25년이란 세월에 특별히 어떤 의미를 입히기는 어렵지만, 다시 5월을 맞으며 여러모로 망설이다가 이 치열한 계절의 한 도막을 사반세기 전의 학생 얘기로 돌리기로 했다.

1968년 사태의 추이를 면밀히 관찰해온 사람들은 그것이 도무지 예상할 수 없는 일이었다는 데에 의견을 같이한다. 세계대전 참화의 복구로부터 개화된 1960년대의 이른바 '자본주의의 황금기'에 혁명이란 전혀 가당찮은 언어이고, 또한 적절하지도 않은 화제였기 때문이다. 그런데도 혁명은 해질녘을 기다리지 않고, 한낮의 불청객처럼 불쑥 찾아들었다. 혁명에는 의사일정이 없고, 혁명은 다수결로 이뤄지지 않는다는 이런 교훈은 저제나 이제나 '혁명예고지수'를 계산하며 혁명 정세의 부재에 상심하는 사람들에게 다소 위안이 되는지 모른다.

68혁명은 기존의 도식을 깡그리 부정하는 이단이었다. 우선 혁명은 빈곤의 산물이라는 선입견을 철저하게 파괴했다. 거리에 바리케이드를 설치한 동기는 기아에 대한 공포와는 거리가 멀었고, 국가 장치를 '몰로토프 칵테일'로 야유한 주역들도 생산력 발전의 혜택을 충분히 나눈 풍요의 세대였다. 배가 고파서 거리로 몰려나간 것이 아니라, 오히려 배를 부르게 만들어준 제도와 체제에 항거하기 위해 거리로 나선 것이다. 그들은 "인간을 압박하는 '행복'이란 이름의 폭력을 거부하라"고 분연히 외쳤다.

이와 같은 거부가 그대로 현실 사회주의를 대안으로 선택하게 만든 것은 물론 아니었다. 1968년은 1917년의 경험에 여러 가지 수정을 시도했다. 이를테면 전위당에 혁명 지도의 역할을 위임한 레닌Vladimir Ilyich Lenin의 방식에 대한 수정이나, 프롤레타리아 정예에 혁명 수행의 과제를 부여한 마르크스의 구상에 대한 수정이 그것이다. 베트남 정글에서 드러난 제국주의의 추악한 탐욕을 규탄하고, 프라하의 봄을 탱크로 깔아뭉갠 전체주의의 망령을 강력하게 항의하는 이 '뉴 레프트' 세대는 자연히 마오毛, 호胡, 체Che가 전개한 민족해방투쟁의 경험을 배우려고 했다. 그들이 배척한 것은 무엇보다도 혁명에서 혁명의 공식을 찾으려는 수고와 헛수고였다. 실로 그들에게 혁명은 계획과 준비의 산물이 아니라, 혁명 자체의 동력으로 폭발하는 힘이고 에너지였기 때문이다.

풍요의 시혜 속에서 풍요의 질서를 거부하고, 산업사회 혁명의 에너지를 제3세계에서 충전하려는 이 화려한 이율배반은 일단 학생들이 지니는 이상주의의 소산으로 해석된다. 그들이 대자보에 휘갈긴 대로 '모든 권력은 상상력으로'All power to the imagination의 구호가 그 상상력만큼 정직하다면, 대안이 없다는 핑계 따위로 고민할 필요는 없었을 터이다. 그들의 젊은 결벽을 괴롭힌 요인은 오히려 학생이라는 특별히 선택된 신분과 처지였다. 그 부담은 즉시 사회가 그들에게 베푸는 특혜를 반환함으로써 미래의 착취자로 훈련받는 임무를 중단해야 한다는 자각으로 발전했다. 그러나 그 자각조차 쉽게 양해되지는 않았다. 지배계급의 관점에서 보자면 학생은 은혜를 모르는 허황한 선동가이고, 노동자에게도 그들은 기껏해야 프티-부르주아 도전자에 지나지 않았기 때문이다.

68세대는 "현재나 미래에도 학생은 사회의 '자본'이라는" 사실을 피할 수 없기 때문에, 즉 자본가의 편에 서서 수탈을 돕는 역할로부터 벗어날 수 없기 때문에 "우리가 먼저 노동자가 되어야 한다"고 주장한다. 그러나 그 노동자의 자격조차 일종의 특권일 수 있기에 각별히 조심하지 않으면 안 된다. "학생은 부르주아 계급의 프롤레타리아가 되고, 노동자는 제3세계에 대해 '부르주아지'가 되는" 현실의 역설이 그 위험을 반영한다. 따라서 노동자는 지배계급으로부터 해방되어야 하며, 동시에 자신도 모르는 채 그 수탈에 협력해온 제3세계를 해방시켜야 하는 이중의 책무를 지닌다. 나는 뉴 레프트의 양식과 양심 가운데 이 자성을 가장 귀중하게 받아들인다.

이런 책무의 이행이 혁명 이외의 수단으로는 가능하지 않을 때 혁명이 출현한다. 그들은 부르주아 혁명이 법률적이고 프롤레타리아 혁명이 경제적이라면, 자신들의 혁명은 문화적이어야 한다고 주장한다. 이 문화 혁명이 창시할 새로운 사회는 "모든 사람이 시간제 청소부가 된다면 직업적 청소부가 사라진다"는 순수한 정열로부터, "이제까지 노동자는 자신이 생산한 대상만 소비할 수 있었다. 그런데 노동자가 무엇을 생산할 것인가를 결정하기 위해서는 그들이 무엇을 소비할 것인가를 결정해야 한다"는 근본적 개혁에 이르기까지 인간답게 살기 위한 모든 요구를 수용하지 않으면 안 된다. 학생은 스스로를 부정하는 유일한 역사적 집단이기 때문에 학생만이 이런 진정한 혁명의 이데올로기를 소유하는 것이다. 따라서 그들에게 혁명은 허영도 아니고 예술도 아니며, 오히려 "혁명은 혁명에 저항하는 폭력과 똑같이 폭력적이다. 폭력을 선험적으로 거부하는 사람은 자신에게 가해지는 폭력을 의식하지 못하기 때문에 혁명적일 수가 없는" 것이다.

1968년 5월의 혁명은 '결과적으로' 실패했다. 그런데 역사는 그 책임의 가장 큰 몫을 공산당에게 돌리고 있다. 혁명으로 입게 될 기득권 상실을 우려하여 '총파업' 대신 '총선거'를 선택했기 때문이다. 기회주의는 사람에게만 해당되는 것이 아니고, 역사에도 적용되는 모양이다. 사르트르Jean-Paul Sartre가 주관하는 「현대」는 "우리는 공산주의자들 없이는 혁명이 불가능하다고 생각해왔다. 그런데 이제 그들과 함께는 혁명이 불가능하다는 사실을 깨닫게 되었다"라고 거칠게 공격하고 나섰다. 그 공격이 과연 25년 전의 프랑스 공산당에만 해당되는 것일까?

▌1993년 5월 18일

# 산티아고, 1973 겨울

지난 11일 오후 나는 연세대에서 개최된 「이론 포럼」의 방청석에 앉아 있었다. 포스트모던 사회에서도 계급모순이 비계급모순에 우선하는지를 캐묻고, 정치 투쟁과 경제 투쟁을 병행한 일본 총평總評이 과연 '전술적' 오류를 범했는지를 따지는 열띤 논의들이 연사와 청중 간에 간단없이 교환되었다. 나의 귀와 눈은 분명히 그쪽으로 열어놓았는데도, 머리와 가슴은 전혀 엉뚱한 연상을 좇고 있었다. 20년 전의 오늘, 즉 1973년 9월 11일 칠레의 대통령 관저 모네다 궁에서 민주주의를 수호하다가 장렬하게 산화한 살바도르 아옌데Salvador Allende의 최후에 대한 상념이 그것이었다.

이날 새벽 쿠데타 보고를 접한 아옌데 대통령은 34년 동안 고락을 같이한 부인 오르텐시아 여사와 이게 마지막일지 모른다는 작별 인사를 전화로 나누고, 이어서 군인의 명예를 버린 자들에게 절대로 굴복하지 않겠다는 방송으로 국민에게 고별 인사를 보냈는데 방송 도중의 폭음으로 이 인사는 제대로 끝을 맺지 못했다. 관저를 포위한 반란군은 항복과 해외 탈출을 종용했지만, 아옌데는 측근마저 따돌린 채 재산을 챙겨 국외로 도망치던 이왕의 라틴 아메리카 독재자들과는 달리 단호하게 그 제의를 거절했다. 다만 그의 경호원들에게 피신을 권하면서 "무기는 두고 가라구. 저들과 싸우려면 그게 필요하니까 말이야"라고 외칠 뿐이었다.

정오를 기해 공군 제트기가 로켓 폭격으로 모네다 궁을 박살내고 탱크를 앞세운 육군 기갑부대가 대통령 집무실로 육박하는 가운데, 자동소총을 거머쥔 65세의 대통령과 차마 그의 곁을 떠나지 못한 42명의 경호대는 오직 역사만이 그 승패를 판정할 최후의 일전을 벌였다. 오후 2시 반군 선발대의 한 대위가 쏜 6발의 총탄이 아옌데의 복부를 관통함으로써 저항은 처절하게 막을 내렸다. 산티아고, 1973년 겨울의 일이었다. 반도들은 그 총탄으로 사회주의자 대통령을 쓰러뜨렸다고 선전했지만 거기서 거꾸러진 것은 실로 칠레의 민주주의였다. 국민이 선출한 대통령은 반드시 '자본주의자'여야 하며 혹시 사회주의자일 경우에는 총으로 몰아내야 한다라는 조항이 헌법에 없는 한, 그날 군인들이 자행한 폭거는 칠레 사회주의의 파괴가 아닌 바로 칠레 민주주의의 총살이었기 때문이다.

1908년 변호사 가정에서 태어난 아옌데는 의학을 공부하다가 사람의 질병을 통해 사회의 모순을 보았고, 그 모순 해결의 돌파구를 찾기 위해 몰두한 급진적 독서 경향이 자신을 마르크스주의로 이끌었다고 레지 드브레Régis Debray가 엮은 『아옌데와의 대화』에서 고백했다. 그는 칠레 공산당이 코민테른의 지도 노선에 지나치게 경도되었다는 이유로, 1933년 프롤레타리아 국제주의에 입각하면서도 한층 개방적이고 독자적인 사회당의 창설을 주도했다. 1952년 첫 출마 이래 네 번째 도전이 되는 1970년 9월의 대통령 선거에서 그는 마침내 자신의 오랜 야망을 실현한다. 파블로 네루다Pablo Neruda는 "칠레 인민의 가혹한 착취로 파내는 구리가 묻힌 저 저주스런 언덕에서도 자유의 힘찬 물결이 솟아올랐다"고 당시의 감격을 묘사했다. 저우언라이周恩來와 함께 그가 가장 존경하는 체 게바라Ché Guevara는 "다른 방법으로 같은 결과를 얻으려는 살바도르 아옌데에게"라는 헌사가 담긴 자신의 저서 『게릴라 전쟁』을 선사했는데, 그 '다른 방법'이 막 실현되려는 순간이었다. 구태여 쿠바와 다른 길을 걸으려는 이유를 묻는 질문에 아옌데는 1960년의 쿠바는 무장투쟁 이외에 달리 대안이 없었지만, 정당과 노조와 언론을 구비한 1970년의 칠레에서는 선거로 희망을 실현할 수 있기 때문이라고 대답했다. 미구에 군대가 그 선거의 희망을 짓밟는 운명까지는 미처 예상하지 못한 것일까? 아무튼 과반수 득표에 미달했으므로 그는 의회의 지명투표를 거쳐야 했다.

선거를 통한 마르크스주의 정권이, 그것도 하필이면 라틴 아메리카에서 탄생하려고 하자 미국이 받은 충격은 이만저만이 아니었다. 미국의 30대 다국적회사 가운데 24개가 칠레에 진출했고, 은행을 제외한 칠레의 18대 기업이 모두 이들의 자회사라는 사정이 미국의 불안을 충분히 짐작하게 한다. 닉슨 대통령은 아옌데를 지칭하여 "그 개새끼"라고 불렀고, 그래서 "한 나라가 무책임한 국민에 의해 공산화되는 것을 우리가 왜 방관해야 하는지 이해할 수 없다"는 헨리 키신저Henry Kissinger 안보

담당 특별보좌관이 즉시 '거사' 준비에 나섰다. 우선 의회의 지명투표에서 반란을 유도하기 위해 칠레 야당에 접근했으나, 그들은 이런 대답으로 유혹을 거절했다: "그러면 아옌데 지지자들은 투표할 권리만 있지 승리할 권리는 없는 셈이군요." 그래, 그런 지조야말로 작은 나라가 큰 나라에 대해 자신을 지키는 길이다. 다음 수순은 당연히 힘에 의한 전복이었다. 그러나 칠레의 육군참모총장이 군의 정치 개입을 반대하고 헌정 수호를 다짐하자, 미국의 기도는 다시 좌절되었다. 군인의 길을 지킨 레네 슈나이더Rene Schneider 참모총장은 그해 10월 암살당한다.

한 달 뒤 의회에서 압도적인 표차로 지명된 아옌데 대통령과 '인민연합' 정부는 그들의 개혁 공약을 착실히 이행했다. 농지 개혁을 실시하고, 임금과 복지를 개선하고, 구리 광산의 국유화를 단행했다. 세계최대의 매장량으로 칠레 수출액의 4/5 정도를 차지하는 이 구리 광산의 국유화가 무엇보다도 미국을 격분시켰다. 한 예로 미국의 아나콘다 구리회사는 1971년 전체 투자의 16.6퍼센트를 칠레에 배분했으나 전체 이윤의 79.2퍼센트를 이곳에서 회수하는 형편이었다. 칠레에서의 이윤율이 세계 평균의 5배에 이르렀기 때문이다. 구리는 칠레 인민의 밥이면서 눈물이었다.

아옌데 정부의 국유화 논의가 본격화되자 미국은 우선 경제 공세를 단행했다. 미국은 자신이 비축한 구리를 일시에 방출하여 국제가격을 15.7퍼센트나 떨어뜨렸는데, 이에 대항하여 칠레는 구리 수출량을 5.4퍼센트나 늘렸으나 수출액은 오히려 22.2퍼센트가 줄어들었다. 더구나 미국은 자국의 기업, 은행, 공공기관은 물론이고, 그의 입김이 통하는 모든 국제기구에까지 영향력을 행사하여 칠레의 외화수입 통로를

시선—정운영 선집

차단하고 외채 상환을 독촉함으로써 그 경제를 궁지로 몰아넣었다. 아옌데 정부가 집권한 3년 동안 칠레에 대한 미국의 비군사지원은 10퍼센트 수준으로 축소되었으나, 군사 원조만은 100퍼센트 이상 확대되었다. 여기서 우리는 칠레를 대하는 미국의 관심의 방향을 짐작하게 된다.

때때로 긴 것이 불편할 경우가 있는데, 길어서 불편한 나라가 칠레이다. 남북으로 4,300킬로미터나 뻗었으나 철도 부설이 부진하여 이 나라에서는 트럭 운송이 국민경제의 사활을 좌우한다. 이 점에 착안한 미국의 자본가들이 하다 못해 타이어를 비롯한 각종 부품의 공급을 갑자기 일절 중단하는 바람에 트럭과 버스의 1/3이 고철로 변했으며, 1972년 10월에는 미국의 중앙정보국CIA이 트럭 운수업자를 매수하여 이른바 '자본가 스트라이크'를 유도했다. 문제의 심각성을 깨달은 아옌데 정부는 운송요금을 한목에 120퍼센트나 올려주면서 그들을 달랬으나, 이 반역자들은 끝내 외세의 장단에 놀아나고 말았다. 물자 수송이 중지되자 상점이 문을 닫았고, 공장의 기계가 섰다. 완전한 물가-임금 연동제로 첫해에 벌써 34.9퍼센트나 오른 노동자계급의 소득이, 즉 돈은 있는데 물건이 없는 역설적 상황이 사태를 한층 더 악화시켰다. 마침내 1973년 4월 반대파의 회유에 넘어간—누가 무어래도 그들만은 그래서는 안 되는—구리 광산 노동자마저 파업에 나섬으로써 칠레의 경제는 온통 마비되고 말았다. 그 파업은 진정 카이사르를 겨눈 브루투스의 비수였다.

정치판도 엉망이었다. 인민연합 내의 사회당은 국유화의 확대로 민주주의적 과제와 사회주의적 과제의 동시 추진을 주장했고, 공산당은 전통적인 단계 혁명론을 내세우며 사회주의적 과제의 유보를 요구했다. 이 와중에서 아옌데는 미래의 전진을 위해 현재의 개혁을 '고정하는' 칠레판 신경제정책NEP으로 선회했다. 기껏 공업생산의 22퍼센트 정도를 국유화한 물적 토대 위에서 사회주의적 과업을 이행하려는 '욕심'이 애초에 무리였을 것이다. 1973년 9월 7일 아옌데 대통령은 피노체트 육군참모총장을 위시한 몇몇 장군들에게 나흘 뒤 자신의 신임을 묻기 위한 국민투표 실시를 공포하겠다고 전했다. 바로 나흘 뒤 피노체트Augusto Pinochet의 쿠데타로 그 약속은 지켜지지 않는다. 그러나 그 대가는 엄청난 것이었다. 쿠데타 당일의 '좌익 사냥'에서 최소한 2,000명 이상이 학살되었고, 1974년 유엔에서 행한 칠레 대표의 진술에 따르면 쿠데타 이후 3만여 명이 피살되었다. 드브레의 소설 『불타는 설원』(한마당, 1988)에서 아옌데는 "절망적인 상황이란 없네. 다만 절망에 이르도록 방치하는 상황이 있을 뿐이지"라고 토로한다. 정녕 그렇다면 그의 죽음조차 절망은 아닐는지 모른다. 1989년의 선거에서 칠레 인민은 피노체트를 축출하지는 못했지만, 그가 노린 집권 연장의 야욕만은 좌절시켰다. 그래, 절망은 없어야 한다.

▌ 1993년 9월 21일

* 편집자 주—피노체트는 쿠데타로 집권한 1973년 9월 11일부터 1990년 3월 11일 선거 패배로 물러날 때까지 칠레를 지배하였다. 피노체트는 독재 정권을 비판한 80여 명의 외국인들을 납치한 혐의로 국제 수배령이 내려진 상황에서 1998년 10월 영국 사법당국에 체포되었다. 2000년 3월 건강 악화로 인해 석방되어 칠레로 귀국한 후 300여 건의 범죄 혐의로 기소되었으나 2006년 갑자기 사망하여 처벌은 이루어지지 못했다.

시선—정운영 선집

# 아편에서 달러로

1839년 황제의 특명을 받은 흠차대신 린저쉬林則徐는 광저우廣州에서 이런 통문을 발했다. 아편을 팔거나 흡식소를 여는 상인은 물론, 아편을 마시거나 피우는 사람도 사형으로 다스리겠다는 내용이었다. 그리고 중국에 아편을 들여오는 이인夷人에게는 "그대들의 나라에서 흡식하지 않는 아편을 어찌 우리나라에 가져와 백성의 재산을 갉아먹고 목숨을 해친단 말인가. …… 이는 인심이 공분할 일이오, 천리가 용서치 않을 일"이라면서, 수중의 아편을 모두 관서에 바치고 앞으로 더는 아편을 팔지 않겠다는 서약서를 내라고 했다. 지난 잘못을 들추어 새삼 벌하겠다는 것도 아니고, 그저 팔면 안되는 것을 팔지 말라는 이 도저한 설득은 누구도 트집 잡을 일이 아니었다. 그러나 트집이 잡힌다.

린저쉬는 임청천林靑天이란 별명까지 얻을 만큼 강직한 관리였지만, 무너지는 나라의 뒤틀린 기강을 바로잡기에는 그의 힘이 너무 부쳤다.

조정에서는 아편 복용이 어차피 현실이니 점진적으로 대책을 세우되, 당장의 수입 금지보다 정식 무역으로 수입세라도 올리자는 소위 이금론弛禁論이 득세하고 있었다. 반면 사용자를 엄벌에 처해 수입의 필요 자체를 없애야 한다는 개혁파의 엄금론嚴禁論은 소수 의견에 불과했다. 논쟁의 초점은 한심하게도 국민 건강이 아니라 국가 경제였다. 아편 수입 자유화로 세수를 증대하자는 것이 이금론의 목표라면, 수입 금지로 결제 수단인 은의 유출을 방지하자는 것이 엄금론의 반박이었으니 말이다.

외세의 탐욕은 한층 더 험했다. 중국 차에 맛들인 영국인들은 인도에서 재배한 아편으로 그 비용을 치르려고 했다. 내 돈 한 푼 안 들이고 식민지의 아편으로 타국의 차를 걸터듬는 도둑질, 그게 제국주의 무역의 윤리였다. 린저쉬의 결단과 포위로 물과 음식이 바닥난 외국 상관商館은 마침내 1,425톤의 아편을 내놓았고, 이는 즉시 불태워 바다에 띄워졌다. 그것은 금수품을 압수한 정당 행위였지만, 린은 아편 한 상자에 차 다섯 근씩을 내주었다. 그러고도 뒷날 영국은 아편 대금 600만 달러에 '위자료' 600만 달러까지 받아낸다. 그 뒤에도 아편 거래는 줄지 않았다. 토착 아편의 생산 증대로 수입이 중단되는 1917년까지 빅토리아 문물을 세계에 자랑하던 대영제국은 추악한 아편 장사로 100여 년 동안 중국인의 고혈을 짜냈다.

당대의 정객 글래드스톤William Gladstone은 의회에서 "나는 이토록 부정하고 이렇게 불명예한 전쟁을 일찍이 본 적이 없다"고 강력히 반대했지만, 영국 정부는 기어이 군함을 동원한다. 자국민의 생명과 재산을 ─아편을(!)─지킨다는 명분으로 아편전쟁을 일으킨 것이다. 영국 함대

시선─정운영 선집

가 수도 외곽의 톈진天津항에 위용을 드러내자 청국 조정은 화의를 서둘 렀다. 1842년 난징南京조약으로 마침내 중국은 홍콩을 할양한다. 존 페어 뱅크John Fairbank 교수가 지적한 '불평등 조약의 세기'는 이렇게 시작되어 1943년 열강의 치외법권 포기로 100년 만에 종료되지만, 홍콩은 거기서도 예외였다.

아직도 미궁인 애로Arrow호 사건으로 제2차 아편전쟁이 터졌고, 그에 따른 1860년의 베이징조약으로 영국은 다시 주룽九龍 반도 남단을 차지한다. 캉유웨이康有爲가 통탄한 중국 대륙의 과분두부瓜分豆剖가 본격화하면서, 1898년 영국은 또다시 주룽 반도 전체를 99년 동안 조차한다. 이 마지막의 신제新界 지역이 바로 어제 치른 본토 귀속의 대상이었지만, 덩샤오핑의 일국양제一國兩制 담화 이후 영국은 홍콩 전체를 반환하기로 했다. 그러니까 홍콩은 155년 만에, 주룽은 137년 만에, 그 배후의 신제는 99년 만에 임자에게 돌아온 것이다. 후년 마카오澳門까지 되찾으면 중국 영토에 찍힌 제국주의의 흔적은 일단 가신다.

사회주의가 자본주의에 편입되는 세계사의 격변 속에 자본주의가 사회주의로 귀속하는—중국이 사회주의라면—현실은 가히 세기의 역설이다. 그런데 거기 축제만 있을 뿐 반성이 없어 내게는 못내 아쉽다. 홍콩을 강탈한 제국주의의 논리는 세기가 바뀌어 그것을 반납하는 세계화 시대에도 별로 변하지 않았다. 그리고 그 축제조차 아무도 바라지 않는 축제이기 쉽다. 안보든 투자든 홍콩의 변화에 막대한 이해가 걸린 관계 국가들의 속셈은 말할 것도 없다. 임자인 중국조차 돌려준다니 받기는 하지만 '달러 낳는' 홍콩을 가급적 그대로 두겠다는 기색이고, 중국의 간섭과 부패의 전염을 꺼리는 홍콩 역시 대학생의 40퍼센트가 본토 귀속을 반대하고 나섰다. 새로 태어나는 '홍콩-차이나' 대신 예전의 '식민지' 홍콩이 그립다는 것이다. 이 남루한 역사여, 이 우매한 세계여!

화의에 나선 중국 관리는 상대의 비위를 맞출 요량으로 영국 대표에게 이렇게 말했다.

"린저쉬가 해임되었습니다. 경하할 일입니다."

"아니오. 그는 탁월한 재능과 용기를 갖춘 인물입니다. 아깝게도 외국 사정을 잘 몰랐을 뿐입니다."

그래 사정을 잘 알았던들 달리 어쩌란 말인가? 나의 마음은 이제 외국을 잘 아는 중국 정부가 158년 전에 펼친 선조의 판단과 용기를 잊을지 모른다는 걱정 때문에 오히려 답답하다. 달러도 때로는 아편만큼 위험하니까…….

▌1997년 7월 1일

2부 | 저 낮은 경제학

# 경제학을 전공하려는 J양에게

J양에게!

"중국에 대해 기행문을 쓰려거든 그곳에 도착한 지 사흘 이내에 쓰시오"라는 어느 서양 사람의 글을 오래 전에 읽은 적이 있습니다. 사흘이 지나면서 중국이라는 거대한 문물과 조금씩 친숙해지면, 오히려 더 당황하게 되어, 마침내는 붓조차 들지 못한 채 그 시도를 포기하게 되는 경우를 염려해서 일러준 말이겠지요. J양이 잡지사로 보낸 편지를 전해주면서 편집자는 나에게 '가장 자상하고 가장 친절한'―말하자면 최상급의 형용사가 두 번이나 반복되는―회답을 부탁했지만, 아무래도 나는 이 편지가 수신인을 잘못 짚었다는 생각을 지울 수가 없습니다.

편지의 내용으로 미루어 보건대 J양은 아마 대학 입시를 앞둔 학생으로서 경제학이란 그 '삭막한' 느낌의 학문을―실제로 토마스 칼라일Thomas Carlyle은 "경제학은 우울한dismal 학문이다"라고 말한 적이 있습니다—전공으로 선택해도 좋은지에 대해 진지하게 고민하는 중이 아닌가 싶습니다. 인생이라는 나무는 그것을 가꾸는 과정의 인고忍苦가 그 열매를 따는 순간의 희열보다 더 소중한 법이니, 지금의 고민에서 쉽게 도피하지 말고 오히려 그것과 적극적으로 대결하십시오. 다소 구차스런 변명이 됩니다만 경제학을 하나의 '직업'으로 삼고 있는 나로서는 예컨대 한 권의 소설책을 덮으면서 흔히 던질 수 있는 '재미있다'거나 '지루하다'라는 식의 즉흥적인 감상을 그대로 경제학에 옮기는 일이 결코 용이하지가 않을 뿐만 아니라 또한 그것이 가능하지도 않습니다. 중국에 대해 기행문을 써야 할 어느 서양인의 당혹과 고민이 '잘못된 수신인'에게 하나의 현실로 다가선 셈입니다.

경제학이라는 말에서 제일 먼저 떠오르는 대상은 아마 '밥'일 것입니다. 말하자면 밥—그것이 빵이나 스파게티라도 마찬가지입니다만—과 관련되는 여러 가지 문제를 다루는 학문이 경제학입니다. 루트비히 포이어바흐Ludwig Andreas von Feuerbach라는 철학자는 "인간이란 요컨대 먹는 존재이다"Mann ist, was er ißt라고 지적하고 있습니다만, 실상 이 지극히 평범한 발견이야말로 경제학이 성립하는 바탕이 된다고 할 수 있습니다. "사람은 빵만으로 살 수 없다"는 블라디미르 두진체프Vladimir Dmitrievich Dudintsev의 소설 제목은 분명히 지당하고 매력적인 말씀이나, 그러나 "밥 없이 살 수 있는 녀석이 있으면 나서보라"는 투박한 항의 또한 결코 외면할 수 없는 진실입니다. 이미 짐작했으리라 믿으나, 여기서의 밥을 단순히 인간의 생명을 유지하기 위한 한 보따리의 소비재쯤으로 국한해서는 안 됩니다. 밥은 한 사회의 발전과 쇠퇴를 규정하는 최초의 요인이며, 따라서 그 밥을 어떻게 만들고 또 어떻게 나누느냐는 방식에 따라 그 사회의 문화가 형성된다는 사실에 주목해야 합니다.

밥을 만드는 행위를 경제학에서는 '생산'이라고 합니다. 이 생산이 가능하기 위해서는 토지나 천연자원과 같은 '노동 대상'이 있어야 하고, 또한 이 대상을 가공할 수 있는 시설이나 기계와 같은 '노동 도구'가 필요합니다. 그러나 무엇보다 중요한 요소는 일정한 조직과 통제 아래서 이들 생산수단을 실제로 사용하는 '노동력'의 역할입니다. 이렇게 생산의 원천을 노동이라고 할 때, 경제학은 "태초에 노동이 있었으니 거기서 비롯되었다"고 생각할 수밖에 없습니다. 언뜻 생각하면 토지와 같은 노동 대상은 자연에 의해 이미 '주어진 것'으로서 인간의 노동과는 무관하게 보일지도 모릅니다. 그러나 모든 자연에는 인간의 노동이 부가되어야만 그것이 경제적 의미를 가집니다. 냉장고 속의 작은 얼음 조각에는 신경을 쓰면서도 북극의 빙산에 우리가 무관심한—적어도 경제적으로는—이유는 그 자연의 결정에 인간의 노동이 포함되지 않았기 때문입니다. 또한 우리가 일상적으로 자본이라고 부르는 생산설비와 같은 노동 도구도 곰곰이 생각해보면 그 이전에 인간의 수고와 노력이 만들어낸 노동의 집적이며 그 결과임을 알 수 있습니다. 다시 강조합니다만 노동력은 토지나 자본에 선행하는 생산요소입니다. 그러므로 주요 요소는 자연, 자본, 노동이라고 말해서는 안 되고 오히려 노동 대상, 노동 도구, 노동력이며 그중에서도 가장 본원적인 요소는 노동력이라고 고쳐 말해야 됩니다.

나는 위에서 밥을 어떻게 생산하느냐는 문제가 곧 그 사회의 문화적 형태와 깊은 관련을 가진다고 말했습니다. 그러면 J양이 써 보낸 대로 경제학이란 요컨대 "한 사람의 위대한 시인보다 하나의 발전소 건설을 더 소중하게 여기지나 않는지요"라는 우려에 대해 얘기해보지요. 인간이 처음으로 경제 생활을 시작하면서 노동력은 노동 대상과 노동 도구를 지배했습니다. 그러나 사유재산이란 개념이 도입되면서 노동력은 먼저 노동 대상을 잃게 됩니다. 예컨대 힘 세고 욕심 많은 어느 한 사람이 자연이 하사한 광활한 토지에 사유의 울타리를 치면서부터, 다른 사람들은 여태까지 함께 열매를 거두던 땅에서 물러나야 했으며 또 지금까지 같이 고기를 잡던 강에 다가설 수가 없게 되었습니다. 사회가 점점 더 발전하여 자본주의 단계로 들어오면 노동력은 다시 노동 도구와 분리됩니다. 현대의 어떤 노동자도 자기의 일할 공장을 스스로 짓거나 자기가 움직일 기계를 스스로 지고 일터로 가지는 않습니다. 경제학이란 '프리즘'을 통해 볼 때, 인류 역사의 발전이란 요컨대 인간의 노동에 의해 생산이 되풀이되는 과정이라고 말할 수 있습니다. 그런데 이 과정에서 노동력, 즉 구체적으로 이 노동력을 담아서 보관하고 있는 인간은 자연(노동 대상)이나 자본(노동 도구)을 차례로 잃게 됩니다. 주인이어야 할 노동력이, 즉 인간이 오히려 그 도구에 예속되는 현상을 경제학에서는 '소외'라는 말로 표현합니다. 그런데 불행하게도 현대의 경제학이 이 소외의 문제를 '대단히 소홀하게' 다루는 것은 사실이고, 또 그런 점에서 크게 비판받아야 마땅합니다. 그러나 경제학이 이 소외로부터 인간 해방이란 그 본연의 사명을 끝끝내 포기할 수는 없기에, 아마 멀지 않은 장래에 경제학은 다시 J양이 걱정하는 그 시인에게 발전소의 건설에 못지않게 용기 있는 역할을—주인의 자리를 빼앗은 노예를 고발하고 노예가 된 주인을 분발하도록 만드는 힘찬 노래를—요청하게 되리라고 믿습니다.

이미 만들어 놓은 밥을 어떻게 나누느냐는 문제, 즉 '분배'에 대해서도 같은 얘기를 할 수 있습니다. 무엇인가를 나눈다는 행위는 그에 앞서 각기 이해利害가 '대립되는' 집단을 상정하게 만듭니다. 만약 서로 많이 가지려고 경쟁하지 않고, 서로 적게 가지려고 양보한다면 경제학은 더 이상 필요하지 않기 때문입니다. 이 이해 대립의 집단을 경제학에서 '계급'이라고 부릅니다. 예컨대 고대 사회에서는 노예가 생산한 과실을 귀족이 채찍을 휘둘러 빼앗았으며, 중세 사회에서는 농노에게 빌려준 토지의 대가라는 명분으로 영주가 지대를 걷었으며, 현대 사회에서 노동자는 생산물의 일부를 임금으로 받고 나머지는 자본가가 이윤으로 차지합니다. 계급이란 이렇게 밥의 생산과 분배에 참여하는 사람과 사람—즉 노예와 귀족, 농노와 영주, 노동자와 자본가—의 관계를 가리키는데, 그것은 즉시 노동 대상과 노동 도구를 차지한 집단과 노동력만을 지닌 집단의 갈등 위에 근거하고 있습니다.

실제로 한 사회가 존속할 수 있는 물질적 조건은 투입input보다 산출output이 커야 한다는 단순한 산술에 의거하는데, 이 산출과 투입의 차액을 잉여surplus라고 부릅니다. 만약 누가 100원을 비용으로 들여(투입) 120원을 수입으로 얻었다면(산출), 그는 이 사업에서 20원의 잉여를 낸 셈이 됩니다. 그런데 노예제 사회에서는 노예가 생산한 이 잉여를 귀족이 피라미드를 만드는 데에 탕진하고, 봉건제 사회에서는 농노로부터 수취한 지대를 영주가 고딕 사원을 세우는 데에다 낭비해 버렸습니다. 모두 다 비생산적unproductive으로 소비한 셈이지요. 그러나 자본주의 사회에서 이윤은 투자라는 생산적productive 소비에 지출됨으로써 더 많은 잉여, 즉 이윤의 발생을 노리게 됩니다.

물론 나는 이 이윤이라는 단어가 몹시 건조한 느낌을 주고, 또한 그 것이 때때로 아주 고약한 짓을 하고 있다는 사실을 잘 알고 있습니다. 적어도 그 말은 J양 나이의 세대가 평가하는 가치 서열에서는, 예컨대 우애니 동정심이니 혹은 휴머니즘이니 하는 개념들보다 훨씬 아래의 자리를 차지하고 있겠지요. 그러나 우리 한번 냉정하게 생각해봅시다. 이를테면 J양이 사회의 정신 건강을 위해 아주 높은 순위를 부여하고 있는 미술관의 건립도 실상은 두부 공장과 마찬가지로 이 사회가 축적 한 이윤의 토대 위에서만 가능합니다. 결국 이윤으로 표현되는 이 잉 여가 경제 발전을 규정하는 가장 주요한 요인이고, 또한 그것이 궁극 적으로는 그 사회의 문화 형태까지도 결정한다는 설득에 동의하지 않 을 수 없습니다. 그럼에도 불구하고 이제까지의 역사에서 그 잉여의 생산과 분배가 전혀 정의롭지 못한 관계와 방법으로 이루어지고 있는 것만은 틀림없습니다. 아무튼 이와 같이 밥을 만들고 나누는 가장 구 체적인 현상에서 시작하여 그 밥을 만들고 나누는 사람들의 관계로 관 심을 돌릴 때, 경제학은 '밥과 사람의 관계'를 따지는 일에서 한걸음 더 나아가 거기에 내재하는 '사람과 사람의 관계'를 밝히는 학문으로 그 본연의 사명을 회복하게 됩니다.

바로 그 사람이라는 문제에 관하여 현대 경제학이 표상하는 '경제인' homo economicus 또한 그렇게 애착이 가는 인물로 그려지지 않습니다. 온 통 도시를 압도하는 그 육중한 건물 안에서 하루 종일 머리를 컴퓨터 의 단말기처럼 증권 시세표로 꽉 채우고 있는 비정한 표정의 금융인이 나, 혹은 "하늘의 별을 헤아리기보다는 주머니 속의 돈을 셈하기에 바 쁜" 메마른 심성의 기업가에게서 "한 줌의 매력조차 느끼지 못한다"

는 J양의 지적을 굳이 탓하지 않겠습니다. 그러나 처음부터 경제학이 그토록 약삭빠르기만 해서 항상 현실에 안주하거나 혹은 그 주변과의 타협 속에 연명해온 것도 아닙니다. 무엇보다도 먼저 경제학은 중세의 봉건사회를 지배해온 자연법 사상에 대한 처절한 항거에서 싹텄다는 사실이나, 혹은 마르크스 이래의 정치경제학이 자본주의 제도에 내재된 온갖 모순의 극복을 위해 여전히 치열하게 투쟁하고 있다는 사정을 기억해두십시오. 이제 그 경제학이 지닌 현실 개혁의 자세랄까 혹은 장래의 각오랄까에 관해 얘기해보도록 하지요.

이 대목에서 내 개인의 체험을 하나 섞는 것을 양해하십시오. 벌써 한 20여 년 전, 그러니까 대학에 입학해서 첫 오리엔테이션을 받을 때의 일입니다. 경제학이 얼마나 '훌륭한' 학문인가에 대해 추호의 의문이 없도록 처음부터 신입생의 머리를 철저하게 훈련시켜야 할 '중대한' 사명을 띠고 우리 앞에 나선 한 선배는 인류의 진보를 가져온 세 개의 사과에 대한 얘기부터 시작했습니다. 우선 아담이 먹었다는 창세기의 사과는 인간으로 하여금 신의 계명을 거역하고 자유의지를 선택하게 한 최초의 상징이라는 것입니다. 다음으로 뉴턴이 보았다는 사과는 자연의 공포로부터 인간이 지식과 이성의 독립을 선언한 찬란한 기록이 된다는 것입니다. 마지막으로 윌리엄 텔이 쏜 사과는 무엇보다도 인간에 대한 인간의 압제를 전복하고 자유와 사랑을 실현하게 만든 위대한 승리의 표현이라는 것이었습니다. 이 얘기가 그 선배의 창작인지 아니면 타인의 작품을 도용한 것인지의 여부는 알 수 없으나, 확실히 그 내용은 산뜻한 재치 못지않게 상당한 설득력을 지니고 있습니다. 요컨대 이 아담의 사과, 뉴턴의 사과, 그리고 텔의 사과를 거치면서 인간은 차례로 신과 자연과 인간의 폭력으로부터 그 '자유의 영역'을 확대해 온 것이 사실입니다.

그런데 그 아담의 사과가 철학의 영역에서 시비가 가려지고, 뉴턴의 사과가 자연과학 분야에서 논의되어야 한다면, 텔의 사과는 필경 사회과학적 관심의 대상이 되겠지요. 사실 18세기 유럽에서 시작된 소위 계몽사상은 바로 인간의 해방에 대한 최초의 자각이랄 수 있는데, 그 중요한 계기는 경제학을 비롯한 사회과학의 발전에서 비롯되었습니다. 그러니까 1776년 아담 스미스<sup>Adam Smith</sup>의 『국부론』의 출판으로부터 현재까지 대략 경제학 200여 년의 역사는 실상 밥을 만들고 나누는 자유를 독점하려는 집단과 그 독점을 저지하려는 집단이 벌인 처절한 투쟁의 역사라고 해도 좋습니다. 이미 지적한 대로 자연법 질서에 대항해 1770년대 '고전파 경제학'이 태동되었습니다. 그후 1870년대에 이 고전파 경제학이 지나치게 급진적이란 이유로 '신고전파 경제학'이 이의를 제기했고, 반대로 그것이 너무 보수적이란 이유로 '마르크스 경제학'이 도전했습니다. 그리고 이 신고전파 경제학이 지닌 이론과 정책의 오류에 대한 반동으로 1930년대에 '케인즈 경제학'이 성립되었습니다. 나는 이들 여러 이론이 실현하려고 애썼던 자유의 내용에 대해서는 자세히 설명하지 않겠습니다. 다만 새로운 주장이 이전의 생각을 계승하기보다는 차라리 거부한 면이 압도적으로 크기 때문에, 새 이론이 옛 이론의 '발전'이라기보다는 오히려 그것과의 '대결'이란 점을 강조하고자 합니다. 말하자면 경제학은 J양이 여러 차례 우려했듯이 현실에 자족하는 무기력한 학문이 아니고, 끊임없이 스스로를 '혁명하는' 학문이라는 뜻입니다.

위에서 나는 경제학이 밥과 사람의 관계로부터 사람과 사람의 관계를 해명하는 학문이라고 지적했습니다만, 앞의 관계는 한마디로 풍족한 밥에 대한 요구이고 뒤의 관계는 자유의 영역의 확대에 대한 집념이라고 할 수 있습니다. 이렇게 우리는 경제학을 통해서 '밥과 자유'라는 우리 삶의 가장 본질적인 두 측면을 규명할 수 있게 됩니다.

J양!

알프레드 마샬Alfred Marshall은 경제학자들에게 차가운 머리cool head와 뜨거운 가슴warm heart을 함께 지니도록 당부한 적이 있습니다. 무엇보다 J양이 냉철한 지식(이론)과 열렬한 애정(실천)을 가지고 자신과 이웃이 밥을 얻고 자유를 찾는 일에 동참하기를 원한다면, 경제학을 선택하는 데 주저하지 마십시오. 결코 자상하지도 못하고 또 친절하지도 않은 이 회신이 J양이 '미래'를 선택하는 과정에서 작은 도움이 되기를 바랍니다.

---

**후기**

본래 이 글은 나의 첫 수상집 『광대의 경제학』에 실렸는데, 그 뒤 여러 곳에 도용되어 생각지 않은 '이본'異本이 떠돌아다니게 되었다. 어느 대학이 국어 교재에 전재를 요청하는 바람에 본격적으로 여러 군데를 고쳤다. 그러니까 이것이 '정본'인 셈이다.

---

# 흥부와 놀부가 같이 사는 길

무척 싱거운 말이지만 100원을 비용으로 사업을 하는 사람은 적어도 그것보다 많은 예컨대 120원의 수입을 목표로 한다. 즉 100원의 투입과 120원의 산출 사이에서 나오는 차액 20원이 생산 활동에서 얻어지는 잉여가 되는데, 이 잉여의 존재는—산출이 투입보다 반드시 커야 한다는 전제는—모든 사회가 '경제적으로' 유지되기 위한 최초의 조건이 된다. 그러므로 이 20원을 누가 만들어내며 또 누가 가져야 하느냐는 문제는 즉시 한 사회의 존속 여부를 결정하고 그 성장 속도를 규정하는 요인이 무엇이냐는 질문으로 직결된다.

우선 누가, 혹은 무엇이 만들어내느냐는 문제부터 생각해보기로 하자. 우리가 살고 있는 이 자본주의 사회에는 '노동'과 '자본'이라는 두 개의 적극적인 생산요소가 있다. 물론 토지라든가 천연자원과 같은 또 다른 종류의 생산요소도 존재하지만, 이것들은 노동에 의해 가공되거

시선—정운영 선집

나 자본에 의해 개조되어야만 생산에 참여할 수 있기 때문에 그 역할이 피동적이다. 그런데 모든 경제 활동의 주체는 사람일 수밖에 없으므로 노동력을 보유하고 있는 노동자와 자본을 소유한 자본가 사이의 관계에서 과연 '누가 만들어내느냐'는 이 질문의 해답을 구해야 한다. 자본가의 입장에서 보면 돈만 있으면 사람이야 얼마든지 구할 수 있기 때문에 자본이 훨씬 더 핵심적인 요소가 된다. 그러므로 투입된 노동에 대해 일정한 대가만 지불하고 나서 생산물의 나머지 몫을 마음대로 처분하는 것은 아주 정당하다고 주장한다.

그러나 노동자의 입장에 서면 그 시각이 전혀 달라진다. 우선 그들은 인류의 생산 행위가 자본이란 '괴물'이 나타나기 훨씬 전에 노동에 의해서만 영위되었다는 사실에서부터 출발한다. 따지고 보면 자본이란 실상 노동의 결과이고 그 집적이기 때문에 노동이 자본에 대해 종주권(!)을 행사해야 한다는 논리는 아주 정당하다는 생각이 들기도 한다. 그러므로 노동자에게 몹시 불리하도록 짜여 있는 현재의 체제가 개선되기만 한다면, 노동으로 돈쯤이야 쉽게 만들어낼 수 있다는 주장을 편다. 그래서 총생산물 가운데서 실제로 빌려온 자본에 대한 사용료의 몫만 반환하고 그 나머지는 노동자의 의사에 따라 처분하는 것이 옳은 방법이라고 믿는다.

'돈이 생산하느냐 사람이 생산하느냐'는 논의는 요즈음 우리 사회에서 뜨겁게 달아오르고 있는 임금협상이나 더 나아가서는 노동쟁의에 대해 '하나의' 답변을 마련해주는 계기가 될 수 있다는 점에서 우리에게 아주 중요한 관심사가 되고 있다. 자본주의 사회가 아주 자신 있게 창안해낸 계약의 원리에 따르면 생산의 주체가 처분의 주체가 되는 것은 법적 계약 이전의 당연한 사실로 받아들여진다. 그러므로 돈이 모든 것을 생산한다는 주장에 동의할 때에는 분배의 문제가 자본가의 선의에 의존하게 되는, 말하자면 돈을 소유한 사람이 베푸는 일종의 시혜의 차원으로 귀착된다. 반대로 사람이 모든 것을 생산한다는 관점에 설 때에는 노동자의 집단적 의지에 따라 그 생산의 결과가 처분되는 방향으로 분배의 문제가 해결되는데, 이 규정에서 제외되는 부분이 바로 이른바 '착취'에 해당한다. 착취라는 으스스한 단어의 경제적 의미는 이와 같이 생산자가 자신의 노동 생산물을 스스로의 의사에 따라 처분하지 못하는 사실을 가리킨다.

사실 분배의 문제에서 이 '시혜냐 착취냐'의 논쟁은 서로 한 치의 양보도 없이—양보(?), 양보라니(!)—서로 팽팽하게 맞서고 있다. 몹시 아쉬운 일이기는 하지만 현대의 경제학은 어느 한쪽의 주장이 다른 한쪽을 완전히 굴복시키거나 혹은 충분히 납득시킬 수 있을 만큼 확실한 이론적 장치나 분석적 도구들을 개발해내지 못한 실정이다. 아니 어느 한쪽을 이미 선택해버린 사람들의 이기적인—그리고 자연적일 수도 있는—본능이 어떤 합리적인 설명에도 귀를 막고 또한 어떤 정교한 증명에도 눈을 감게 한다고 말하는 편이 사실에 더 가까울는지 모른다. 그와 같은 억지는 물론 상대방의 논리를 수락할 경우에 감당해야 하는 자신의 희생이 너무 엄청나기 때문에 발생한다. 실제로 이 희생의 항목에는 재산과 권력과 명예의 포기에서부터, 필요하다면 행동의 자유에 대한 제한까지 포함된다. 그러므로 한쪽이 '보수 반동'으로 몰아치고 다른 한쪽이 '급진 좌경'으로 되받는 이 '말싸움' 뒤에는 실제로 누구의 논리가 더 타당하느냐의 시비 대신 그 논리로 인해서 잃어야 할 것이 무엇이냐는 치밀한 계산에 바탕을 둔 '주먹 싸움'이 따라 붙게 마련이다.

물론 경제학은 이런 무지막지한 결말로 사태와 진행을 방임하기보다는 오히려 잠정적인 대안이나마 마련하려고 일찍부터 서둘러 왔다. 돈만으로도 사람만으로도 생산은 가능하지 않기 때문에 우선 돈과 사람이 '공동으로' 앞서의 그 잉여를 만들어낸다고 가정하고, 돈과 사람 각각의 기여 비율에 따라 그것을 분배하자는 절충안이 나오게 된 것이다. 즉 누가 생산했느냐는 어려운 문제는 덮어두고 일단 생산된 것을 자본가와 노동자가 공정하게 나누자는 타협이지만 여기에 다시 까다로운 문제가 등장한다. 도대체 무엇이 '공정한' 몫이냐는, 말하자면 분배 비율에 대한 질문이 바로 그것이다.

예컨대 놀부는 70원의 자본만 대고 흥부는 노동만을 보태서 장사를 하고 난 다음에 따져보니 120원의 수입이 생겼다고 할 때에, 그 차액 50원을 어떻게 나누느냐는 문제는 『놀부전』의 저자가 제시했음직한 '고전적인' 방법으로―즉 냅다 따귀를 한 대 올려붙이고 발길로 한 번 걷어차서 내쫓는 식으로―풀릴 만큼 간단하지가 않다. 앞으로도 더 부려먹어야 한다는 놀부의 계산과 수틀리면 한번 대들겠다는 흥부의 각오가 원저자의 시나리오를 좀 더 '현대적으로' 고쳐 쓰게 만들기 때문이다. 즉 놀부는 흥부가 굶지 않을 만큼 그저 한 10원을 품삯으로 내주고 나머지 40원은 제 몫으로 챙기기를 바랄 것이고, 반대로 흥부는 은행 이자보다 조금 높게 쳐서 한 10원을 놀부에게 떼어주고 나머지 40원은 뼈 빠지게 일한 자신의 몫으로 차지하기를 원할 것이다. 실로 이 문제는 비단 흥부와 놀부에게뿐만이 아니라, 결핍이 지배하는 인류의 전 역사에서 가장 치열한 분쟁의 요인으로 등장했었다. 그리고 또 그 다툼을 해소하기 위해서 성경 말씀과 유혈 혁명에서부터 복지정책과 감옥에 이르기까지 실로 다양한 수단과 방법들이 동원되었지만 아직도 시원한 결말이 없다. 다소 조급한 우리의 전망으로는 앞으로도 무슨 뾰족한 대안이 나타날 것 같지가 않다. 그래서 어차피 자본의 몫과 노동의 몫이 논리와 설득으로 분명하게 구분되지 않는 터에, 그 해결을 이른바 협상력bargaining power이라는 현실의 세력 관계에 맡기자는 주장이 나오게 되었다. 협상이라는 의미는 물론 주먹보다 말을 앞세운다는 묵계를 전제로 하지만, 실상 그 전제라는 것이 코피가 터지고 머리가 깨지는 실력 행사 앞에서 허깨비처럼 허약하다는 사실은 경험이 되풀이해서 증거하는 바이다. 경제학이 마련한 그 정교한 설명보다도 이 원시적인 방법들이 현실에서 더 큰 효력을 가지며 또 더 널리 통용되고 있다는 것은 참말로, 참말로 유감이다.

이야기가 옆길로 새기 전에 앞에서 미처 마치지 못한 놀부와 흥부의 걱정으로 돌아가기로 하자. 경영대학원에서 현대의 인사관계 기법을 철저히 공부한 놀부와 야학을 통해서 상당한 정도로 '의식화'를 성취한 흥부는 그들의 처지와 관계를 '자본주의적으로' 변화시킨다. 그래서 놀부는 흥부와 '미리'―생산 활동이 시작되기 전이거나 혹은 그 생산의 결과와는 관계없이―30원의 임금 계약을 체결한다. 이 계약에서 놀부는 물론 호박이 덩굴째로 굴러오는 횡재를 기대할 수도 있지만, 반대로 경우에 따라서는 쪽박만 차고 물러나는 위험의 부담도 각오해야 한다. 즉 운수대통해서 수입이 150원으로 오르면 50원의 이윤을 차지하게 되지만, 적자 경영으로 수입이 90원으로 떨어지면 10원의 손실을 감당해야 하기 때문이다. 그러나 우리는 놀부에게 은행 이자를 웃돌고 동시에 사회의 평균 이윤을 보장하는 수준인 120원의 수입에 추가적으로 20원의 특별 이윤을 확보해주기로 하자. 만약 이러한 조건이 장기적으로 충족되지 않는 한, 경영대학원 출신인 놀부는 사업을 계속하기보다는 오히려 이자 수입 쪽으로 자신의 재산을 돌려서 운용하려고 할 것이 틀림없기 때문이다.

이와 같이 임금이란 이미 생산의 결과를 사후에 나누는 것이 아니라, 사실상 그 실적과는 무관하게 지불되는 하나의 비용에 불과하다. 아주 꼭 같은 논리가 상여금의 규정에도 그대로 적용된다. 상여금 역시 원래는 적정 임금 30원을 이미 지급하고 난 다음에, 영업의 성과에 따라 50원의 이익 중의—말하자면 덩굴째 굴러온 호박의—일부를 추가로 지불하는 것이지만 지금은 이 본래의 뜻이 거의 남아 있지 않다. 즉 경기가 나빠지거나 경영이 잘못되어 손실이 발생하는 경우에도 이미 '정해진'—원칙적으로 상여금은 미리 정해져서는 안 된다—액수의 상여금은 지급되기 마련이기 때문이다. 자본가의 입장에서는 비록 적자가 발생해도 꼬박꼬박 상여금까지 지불한다는 생색을 앞세우겠지만, 그러나 노동자의 관점에서 상여금이란 '생활의 여유'가 아닌 '생존 그 자체'를 위한 생계비의 일부로 인식되고 있을 뿐이다. 말하자면 원래는 40원이 노동자의 임금으로 지불되어야 마땅한데—먹고 입고 잠잘 수 있는데—간교하게도 임금 30원과 상여금 10원이라는 식으로 조삼모사朝三暮四의 최면을 건다는 것이다. 여하튼 현재의 관행으로 보아 상여금은 이미 본래의 상여금이 아닌 임금의 일부가 되어버렸다.

이미 자본주의 사회에서는 자본과 노동이 같은 힘을 지닐 수가 없으며, 또 같은 지위를 누릴 수도 없다. 자본은 노동을 미리 구입하고 그 대가로 임금을 지불하기 때문에, 실제로 생산의 성과를 같이 나눈다는 따위의 주장은 임금의 결정과는 별로 관계가 없다. 그러므로 노동의 입장에서는 막말로 이미 팔아버린 몸인데, 수지 맞았다고 더 줄 것도 아니고 밑졌다고 이미 준 것 도로 빼앗아 갈 염려도 없다는 체념에 빠지게 된다. 자신이 고용된 기업이 잘되고 못되고에 대해서도 '잘돼야 될 텐데'라는 도의적인 염려 이상의 책임을 느끼지 않는다. 아니 할 말로 기업이 망하더라도 다른 데로 옮기면 그만이고, 또 옮길 수밖에 없는 것이 현실이기도 하다.

이렇게 경제 잉여를 누가 생산했는지 알아낼 도리가 없고 또한 생산에 대한 자본과 노동의 기여 비율을 밝힐 방법이 없기 때문에 분배 문제를 이를테면 말과 주먹을 대동한 현실의 세력 관계에 맡길 수밖에 없게 되더라도, '저희들끼리 해결하게 하라'는 이 구조가 제대로 작동되기 위해서는 다음과 같은 두 가지 조건의 사전 정비가 필요하다. 그 하나는 협상이라는 이름의 전투에 임하는 두 선수의 입지가 공평해야 한다는 점이다. 예컨대 기계는 공장 문을 석 달쯤 닫아걸었다가도 큰 무리 없이 다시 돌릴 수 있지만 사람은 사흘만 굶기면 그 노동력의 재생이 영원히 불가능하기 때문에, 그런 경우에 협상이나 대결의 조건은 공평하지 못한 것이 된다. 다시 말해서 자본가에게는 노동력을 사고 싶으면 사고 사기 싫으면 사지 않아도 되는 자유가 있지만, 노동자에게는 자신의 노동력을 팔고 싶으면 팔고 팔기 싫으면 팔지 않아도 되는 그 자유가 없기 때문이다.

다른 하나는 심판이나 관중이 심정적으로야 어느 편을 응원하거나

간에 최소한 외부로 표출되는 행위에 있어서는 중립적이어야 한다는 사실이다. 협상의 양 당사자는 자본과 노동, 즉 자본가와 노동자인데도 불구하고 어느 틈에 지엄한 국가 권력이 개입하고—개입 자체가 문제가 아니라 그의 '비중립적' 처사가 시비의 대상이 된다—그리고 참으로 어처구니없는 일이지만 구사대라는 '인간 쓰레기' 집단까지 때때로 경기의 규칙을 뒤집어놓는다. 실상 이러한 요소들이 문제를 풀기보다는 오히려 얽히게 했음은 그동안의 사정이 여실히 증명하고 있는 바이다.

경제학이 자주 다루는 언어 중에 부가가치라는 개념이 있다. 예컨대 농부가 생산한 10원어치의 밀을 제분업자가 구입해서 15원어치의 밀가루로 가공하고, 이것을 다시 제빵공장에서 매입해서 18원어치의 빵으로 구워낸다면, 이때의 부가가치 총액은 10원+(15원-10원)+(18원-15원)=18원이 된다. 이 과정을 국민경제 전체로 확대하면 그것이 곧 국민소득이 된다. 여하튼 한국은행이 발표한 「1987년도 기업경영분석 개요」에 따르면 제조업 부문의 부가가치는 전체 규모를 100원으로 잡을 때 감가상각 19원, 조세 및 임차료 4원, 금융비용 16원, 임금 47원 그리고 이윤 14원으로 분포되어 있다. 이미 위에서 지적한대로 공정 분배의 기준과 내용을 이론적으로 확증할 수 없는 상태에서, 47원의 임금—노동소득 분배율—은 자본가의 선의에 따라 이루어지는 시혜의 결과로 보일 수도 있고, 반대로 14원의 이윤이 수탈의 결과로 해석될 수도 있다. 더구나 그 47원이 노동자의 생활 유지에 과연 적정한 수준이냐는 의문이 즉시 뒤를 잇는다. 분명히 어느 일부에서는 주식 투자에 골몰하는 '노동자'가 있으며, 그와 달리 다른 일부에는 잔업과 야근과 각성제와 진폐증으로 삶을 부지하는 노동자가 허다하다.

이 문제를 좀 더 구체적으로 살피기 위해서—말하자면 '공정'의 문제를 포기하고 '적정'의 문제만을 따지기 위해서—노동생산성이란 개념을 도입하기로 하자. 노동생산성이란 쉽게 말해서 노동자 1인이 생산한 부가가치의 몫으로 표시되는데, 앞의 한국은행 통계에 따르면 지난해에 이것이 무려 17.7퍼센트나 증가해서 여러 사람을 크게 놀라게했다. 그도 그럴 것이, 작년 7월과 8월과 9월에 123만 명의 노동자가 조업을 중단해서 연일수로 따지면 무려 680만 일의 근로 손실을 가져왔다고 아우성을 쳤기 때문이다. 물론 그 놀람의 내용은 노동조합, 기업, 정부 각각에서 크게 달랐으리라! 단군 이래 처음으로 '작년 여름 갑자기' 그 물꼬가 터졌던 노사분규—그래, 그것은 아직도 쟁의가 아닌 분규일 따름이다—때문에 이제 한국 경제는 결딴난 것으로 믿었던 모든 사람을 크게 실망시킨(?) 이 결과에 대해 우리 모두 반성해야 할점이 많다.

노동생산성의 상승과 동일한 비율로 실질임금이 증가한다면, 그것은 임금과 이윤 사이에 현재의 분배 비율이 그대로 유지된다는 말이 된다. 작년에 놀부가 곰탕을 먹을 때 흥부는 라면을 끓일 수 있었는데, 올해의 실질임금 상승률이 노동생산성 증가율과 꼭같이 17.7퍼센트에 도달한다면 곰탕과 라면의 경주는 그대로 계속된다는 뜻이다. 만약에 임금 상승률이 생산성 증가율에 미치지 못한다면 올해의 경주는 갈비와 라면으로 벌어질 수밖에 없다. 그런데 작년에 우리나라의 실질임금 상승률은 6.7퍼센트에 머물렀다. 물론 위의 한국은행 통계가 4억 원 이상의 매출을 올리는 제조업체를 중심으로 했기 때문에 두 수치 사이의 직접적인 비교에는 다소 무리가 있으나, 그럼에도 불구하고 임금과 이윤 사이의 상대적인 격차가 심화되고 있다는 사실만은 충분히 확인할 수 있다. 요컨대 47원의 임금 분배율이 이론적으로 정당한 수준인지 혹은 노동자의 생계 해결에 적정한 규모인지의 여부를 가릴 수는 없으나, 적어도 그것이 노동생산성에 비례하는 실질임금의 상승을 그대로 반영하고 있지 못하다는 사실만은 가릴 수가 있다. 그렇다면 제 몫을 찾기 위한 항의는 정당하다는 결론이 나온다.

그 항의를 조직의 힘으로 대변하는 기구가 노동조합이다. 그러므로 그 항의를 저지하기 위하여 노동조합의 결성을 저지하는 것은 일의 순서로 보아 아주 당연하다. 말하자면 화근(?)의 원천적인 봉쇄에 해당하는 셈이다. 그러나 실제로 우리나라 노동조합의 투쟁력은 아주 많이 허약하다. 지난 3월 노동부가 발표한 「87 여름 노사분규 평가보고서」에 따르면 작년 7월부터 9월까지의 그 '뜨거웠던' 여름 전국의 3,311개 사업장에서 발생했던 노사분규 가운데 55퍼센트만이 노동조합이 구성된 '조직 사업장'에서 발생했을 뿐이다. 말하자면 그 나머지는 노동조합의 간판조차 걸지 못한 '미조직 사업장'에서 '원시적으로' 부딪쳐 갔던 것이다. 더구나 그 분쟁의 요인이 아직도 지극히 '고전적'이란 사실에 주목해야 한다. 즉 노동자의 요구 사항의 50퍼센트 정도가 임금 인상이었고, 25퍼센트가 근로조건의 개선이었다. 우선 먹여주고 다음으로는 안전하게 일할 수 있게 해달라는 생존과 생명에 관한 '본능적인' 주문이 거의 전부였고, 인사 문제라든가 경영 전반에 걸친 '고급의' 요구는 아주 드물었다. 노조 활동을 보장하라는 서럽기도 하고 안타깝기도 한 주장이 전체 요구사항의 10퍼센트에 가깝다는 사실은 기업의 방해 공작이 얼마나 집요한지를 보여주는 반증이 된다.

양심수 석방의 거부에서부터 보신탕의 금지까지 모든 것을 법대로(!) 처리하는 국가 권력이 노조의 결성도 '법대로' 처리해서, 그것을 훼방하는 악덕 기업에 치도곤을 두어 번 크게 안긴다면 이 사회가 진짜 '법대로' 질서가 잡힐 텐데 그게 안 되니 참으로 답답하다. 더구나 미조직 사업장에서는 분규의 타결이 노사 간의 직접 교섭으로 이루어진 데 비해 조직 사업장에서는 행정관서의 개입이 크게 영향을 미쳤다는 보도를 읽으면서, "제발 좀 조용히 해결하라"는 그 '높은 양반'들의 말씀을 거슬러 가며 아직까지도 분쟁의 해결에 성의를 다하지 않는 기업은 도대체 무슨 '빽'을 가지고 그러는지 아주 많이 궁금하다.

"너희가 요구하는 대로, 아니 그 이상이라도 들어줄 테니 부디 노동조합만은 말아다오"라는 그 '정직한' 호소와 집요한 협박 뒤에 감추어진 것은 과연 무엇인가? 그것은 무엇보다도 '기업은 내 것이다'라는 강한 소유 의식이다. 그리고 그 소유는 또한 독점적이고 배타적이어야 했다. 그러나 잠시 돌려서 생각하면 기업에 투자한 돈은 분명 내 것이지만, 그 기업 자체는 내 것만일 수가 없다. 생산력의 거대한 발전을 바탕으로 하는 현대의 기업은 실제로 거기에 원료와 동력을 공급하는 수많은 사람, 직접 생산에 참여하는 사람 그리고 그 제품을 구입하는 사람들 사이에서의 유기적인 관계 위에서만 존재할 수 있다. 형식적으로 그것은 '돈의 관계'로 나타나지만 실질적으로는 '사람의 관계'다. 케케묵은 비유가 되지만 자식은 비록 내가 낳았어도 이미 나의 소유물이 아니고, 역사와 사회에 스스로 수행해야 할 고유한 사명과 책무를 지닌다. 그래서 그의 독립은 조금도 서러워할 일이 아니다. 이 논리는 기업에도 예외가 아니다. 이러한 발상의 전환만이 지금 한창 달아 오르고 있는, 그리고 앞으로 더욱더 뜨겁게 달아오를 노사분규를 해결하는 유일한 길이 된다. 그것은 또한 경영학을 공부한 놀부와 의식화를 학습한 흥부가 공존하기 위한 '유일한' 길이 되기도 한다.

▌1988년 7월

# 민주경제 건설의 길

영국의 경제학자 모리스 돕Maurice Dobb은 언젠가 이상적인 사회에서
는 국민이 그들이 원하는 정부를 선택할 수 있고 그들이 원하는 상품
을 소비할 수 있어야 한다고 쓴 적이 있다. 사실 원하는 정부를 세우고
원하는 상품을 만드는 사회를 '이상적'이라고까지 말할 수는 없겠지
만, 이 최초의 기본적 요구마저 쉽사리 수락되지 않는 현실의 온갖 갈
등 때문에 그것을 이상적이라고 부르는 우리의 습관이 전혀 어색하지
가 않다.

　여기의 '원하는 정부'라는 뜻 안에는 유권자의 의사가 완벽하게 개
진되고 전달되는 과정, 그중에서도 특히 자유의 신장이라는 항목이 가
장 중요한 몫으로 포함되어 있다. 그리고 그 자유는 사상, 정치, 문화
등 사회의 상부구조에 속하는 여러 영역에서의 사고와 행위를 유도하
는 제일 원인이 되어야 한다. '원하는 상품'의 의미 역시 사회의 재생

산에 필요한 소비재의 질과 양이 사회 전체의 합의에 따라 결정되어야 한다는 사실을 함축하고 있다. 소비재의 질에 대한 판단은 예컨대 추위를 가릴 서민의 집과 한가함을 달래기 위한 호화로운 별장 가운데 무엇을 먼저 지을 것인가를 묻는 질문으로 나타난다. 그러므로 벽돌을 찍느냐 아니면 대리석을 수입하느냐는 토론은 단순히 비용이나 수익성의 측면이 아닌 사회의 전반적인 양식이라는 보다 근본적인 차원의 문제와 직결된다. 소비재의 양이 결정되는 방법도 한 개인의 근면이나 한 개인의 자비심에 맡길 일이 아니다. 어째서 한편에서는 불과 몇 장의 지폐를 봉급 봉투에 더 보태려고 소리 지르다가 얻어터지고 잡혀가고 마침내 어떤 때는 목숨을—단 하나뿐인 그 목숨을—잃기도 하는데, 어째서 다른 한편에서는 수억 원이 선거 마당으로 풀려나가고, 수십억 원이 나라 밖으로 도망나가고, 수백억 원의 돈이 '성금'이란 이름으로 호기롭게 한 사람의 주머니를 채워줄 수 있느냐는 근원적인 질문이 우리 사회 전체에 제기되어야 하기 때문이다.

자유의 보완 개념으로서의 평등은 간단히 말해서 인간의 수고와 노력의 대가인 생산물을 인간답게 살 수 있도록 서로 나누자는 약속을 가리킨다. 여기서 사회의 양식 또는 공정한 분배의 요청을 사회의 정의라는 말로 바꾸어도 무방하다면, 원하는 정부와 원하는 상품에 대한 강조는 한마디로 '자유와 정의'에 대한 요구 이외에 다른 것이 아님을 알게 된다. 요컨대 자유가 숨쉬고 정의가 흐르는 사회, 그것이 바로 우리가 찾고 바라고 세워야 할 사회이다. 그 임무를 수행하는 과정을 당분간 '경제의 민주화'라고 불러도 좋다.

실제로 자유를 신장시키는 정치 행위와 정의를 확보하려는 경제 행위는 전혀 별개의 사항이 아니다. 우선 사회의 재물이 몇몇 선택된 사람들에게 집중되는 데에는 그것을 가능하게 해주는 정치 권력이 필요하며, 반대로 권력은 자신이 수행한 경호 업무에 대한 보상으로 독점된 이익의 일부를 떼어주도록 요구할 것이기 때문이다. 이 분명한 사실을 다시 설명하기 위해서 정경유착이니 국가독점자본주의니 하는 어려운 이론을 끌어댈 필요는 없다. 마찬가지로 사회에 축적된 재산을 그 구성원 전체의 이익이 되도록 사용하기 위해서도, 민주주의라는 이름으로 합의된 본래의 궤도로부터의 이탈을 예방하고 바른 방향으로의 진행을 꾸준히 일깨우는 정치 세력의 존재가 요청되기 때문이다. 그러므로 경제는 앞서 가고 있으나 정치는 뒷걸음을 치고 있다는 식의 주장은 현실을 잘못 진단한 실수이거나 혹은 사실의 한 면을 고의적으로 가리려는 음모일 수밖에 없다. 되풀이하자면 경제가 성장한 만큼 정치가 발전했다고 말하거나, 그게 아니라면 정치가 불안한 만큼 경제도 낙후되었다고 말해야 정확하게 그 뜻이 전달된다. 불행하게도 우리는 전자의 주장에 흔쾌하게 찬표를 던질 수 없는 여러 가지의 이유를 가지고 있는데, 그 사연 중의 하나는 다수가 인간답게 살지 못하게 됨으로써 소수가 '인간 이상답게' 살고 있기 때문이다.

추방된 니카라과의 독재자가 훔쳐 빼돌린 재산이 그 나라의 성장과 관계가 없었고, 폐위된 이디오피아의 황제가 마차 밖으로 뿌리고 다녔던 동전 역시 그 사회의 정의와는 거리가 멀었듯이, 정녕 경제에서의 성장은 정의라는 내실을 갖출 때에만 그 본래의 의미를 회복하는 것이라면 우리의 경제는 바로 이 점에서 실로 철저하게 반성해야 한다. "절망과 기아선상에서 허덕이는 민생고를 시급히 해결한다"는 약속은

　　　　　　　　　　　　　　　　　　　　　　시선—정운영 선집

1961년 5월 총을 들고 한강을 넘어온 군인들이 내건 명분 가운데 하나였다. 당시 그들이 하나의 밀알 이야기를 꺼내면서 지금 먹어 치우지 말고 더 불려서 나누자는 논리를 폈을 때 아무도 거기에 반대하지 않았다. 이제 그 밀알은 20곱으로 크게 늘어났지만, 각성제를 먹고 제 살을 찔러 가며 재봉틀을 돌려야 하는 '자유'와 밖으로 닫아건(!) 여공의 방이기에 불이 붙어도 고스란히 타죽을 수밖에 없는● '정의'가 그 절망과 기아선상을 대신했을 뿐이라면, 그 밀알을 키우는 데 쏟았던 우리의 노동과 애정은 도대체 어떻게 보상을 받아야 할 것인가?

역사가 가르치는 바가 그렇고 우리의 경험이 보여주는 바도 그러하듯이, 비록 그 밀알이 200배로 커져도 자발적으로 나누어주지 않으리라는 점만은 분명할 것 같다. 그러므로 경제의 민주화는 밀알을 키우는 노력을 중지하지 않으면서, 그 수확이 모두의 능력과 필요에 따라 분배되도록 규제하는 힘을 확보하는 방향으로 이루어져야 한다. 이 과정에서 우리가 버려야 할 고정 관념의 하나는 분배가 성장을 방해한다는 그릇된 믿음이다. 분배가 반대하는 것은 소수를 향한 독점이지 결코 전체를 위한 성장이 아니다. 우리는 여기서 정의가 성장의 적이 아

● 1988년 3월 25일 새벽 2시, 안양시 비산동 소재의 G 봉제공장에 불이 나서 소녀 근로자 22명이 사망했다. 특히 문이 밖으로 잠긴 감금상태에 있었기 때문에 참화가 더욱 확대된 것으로 밝혀졌다. 그중에는 빚 3만 원을 갚을 길이 없어 국민학교조차 중단한 채 이태 전부터 이 공장에서 일하다가 15세의 나이로 숨진 '우리의 딸'이 있었다. 1988년 6월 29일 오후 1시, 서울시 신정동의 S 무역상사라는 완구공장에서 한 소년 근로자가 "불이 나서 공장이 없어지면 힘든 일을 쉴 수 있고 자나깨나 다니고 싶은 학교에도 갈 수 있을 것으로 생각하여" 원자재에 불을 지른 사건이 일어났다. 보통은 하루에 11시간을, 일이 밀리면 17시간 반 동안—아침 8시부터 새벽 2시까지 한 치의 과장도 섞지 않았다—노동하며 특근수당을 포함해 12만 원을 월급으로 받던 이 14세의 '우리의 아들'은 방화 혐의로 구속영장이 신청되었다.

님을 확인하게 된다. 그러나 정의는 한쪽에서의 애걸과 다른 한쪽의 동정으로 성립되지 않으며, 오히려 그것은 강인한 투쟁과 열렬한 사랑을 바탕으로 해서 실현된다. 국민이 원하는 정부만이 국민이 원하는 소비재를 줄 수 있다는 믿음이 실로 확고한 것이라면, 그 소망을 성취시키려는 작업이 바로 '민주경제' 건설의 길이 된다.

▌1988년 5월 15일

시선—정운영 선집

## 후기

이 글이 나간 지 한 주일 가량이 지나서 나는 어느 독자 한 분의 방문을 받았다. 익숙하지 않은 넥타이 매듭이며 철 지난 양복으로 굳이 정중한 예의를 갖춘 그의 태도에서 나는 그분이 오늘의 이 내방에 상당히 중요한 의미를 부여하고 있음을 알아차렸으나, 아 어쩌랴 그날따라 나의 복장이 청바지와 점퍼 차림이었으니! 일순 실망의 기색이 그의 표정에 역력했지만 그분은 찾아온 용건을 꺼냈다.

대학에 다니다가 입대한 아들이 자살했다는 통보를 받았는데, 그 자살이란 사건 자체도 석연치 않았지만 아들이 마지막으로 보내온 편지—이를테면 유서—에 적힌 '민주화'라는 의미를 자기로서는 전혀 이해할 수가 없더란 말씀이었다. 그게 정말 자살이었다면 아들은 민주화를 위해 자살했다는 얘기가 되는데, 대학까지 가르친 생때 같은 아들을 앗아간 그놈의 민주화라는 것이 도대체 무엇인지를 알아내려고 숱한 밤을 뜬눈으로 밝혔다는 사연을 그분은 초로의 나이를 잊은 채 마치 호곡하듯이 나에게 토로했다. 그후 민주화란 말만 들어도 찾아가 묻고, 민주화란 글만 보면 서둘러 읽었지만 아들의 외로운 넋을 진혼할 만큼 스스로 설득되지가 않아 당신을—민주주의의 신문에서 민주화를 거론한 나를—찾아왔으니, 좀 상세하게 일러달라는 차라리 읍소에 가까운 간청으로 그분은 말을 맺었다.

'자살' 사건은 민권사회부 기자의 기자수첩에 메모로 남겼지만, '민주화' 문제에는 도통 대책이 안 섰다. "부모가 돌아가면 청산에 묻고 자식이 죽으면 가슴에 묻는다"는데, 소진蘇秦이나 장의張儀를 데려온들 그 절통한 아버지의 마음을 어찌 달랜단 말인가? 우리의 역사와 사회의 한 부분에 그토록 깊고 그토록 질기게 뿌리박힌 한과 고통의 응어리를 신문 한 모퉁이의 조각글로써 해명하려던 나의 '건방진' 태도가 애초부터 불찰이었다. 여하튼 「한겨레신문」이 내게 준 첫 번째 '수난'이었다. 그것도 창간호부터.

---

* 편집자 주—이 글은 「한겨레신문」 창간호에 실렸다.

# 플란더즈 개와 플란더즈 사람

플란더즈(플랑드르)는 현재의 벨기에 서부와 네덜란드의 남부 일대를 포함한 이른바 '저지대'를 가리키는 말로서, 본래 '범람의 땅'flooded land 이란 어원을 지니고 있다. 13세기까지만 해도 이 지역은 고급의 양모 생산지로서 세계적인 명성을 높였으나, 그후 급격히 쇠퇴하여 지금은 브뤼즈 지방의 양탄자나 자수 공예품으로 그 번창했던 과거에의 향수를 달래고 있을 뿐이다. 그래서 지난날의 영화만을 기억하고 이 지방을 찾는 나그네들은 마치 빛바랜 옛 잡지책에서 흘러간 명배우의 사진을 보는 것만큼이나 심란한 비감에 잠기게 된다.

망하려고 들면 망하게 만드는 사단이야 얼마든지 나타나게 마련이지만, 이 플란더즈의 불운에도 물론 정치적, 종교적 혹은 경제적 이유들이 복합적으로 개입했다. 그중에서도 양모의 자체 생산보다는 영국 모직물의 수입에서 더 큰 이문을 남기려던 플란더즈 상인들의 약삭빠른 계산으로 말미암아, 국내의 생산 기반이 파괴되고 또한 그 기술자들이 영국으로 이주하게 된 경제적 동기가 가장 결정적인 타격으로 작용했다. 그후 영국은 이 모직물 공업을 바탕으로 가장 먼저 산업혁명을 성취한 후 세계를 제패했으나, 양떼들이 자취를 감춘 플란더즈 초원은 점차 황량한 벌판으로 변해갔다. 그것은 '생산'을 포기하고 '무역'을 선택한 인간의 무지와 오류에 대한 역사의 가혹한 심판이며 처절한 보복이었다. 1985년에 노벨문학상을 받은 클로드 시몽Claude Simon은 예컨대 기억과 의식이 서로 왕래하고 자유와 죽음이 마주 충돌하는 애매와 혼돈의 상징으로서 『플랑드르 가는 길』(대학출판사, 1985)을 설정했는데, 혹시 거기에는 이와 같은 상념이 잠재적으로 영향을 끼친 게 아닐까?

지난 17일 1만여 명의 농민들이 시위를 벌였던 '농축산물 수입개방 저지 및 제값 받기 전국농민대회'의 소식을 접하면서 문득 이 플란더즈의 부침을 되새기게 된 것은 결코 우연이 아니었다. 그것은 몇 푼의 돈을 더 탐내어 생존의 대계를 그르쳤던 700여 년 전 플란더즈 상인들의 그 멍청한 소행들이, 무분별한 농축산물의 도입으로 국내의 생산 기반이 뭉텅뭉텅 허물어지고 있는데도 그 알량한 비교우위 타령을 늘어 놓고 앉아 있는 한국의 농정 관계자들의 한심한 작태와 전혀 무관치 않다는 생각이 들었기 때문이다. 앉으라면 앉고, 서라면 서고, 죽으라면 죽는 시늉조차 마다하지 않으며 흙의 가르침대로 묵묵히 인내와 아량을 솔선해왔던 농민들이 마침내 미국에 분노하고 미국 제국주의(!)에 항의하게 될 때까지 이 나라의 농축산 정책은 도대체 어디서 무엇을 하고 있었다는 말인가? 여하튼 이제는 그것들이 모두 좌경세력이나 용공분자의 불온한 사주 때문이라고 모가지를 외로 빼고 버틸 수 만은 없게 되었다.

얼마 전에 미국은 화재의 위험 때문에 고층 건물에 재목의 사용을 금하고 있는 한국의 건축법을 개정하라고 요구해왔다. 미국의 목재를 팔기 위해서란다. 허허, 그것 참, 허허허. 그런데 이번에는 쌀을, 한국 내에서 완전히 자급되는 그 쌀을 수출하려는 채비를 서두르고 있다. 하기야 에스키모에 냉장고를 안기고, 폴리네시아 원주민에게 난로를 팔아먹을 엄두를 내는 게 자본이니까, 그 힘을 배경으로 비록 한국에 쌀이 남아돌지라도 다시 미국 쌀을 수출하려는 '음모'를 꾸민대서 조금도 이상할 것이 없다. 미국은 한국 정부에 쌀의 생산 보조금과 이중곡가제를 폐지하고 미국 쌀에 대한 수입을 즉시 개방하라는 '체면몰수'의 압력을 넣고 있으며, 한국에서도 또한 국내 생산비가 국제 수준의 4배에 이른다는 그토록 비효율적인 쌀농사를 그만 짓거나 혹은 양특계정에 적자만 쌓이는 추곡수매라는 그 귀찮은 절차를 없애버렸으면 하고 바라는 사람이 적지 않다.

그러나 잠시 고쳐 생각하면 그게 그렇지 않고, 또 그게 그래서는 안된다는 사실을 곧 깨닫게 된다. 한번 같이 따져보자. 가격? 지금 한 근에 2,000원인 고추가 10년 전에는 당시의 값으로 7,000원으로 팔린 적도 있다는 사실을 잊지 말자. 고추 시세가 이와 같이 금값에서 변便값으로 떨어진 데에는, 예컨대 개방의 여파로 파산한 담배경작 농가들이 일시에 고추생산으로 몰려들 수밖에 없었던 사건이 입증하듯이 실제로 정부의 정책적인 실수가 적지 않게 작용했다. 한마디로 농산물 가격의 변동과 그 추세는 안심하고 믿을 것이 못 된다. 보조금? 미국은 해마다 농작물의 생산 보조금으로 250억 달러, 그리고 그 수출 보조금으로 110억 달러 이상을 지출하고 있다. 다른 분야에서는 비교적 배짱이 잘 맞는 미국과 유럽공동체지만, 이 문제만 나오면 서로 안색이 달라진다. 시장 개방? 미국은 '무역과 관세에 대한 일반협정'(가트)의 소위 면책조항을 악용해 1955년 이래 아직까지도 설탕, 면화, 낙농제품 등에 대해 철저한 수입제한조치를 펴고 있는데, 바로 그것 때문에 유럽공동체에 의해 지금 가트에의 제소를 위협받고 있다. 생산비 비교? 비용을 따져서 거래할 물건이 있고, 그렇지 못할 대상이 있다. 아 글쎄, 소련의 미사일 가격이 아무리 싸다고 해도 미국이 소련의 미사일로 무장할 수는 없는 것과 마찬가지로, 미국의 쌀값이 조금 싸다고 해서 한국도 미국의 쌀에다 국민들의 목숨을 맡길 수는 없지 않는가?

가격 시비, 보조금 시비, 시장개방 시비, 비교생산비 시비의 이면에는 이와 같이 정직하지 못한 요인들이 잔뜩 감추어져 있다. 이제 미국 쌀 먹고, 미국 쇠고기 뜯고, 미국 포도주 마시고, 미국 담배 피우고…… 그래서 마침내 배설까지도 '미제'로 하게 된 판국에 "미국 농민 살찌우는 개방정책 물러가라"는 농민대회의 구호는 아주 절실하고 실로 정당한 요구였다.

플란더즈는 이제 소년과 늙은 개의 감동적인 이야기를 그린 위다 Ouida 여사의 명작 동화 『플란더즈의 개』를 통해서만 우리에게 기억되고 있다. 무척 실례되는 말씀이나 플란더즈의 상인들이 플란더즈의 개만큼도 현명하지 못했던 것은 몹시 불행한 일이다. 그런데 더욱더 불행한 일은 그것이 절대로 '남의 일'이 아니라는 사실이다. 그러니 혹시 알겠는가? 이제부터 700년, 아니 70년 후의 어느 관광 안내자가 "이 한반도의 주민들은 한때 논에서 쌀을 거두고 들에는 소를 기르며 부지런하게 살았습니다만, 분별 없는 수입개방의 결과로 쌀이 떨어지고 소가 사라지고 그리고 드디어 사람의 '생활과 경제'가 완전히 황폐해져서, 지금은 올림픽 경기를 치르기 위해 만들었던 그 을씨년스런 운동장 외에는 달리 보여드릴 게 없습니다"라는 쓸쓸한 소개를 되풀이해야 할지를.

▌1988년 11월 22일

시선—정운영 선집

# 내 자식의 '교환가치'만은

오늘은 '경제교육학' 강의를 좀 해야겠다. 독자들은 명칭조차 생소한 이 첨단 이론(?)에 관한 정보를 수집하기 위해 백과사전을 뒤지는 수고를 삼가시기 바란다. 이런 학문은 아직 존재하지 않기 때문이다. 인간자본의 효율 따위를 가르치는 기존의 교육경제학과 항렬자가 비슷해서 그의 사촌쯤으로 여길 법도 하지만, 실상 이 두 분야는 전혀 족보가 다르다. 따라서 오늘의 이 강의는 경제교육학을 창시하는 계기가 되는 셈이다.

우선 경제학이다. 우리가 어떤 물건을 구입하는 것은 그 속에 우리의 욕망을 채워주는 요소와 성능이 들어 있기 때문이다. 밥을 먹으면 배가 부르고 소주를 마시면 기분이 알큰해지기에 우리는 밥과 소주를 찾는데, 이 필요를 만족시키는 요소가 바로 '사용가치'이다. 사용가치가 클수록 우리의 만족도 그만큼 커지기 때문에, 사용가치를 증대하는 것은 사회 전체에 매우 유익한 일이다. 그리고 '교환가치'라는 개념이 있다. 이를테면 한 사발의 밥과 석 잔의 소주를 시장에서 맞바꾼다면, 밥 한 사발의 교환가치는 소주 석 잔으로 나타나게 된다. 어떤 상품의 사용가치가 높으면 일반적으로 그 교환가치도 올라가게 마련이다. 개인과 사회의 편의를 확대하면서 더 비싼 가격을 요구하는 행위는 아주 정당한 흥정이다.

그런데 그게 반드시 그렇지만은 않기 때문에 문제가 어지러워진다. 예컨대 물의 사용가치는 다이아몬드의 사용가치에 비해 한량없을 정도로 더 크지만, 교환가치로 따지면 다이아몬드가 물과는 비교조차 안 될 만큼 더 크다. 분명히 이것은 물에 대한 모욕이다. 이 문제를 처음으로 제기한 경제학자 아담 스미스의 이름을 본따 흔히 이를 '스미스의 역설'이라고 부른다. 후대의 경제학자들은 교환가치를 결정하는 요인이 한 상품에 내재한 사용가치가 아니라, 그의 희소성이라고 정의하면서 이 난제의 해결을 시도했다. 즉 다이아몬드의 값이 물 값보다 턱없이 더 비싼 까닭은 다이아몬드가 물보다 귀하기 때문이라는 것이다. 경제평론가를 자처하는 나로서는 이 대목에서 분통이 터진다. 어떤 물건이 사람에게 더 유익하기 때문에 가격이 상승한다면, 그것은 제법 납득할 만하다. 그러나 그 물건이 모자라기에 더 비싼 값을 치러야 한다면, 그것은 여간 억울한 일이 아니기 때문이다.

이제 경제교육학으로 넘어가자. 사용가치는 보잘것없는 물건이 교환가치만 치솟는다면, 그 물건의 용도 자체가 매우 부실하거나 부패하기 십상이다. 이를테면 마약의 경우가 이에 속한다. 그런데 사회의 질서와 운영원리가 이 교환가치 일변도로 편성될 때는 그 위험이 한층 더 심각하다. 한 예로 우리 사회를 철저한 부패의 온상으로 만들고 그 양심을 완전히 마비시킨 입시 부정을 생각해보자. 뒷돈을 대고 뒷문으로 자녀를 대학에 입학시킨 부모는 실상 자식의 교환가치 증대에만 관심을 쏟은 것이다. 한마디로 그는 대학 졸업장을 자녀의 행복과 출세를 담보하는 일종의 수지맞는 '장물'로 간주했다고 해도 과언이 아니다.

대학은 사람의 사용가치를 개발하는 이 사회의 중요한 교육기관의 하나이다. 거기서 배운 지식과 기술은 교환가치를 증대하는 데도 여러모로 편리한 것이 사실이다. 물론 희소가치의 특권도 적지 않게 행사한다. 그러나 그것이 모두에게 해당될 수는 없는 노릇이다. 노래에 소질이 없으면서도 무대 위의 인기와 열광에만 들떠 가수가 되기를 고집한다면, 그것은 본인은 물론이고 주위에 매우 불행한 결과를 빚게 된다. 마찬가지로 대학 교육을 이수할 자질과 능력을 갖추지도 못하고 졸업장이나 따고 보자는 심산이라면, 그것 역시 대학을 교환가치의 생산 공장쯤으로 치부하는 엄청난 착각이다. 자녀를 건전한 사람으로 키우는 대신 값비싼 상품으로 팔아먹으려는 몇몇 부모들의 이기와 탈선이 마침내 입학시험까지 휘저어, 결국 자식의 신세를 망치고 대학의 위신에 먹칠을 했던 것이다.

이 사회가 아직도 22만 원의 최저임금을 놓고 험악한 실랑이를 벌이는 형편인데, 덜컥 2억 원을 들여 자식을 입학시키는 부모에게 도덕성이니 사회정의니 하는 따위의 사치스런 설교는 생략하기로 하겠다. 그런데 절대로 묵과할 수 없는 일이 하나 있으니, 그것이 바로 자기 자식의 교환가치만을 중시한 나머지 남의 자식의 교환가치는 무참하게 파괴하는 폭거와 만용이다. 어떤 사람이 만들어낸 밥이나 소주가 팔리지 않으면 그것으로 그만이지만, 즉 그의 손해로 끝나고 말지만 대학 입시의 경우에는 전혀 사정이 다르다. 입학 정원의 제약 때문에 억지로 자기 자식을 들여보내면 부득이 남의 자식을 쫓아내야 하기 때문이다. 매우 각박한 비교가 되지만 부정 입학이 마약 밀조에 못지않게 간악한 까닭이 여기에 있다. 내 자식을 위해 남의 자식을 부당하게 떨어뜨리는 일은 돈 몇 푼을 위해 멀쩡한 사람을 폐인으로 만드는 일과 크게 다르지 않다.

그런데 이런 비행을 눌러야 할 문교당국이 한술 더 뜨고 있어 실로 우리를 아연하게 만든다. 기여입학제라는 발상이 그것인데, 한마디로 그 알맹이는 뒷문 입학을 '앞문 입학'으로 풀어주자는 주장이다. 이제 입학 시험은 입학 경매로 바뀌고, 뒷돈은 입찰 보증금으로 쓰일 모양이다. 정말 이렇게 막가도 되는 것인가? 매우 무엄한 언사이지만 우리나라 국회에 전국구라는 이름의 '기여의원제'가 있다. 애초의 구상이야 어떠했든 그 기여의 의미가 사실상 정치자금 기부로 전락한 경우가 수두룩하다. 거기서도 '기여의원'의 사용가치가 시원찮을수록 의석의 교환가치는 터무니없이 올라간 듯하다. 기여의원의 기부가 정당 운영에 어떤 도움을 주었는지는 모르겠으나, '기여학생' 부모의 기부가 대학 재정에 어떤 도움을 줄는지도 막상 대단한 의문이 아닐 수 없다.

자녀 교육의 건전한 방법은 역시 그의 사용가치를 길러주는 일이다. 비록 학업에 취미가 없어 대학교육을 받기에는 부적합하더라도, 학문 이외의 다른 분야에서 소질과 특기를 살려 그의 삶을 충실하게 가꾸어 나가도록 돕는 길은 얼마든지 열려 있다. 대학 졸업장이 없다는 이유로 이 사회의 유능한 일꾼이 되지 말라는 법은 없다. 강변의 조약돌처럼 널려 있다는 달나라의 다이아몬드를 실어오기까지는 그 희소성이 다이아몬드의 교환가치를 계속 올려주겠지만 대학 졸업장의 희소성이 교환가치를 높이는 기회는 점차로 줄어들 것이 분명하다. 사회가 안정을 찾으면서 삶의 무게가 돈의 부피에 우선하게 되면, 정원사의 노동이 대학교수의 수입을 탐내지 않을 터이기 때문이다. 따라서 진정으로 자식의 장래를 생각하거들랑 부디 모든 부모들은 사람으로써의 사용가치를 상품으로서의 교환가치에 앞세울 일이다. 자녀의 교환가치가 아닌 그 사용가치의 계발에 투자하는 일, 그것이 경제교육학 강의의 결론이다.

▌1993년 2월 18일

# 너무 비싼 신분증

반드시 해야 할 일을 하는 것과 절대로 하지 말아야 할 일이 아니라면 하는 것 가운데 어느 쪽이 나은가는 그 일이 무엇이냐에 따라 대답이 다를 것이다. 지난 11일 한국의 경제협력개발기구OECD 가입이 확정되었다는 보도에 접하면서 이것이 반드시 할 일인지, 하지 않아도 괜찮은 일인지 잠시 쓸데없는(?) 공상에 잠겼었다. 이 기구가 한국 경제를 망치려는 무슨 흉악한 의도를 가진 것도 아니고, 더욱이 세계 경제에 아주 굵직한 소리를 내는 부자 나라들의 모임이라는 점에서 구태여 들어가지 말아야 할 이유가 없다는 것이 평소 나의 생각이었다. 지난해 한국의 국민총생산이 세계 11위이고 인당 규모로는 29위인데, 공교롭게도 29번째로 이 기구에 가입하게 되었다. 그러니까 국가의 실력으로 따지면 자격이 넘치고, 국민 개인의 실력으로는 알맞는다는 얘기가 되는 셈인가?

신문과 방송은 연일 가입의 득실을 따지는 기사로 분주했지만, 엉뚱하게도 나는 가입의 논리에 생각이 미쳤다. 협상에 참여했던 한 민간 관계자는 올해 안에 꼭 가입하려는 대통령의 의지 때문에 흥정이 한결 어려웠다고 회담 분위기를 전했다. 이런 사정을 알아차린 상대가 더 많은 것을 얻어내려고 한층 '세게' 나오는 바람에 통상적인 협의조차 하나 주고 하나 받는 식의 협상으로 치렀다는 것이다. 그래서 말인데 혹시 누구 때는 올림픽을 유치했으니 누구 때는 월드컵을 유치하고, 누구 때는 국제연합에 가입했으니 누구 때는 경제협력개발기구에 가입한다는 식의 '한건주의' 강박 관념 때문에 더 많은 것을 잃지 않았느냐는 의문마저 일었다.

바로 그 치적과 관련해서도 그토록 조급할 이유가 없었다. 격주로 열리는 다음 이사회도 있고, 아주 내년쯤으로 가입을 미룰 수도 있기 때문이다. 현지 대표단이 국회 회기까지 들먹이며 이번 통과를 애걸했다니, 그들이 우리를 어떻게 대했을지 대충 짐작이 간다. 국제 협상에서 국내 사정을 내세워 상대를 설득하는 일은 하등 이상할 것이 없다. 그러나 경제협력개발기구 가입이 과연 간청과 읍소를 통해 실현하지 않으면 안될 만큼 절박한 현안이었는지는 정중히 묻고 싶다. 사려는 쪽이 매달리면 팔려는 쪽이 값을 올리는 것은 시정의 거래나 국제 협상에서나 다름이 없는데, 정부가 너무 안달한 것이 아니냐는 느낌이 떠나지 않는다.

"이렇게 개방 폭을 최소화하면서 경제협력개발기구에 가입한 유례가 없다"고 협상을 지휘했던 정부 관계자는 소감을 밝혔다. 하나라도 더 지키려고 고심한 그 관리의 수고와 노력을 모르는 바 아니나, 사실 그런 자부自負도 가입의 전제에 어긋난다. 이 기구 가입의 뜻은 충분히 시장을 열어 개방의 이익을 늘리자는 데 있기 때문이다. 필요한 만큼 개방할 형편이 안되면 아예 가입을 말아야지, 결사적으로(!) 대들어 가입한 다음 개방은 최소한도로 줄인다는 자세가 별로 떳떳하게 보이지 않는 것이 사실이다. 가입에 필요한 146개의 '의무 조항' 가운데 51개를 유보시킨 전과는 찬란한 승리의 기록이기보다는 차라리 구걸을 통한 '뒷문' 입학의 남루한 흔적으로 비친다. 이 기구의 조사단이 내한했을 때 공항에서 곧장 휴전선으로 데려가 땅굴까지 보이면서, 한국의 특수 상황을 감안한 자유화 일정의 연기와 예외를 간청한 결과, 그 극성에 놀란(?) 영국의 「파이낸셜 타임스」로부터 그러면 한국을 '준회원국'으로 받아들이자는 수모를 받기도 했다.

이 기구는 1948년 마셜 플랜Marshall Plan의 비호 아래 유럽경제협력기구OEEC로 출발했으나 1961년부터 미국과 일본 등 비유럽 국가들이 참여하면서 현재의 경제협력개발기구로 개명했다. 그 알맹이 국가들이 7개국 정상회담G7으로 따로 모이고, 더구나 그들의 입김이 강한 세계무역기구WTO라는 새 판을 짜는 바람에 왕년의 명성이 많이 사그라졌지만, 그래도 이 기구는 선진국 혈통을 내세우는 고급 '사교 클럽'임에는 변함이 없다. 거기다 대고 한국은 들어가도 개도국 지위를 버리지 않겠다고 떼를 썼다니, 웃어야 할지 울어야 할지 그야말로 대책이 안 선다. 개도국 자격 반납으로 일반특혜관세GSP를 비롯한 각종 혜택을 잃는 것도 아깝고, 지난해 1억 2,000만 달러로 국민총생산의 0.03퍼센트에 머문 개도국 지원용 정부개발원조ODA를 이 기구의 권고 수준인 0.7퍼센트로 올리기도 벅찰 것이다.

유례가 없는 특혜까지 받아가며 경제협력개발기구에 들어간 뒤의 득실은 무엇인가? 한국 가입의 실무를 담당했던 이 기구의 법률국장은 가입으로 얻는 이익이 무엇이냐는 기자의 질문에 "회원국 간에 정보를 공유하고 상호 입장을 이해하기 위해 토론의 장을 제공하는 것"으로 정리했다. 너무 겸손하지 않으면 그의 직무만큼이나 우직한 대답이지만, 그러나 사실에서 크게 벗어난 것도 아니다. 정부의 흥분처럼 국산품의 대외 신뢰도가 높아지느니, 해외로부터의 차입 금리가 떨어지느니 하는 선전이 오히려 믿을 것이 못 된다. 제품의 신뢰도는 궁극적으로 품질이 결정할 일이고, 멕시코는 가입 직후의 외환시장 교란으로 금융 공황의 위기를 맞았기 때문이다.

경제협력개발기구는 29개의 가맹국이 똘똘 뭉쳐서 역외域外의 공세에 맞서는 기구가 아니다. 세계 교역의 70퍼센트 가량을 이들이 차지하는 만큼 '무역 전쟁'은 사실상 회원국 사이에 벌어지고 있다. 신참의 깝대기를 홀랑 벗기는 이 기구의 가입 조건은 세계 무역을 주도하는 강대국들의 은밀한 덫일 수도 있다. 아무튼 이익은 매우 추상적인 데 반해 부담은 한결 구체적이다. 가입과 더불어 우리는 금융 투자 보험 부문에 보호 조치를 미구에 없애야 하고 중소기업 지원도 대폭 줄여야 한다. 결국 선진국 신분증을 너무 비싸게 사는 것이다. 그럼에도 정작 시급한 노동 조건과 환경의 개선은 사후 검토만 약속함으로써 선진국 자격을 스스로 보류하고 말았다. 가입보다 가입의 논리를 되씹는 것은 이렇게 이번에 배우지 않으면 다음에 같은 잘못을 되풀이하게 되기 때문이다.

▌1996년 10월 17일

# 뒤집힌 비윗장을

국제통화기금 관리가 시작되면서 내 개인적으로도 울화가 치민 일이 많았다. 한국 경제가 거덜난 것이 우리 고유의 열등한 관행과 제도 탓이라는 듯이 서구의 학자와 언론이 마구 써 갈겼기 때문이다. 그것은 동아시아의 외환 위기에 저들은 한 점 책임이 없다는 '오리발' 변명으로 들리기도 하고, 비서구 사회는 장사 하나를 하는 데도 서구를 배워야 한다는 오만의 표시로 보이기도 했다. 그러나 어쩌랴? 당장 빚 갚으라는 협박에 나라가 부도나게 생겼으니, 무슨 추궁을 하든 그저 소인의 죄라고 아뢰는 수밖에…….

앞의 환란 책임에 대해서는 빌려준 자의 도덕적 해이에서 '워싱턴 컨센서스' 류의 음모론까지 논란이 많았다. 당하는 자의 항변이라면 그저 그러려니 넘겼을 테지만, 저들 내부의 자성과 논란이니 못난 녀석들의 푸념으로 돌리기만은 어렵게 되었다. 그러나 비서구 사회에 대

시선—정운영 선집

한 서구의 우월 의식에 대해서는 어떻게 '복수할' 기회가 없었다. 양인들의 무시와 경멸에는 크로니 캐피털리즘crony capitalism, 소위 '정실 자본주의'라는 것도 있었다. 아시아 사회는 연고 관계가 좌우하므로 합리적 결정이 힘들고, 그것이 부정과 부패로 이어진다는 훈계 말씀 말이다. 이 일격에는 가슴이 막히고 전신에 맥이 풀렸다. 정경 유착이 공공의 적 아닌 공공의 관행이 되고, 뇌물과 향응을 놓고도 대가성이 있느니 없느니를 따지는—그래서 억울한 피해자를 구제하려는(?)—참말로 '신기한' 사회이니 무슨 할 말이 있으랴.

그 뒤 귀에 못이 박히도록 들은 강의가 투명성transparency 제고이고, 입이 부르트도록 외친 구호가 투명성 만세였다. 정부도 투명성을 높여 선진국 정부처럼 맑은 정부를 만들고, 기업도 투명성을 높여서 선진국 기업처럼 깨끗한 기업을 만들라는 교시가 신판 '국민교육헌장'으로 우리를 몰아붙였다. 모범 선진국으로는 미국이 자주 인용되었고, 그 교시를 전한 사람들은 미국과 국제통화기금 등의 세계화 전도사들이었다. 이 전도 사업에는 서양에서 교육받은 국내 학자들도 대거 참여했는데, 우리 기업의 후진적 관행과 잔재를 크게 질책한 뒤 미국 기업의 투명성을 보고 배우고 따르라고 설교했다. 말인즉슨 옳지만 여기서 그만 비위 뒤집힌 사람들이 적지 않았고 나도 그중의 하나였다. 거기도 사람 사는 사회인데, 마치 그쪽은 선이고 이쪽은 악이라도 되는 듯한 막무가내의 도식이 상한 생선처럼 비릿했기 때문이다.

그러던 중 엔론이라는 미국 최대 에너지 회사의 회계 부정이 터졌다. 수십억 달러를 장부에 누락하고 최소한 6억 달러를 과다 계상한 분식 회계 추문인데, 여기 미국 '빅 5' 회계 법인의 하나인 아서 앤더슨

Arthur Andersen이 회계 조작을 방조하고 관련 문서까지 파기함으로써 추문에 '겹추문'을 만든 것이다. 기업 비리와 회계 법인의 공모를 처음 들었을 때 나는 그저 덤덤했다. 미국이라고 해서 그런 탈선이 없을 리 없고, 또 그런 일을 기화로 미국 사회를 폄하는 것은 국제통화기금 탁치 당시 도매금으로 한국 사회를 탓한 사람들과 다를 바 없다는 생각 때문이었다. 그런데 웬걸. 이번에는 월드컴이라는 미국 2위의 장거리 전화 회사가 보수 비용 38억 달러를 자본 지출로 둔갑시켜 주주와 투자가를 속인 사건이 터져 나왔다.

기업 회계 사상 최대의 부정이라는 이 사기 행각을 묵인하고 방조한 것이 또 아서 앤더슨이었다. 그런데 그것이 최대가 아니었다. 미국 제2의 제약회사인 머크가 124억 달러나 매출을 부풀렸다는 소식이 뒤따랐기 때문이다. 어느 증시 분석가의 말처럼 "머크의 분식 회계 소식은 미국 주식시장이라는 관에 또 하나의 못을 박은 것이다". 둑이 무너지면 물길 잡기가 여간 어렵지 않다. 정보통신 업계의 총아 일렉트로닉 데이터 시스템즈EDS가 회계 부정 의혹을 사는가 하면, 미국 가전 업계의 대형大母 제너럴 일렉트릭GE마저 분식 회계의 도마에 오르는 판국이니 말이다.

더욱 기가 차는 노릇은 부시 행정부의 반응이었다. 엔론은 부시George Walker Bush 진영에 막대한 돈을 헌금했고, 월드컴 역시 부시의 막료들과 친분이 대단한 모양이다. 그래서 그런지 엔론 파산을 막아주려고 부시 대통령 측근들이—아들들은 아니다(!)—음으로 양으로 상당히 노력했다는 소문이고, 월드컴 사태에서도 오닐Paul O'Neill 재무 장관은 "구체적인 정보도 없는 상황에 시장이 지나치게 민감하게 반응한다"

고 오히려 시장을 꾸짖었다니 이쯤 되면 그쪽 투명성도 대강 알 조調가 아닌가? 하켄 에너지 회사의 중역을 역임한 부시 대통령, 헬리버튼 유전 개발 회사의 최고 경영자였던 체니Dick Cheney 부통령, 알코아 알루미늄 회사의 회장을 지낸 오닐 재무 장관, 제너럴 인스트루먼트 방송 기술 회사의 이사장 겸 최고 경영자였던 럼즈펠드Donald Rumsfeld 국방장관 등 다수의 각료들이 재임 중 회계 부정에 연루된 혐의로 조사를 받거나, 공직 취임 전 사내 정보를 이용한 주식 거래로 부당 이익을 취한 의심을 사고 있다. 정실情實은 양인들이 그렇게 조롱하던 동아시아 고유의 등록 상표가 아니었다!

오해 없기 바란다. 나는 미국 기업들의 비리 게이트를 보며 '딱 걸렸네' 하고 쾌재를 부르려는 것이 아니다. 미국 사정이 어떻든 우리 기업의 투명성을 더욱더 높여야 한다는 데는 한 치도 이의가 없다. 다만 국내 투명성 전도사들한테 뒤집힌 속은 좀 다스렸으면 한다. 그런데 그것도 난망인 것이 자유자재로 변신하는 그들의 수를 당해낼 재주가 없기 때문이다. 한국 기업에서 그런 부정이 터질 때는 재벌 비리에서 후진국 관행까지 입에 거품을 물고 성토했던 그들이 막상 '선진국' 사회에서 터져나오자 그것은 일부 기업의 탈선일 뿐이지 미국의 회계 제도는 전혀 문제가 없으며 이번 사고를 기화로 한층 더 건강해질 것이라고 되레 목청을 높이니 말이다. 사고가 나도 한국에서 나면 구정물을 뿌리고, 미국에서 나면 이렇게 격려의 박수를 보낸다.

▌2002년 7월 16일

# 시장 우상에 대하여

서두가 너무 거창한 감이 있으나, 16세기 영국의 철학자 프랜시스 베이컨Francis Bacon의 얘기로 시작하겠다. 그는 인간의 지식에 깃든 허위 관념을 4개의 우상으로 표현했는데, 그중의 하나가 시장 우상idola fori 이다. 이것은 대화나 교제에서 '공허한 논쟁과 우매한 공상' 때문에 정확한 지식을 놓칠 때 흔히 나타나는 현상이다. 장터의 얘기라는 것이 으레 시끌벅적한 논쟁이나 어리석은 공상의 소산일 테니, 이런 우상에서 어서 벗어나야 유용한 지식을 얻는다는 관찰은 어디 한 점 흠잡을 데가 없다.

그러나 이런 말을 듣고 펄쩍 뛸 사람이 한둘이 아니라는 사실을 나는 잘 안다. 시장은 온갖 정보가 교환되는 장소이며 시장의 결정이야말로 모두에게 가장 큰 이익을 갖다준다고 믿는 사람, 즉 또다른 의미의 '시장 우상'을 모시는 사람이 그들이다. 경제학으로 치면 자유방임

시선―정운영 선집

을 신봉하는 신자유주의 교도들이 이에 해당한다. 1980년대 들어와 레이건 행정부와 대처 내각이 '시장 만세'를 외치면서, 신자유주의는 한창 꿋발을 날리고 있다. 김영삼 정부의 '세계화' 구호도 이 장단에 놀아난 것이다. 다만 저들은 전천후 개방 공세로 온갖 속셈을 다 차렸으나, 우리는 국제통화기금 관리라는 참담한 고통에 빠진 것이 그 차이일 터이다. 그러면 오늘은 과연 다른가? 천만의 말씀이다. 세계화 만수무강의 찬가는 더욱더 높이 울려퍼지고 있다.

시장 우상이 경멸의 대상인지 열광의 대상인지는 각자의 판단에 맡기겠다. 다만 열광적으로 추종하던 사람이 마음을 돌려(?) 그 우상에 회의를 표했다면 이는 보통 문제가 아니다. 그것도 다른 사람이 아니고, 조지 소로스George Soros쯤 되니 미상불 대단한 '이변'으로 기록될 만하다. 소로스가 누군가? 투기로 세계를 휘젓는 '헤지펀드'의 대부이고, 영국 정부와의 환투기 싸움으로 일약 10억 달러를 벌어들인 희대의 도박사 아닌가? 아시아 금융 위기에 개입했다는 혐의도 있고, 러시아 루블의 평가절하를 훈수했다가 큰돈을 날렸다는 소문도 있다. 지난 1월 우리나라에 와서도 그는 김대중 대통령 당선자에게 투자를 약속했는데, 아직 그 이행 여부는 듣지 못했다.

아무튼 그런 그의 변절(!)의 변을 들어보자. 외신 보도에 따르면 곧 출판될 자신의 저서 『세계 자본주의의 위기』(김영사, 1998)를 요약한 강연에서, 그는 "시장이 모든 것을 해결해줄 것이라는 소위 '시장 근본주의'에 대한 과도한 믿음이 사회를 위기로 몰아넣을 수도 있다. 이와 같이 잘못된 생각은 오늘날 어떤 전체주의 이념보다 더 커다란 위협이 된다"고 했단다. 아니 이 무슨 억장 무너지는 말씀인가? 시장이 모든 것을 해결하지 못하고, 시장 과신이 사회를 위기로 몰고 간다니! 그리고 또 시장 숭배가 전체주의보다 더 위협적이라니! 신자유주의자는 물론이고 세계화론자의 원색적 분노가 눈과 귀에 역력하다: "세상에 믿을 놈 하나도 없어."

나도 믿을지 말지 모르겠는데 이런 얘기도 했다고 한다. 위기에 직면한 채무국과 그 위기의 관리자인 채권국에 '이중 잣대'를 적용하는 국제 금융 기구를 향해서, 소로스는 "국제통화기금이 한국과 타이에 금리를 인상하고 정부 지출을 축소하도록 요구한 반면, 미국 연방준비이사회FRB는 자국이 위기의 영향권으로 진입하자 저금리로 유동성을 확대하여 시장 회복을 촉진했다"고 비난했다는 것이다. 외신이 선정적으로 전하는 투기꾼의 '양심 선언'에 일희일비할 만큼 내가 순진하지는 않지만, 그래도 현안의 핵심을 정확히 꿰뚫어 보는 그의 혜안만은 제법 높이 평가한다. 그의 속셈이야 어떻든 투기꾼은 문제를 제대로 보는데, 지난 정권의 세계화 신도부터 현 정부의 '극단적 시장경제' 전도사들까지 우리는 여전히 문제가 무엇인지조자 모르는 듯해서 정말 안타깝다.

지난 연말 국제통화기금 개입 이래 우리는 그들의 처방을 신주단지처럼 받들어왔다. 그러나 반드시 그래야 한다고 믿기에 받드는 것과, 그럴 수밖에 없어서 받드는 것은 마음가짐부터 다르다. 한마디 대꾸조차 없이 머리부터 조아린 우리의 태도는 분명 전자에 속한다. 반면 국제통화기금 학습의 모범생이라는 타이의 관리들은 "우리는 국제통화기금의 하인이 아니"라면서 이 기구의 간섭을 정면으로 반박하고 나섰다. 이번 아태경제협력회의APEC를 주관한 말레이시아의 마하티르

Mahathir Mohamod 총리 또한 "헤지펀드가 우리 돈을 강탈해 갔다. 국제통화기금의 식민지가 되느니 차라리 굶어 죽겠다"고 오기를 부렸다.

어디 그뿐인가? 하버드대학의 제프리 삭스Jeffrey Sachs 교수가 미셸 캉드쉬Michel Camdessus 국제통화기금 총재의 퇴진을 거론하고, 노벨 경제학상 수상자 밀턴 프리드먼Milton Friedman 교수는 기구 해체를 주장할 만큼 국제통화기금은 지금 동아시아의 위기 대응 실패로 전대미문의 곤욕을 치르고 있다. 우리 경험으로 좁혀도 이 기구가 한국을 가르친 것보다 한국에서 배운 것이 더 많다는 것이 내 생각이다. 아무튼 소로스조차 "국제통화기금 자체에 반대하는 것은 아니지만, 그들의 정책은 바뀌어야 한다"고 강조했다니, 우리는 투기꾼보다도 무지한 것인가? 현실이 어떻게 돌아가든 시장 우상은 극복할 대상이지, 열광할 상대가 아닌 것은 분명하다.

▎1998년 11월 19일

### 후기

소로스의 약속은 1999년 1월 서울증권 인수로 실현되었다. 그는 이 회사 주식의 27퍼센트를 675억 원에 매입했는데. 주당 인수 가격은 상장 시세 1만 3,850원의 절반에도 못 미치는 6,670원이었다. 이로써 14퍼센트의 지분을 소유한 대림산업을 제치고 소로스는 서울증권의 최대 주주가 되었다. 그는 또 재미교포를 사장으로 발탁한 뒤 연봉 36억 원을 약속해서 우리의 기를 죽였다. 그만큼 벌어갈 자신이 있다는 얘기 아니겠는가?

# 꽃 이야기

허어, 그것 참. 올해 들어 9월까지 외국 꽃을 3,013만 달러어치나 들여왔다는 기사를 대하며 무심코 중얼거린 말이다. 국제수지 적자를 근심하는 경제평론가의 우국 충정으로 보자면 "아니, 그까짓 꽃 수입에 240억 원이나 뿌린단 말이야" 하고 혈압을 높여야 옳다. 반면에 착한 심성의 국민으로 돌아가서는 "그래, 그 꽃으로 사회가 240억 원 어치쯤 밝고 환해지거라"면서 본전 생각을 말아야 한다. 과연 어느 장단이 옳은가? 우리 꽃도 465만 달러어치나 수출했다니, 꽃 무역의 순 적자는 2,548만 달러가 되는 셈이다.

이리저리 더듬다가 마침내 '착한 국민' 쪽으로 마음을 굳혔다. 재해로 밥을 굶는 북녘 동포가 떠오르고 연탄 몇 장이 없어 추위에 떠는 이웃이 어른거렸지만, 그래도 호랑이 뼈나 곰 발바닥 수입에 비하면 꽃 수입이 한층 정결하게 느껴졌기 때문이다. 말이 나왔으니 말이지 곰이나 호랑이가 무슨 잘못이 있는가? 왕성한 정력에 대한 미신과 사람의 간사한 미각이 저들의 무구한 생명과 평화를 해칠 뿐이지 곰과 호랑이는 이 수입 스캔들에 아무 죄가 없다. 죄는 언제나 인간의 몫이었다.

짐승조차 그러하거늘 하물며 꽃에 대해서랴. 이런 얘기가 전해온다. 세상에 거리낄 것이라고는 없던 당 나라의 측천무후則天武后가 어느 엄동설한에 궐내의 모든 화초와 나무에 꽃을 피우라고 신하들에게 영을 내렸다. 행여 불가하다고 아뢰었다가는 목이 날아가는 판인데 누가 감히 거스를 것인가? 화분에 난로를 피웠던지 하늘이 가엾게 여겼던지 과연 며칠 뒤에 꽃이 피어나는데, 어쩐 일인지 모란의 개화가 가장 늦었다. 무후의 영을 가볍게 여긴 죄로 수도 장안에서 자라던 모란은 그 뒤 모두 외지인 낙양으로 쫓겨났다. 장안에서 모란이 자취를 감춘 대신 낙양은 오늘까지도 모란의 명소가 되었다. 그런 일도 있고 해서 국제수지 적자가 어떻든 꽃에 대한 화풀이는 삼가기로 했다.

그런데 갑자기 맥이 탁 풀렸다. 이처럼 꽃 수입이 늘어난 것은 '고급' 꽃의 수요가 늘어난 데 원인이 있다는 후속 기사가 모처럼의 기분을 꺾었기 때문이다. 이런, 꽃마저 '등급'을 매기다니……. 꽃은 본래 정한 용도가 없다. 생일이나 졸업식에는 축하의 뜻으로 주고받으며, 병문안이나 장례 때는 위로의 자리에 놓는다. 그 가없는 쓰임의 꽃에다 돈으로 가치를 나누는 일은 꽃에 대한 모멸이고 모독이다. 그것은 곰이나 호랑이에 가한 사람의 폭행과 한 점 다르지 않다. 아무튼 꽃 무역의 적자가 늘어난 까닭은 꽃 때문이 아니라 '비싼 꽃' 때문인 것이다.

값으로 따지면 '등외'일 것이 분명한 코스모스를 보라. 누가 심고 가꾸지 않아도 길섶이 메어지도록 피어나는 그 한량없는 자유와 방황이 정말 좋지 않은가? 코스모스는 본래 질서를 뜻하는 말임에도 그것이 드러내는 외양은 완벽한 혼돈이다. 그 혼돈의 카오스가 선사하는 미적 질서, 무질서의 질서 '역설'은 진짜 근사하다. 카오스에서 코스모스가 생기고, 코스모스가 다시 카오스로 흐트러지는 창조의 신비를 우리는 이 꽃에서 깨닫는다. 근자에 들어온 서양의 코스모스가 이 땅에 뿌리내린 전래의 코스모스를 밀어내는 일이 몹시 마음에 걸리는데, 아직 코스모스를 수입한다는 말은 들리지 않으니 그나마 다행이다. 그래, 꽃은 '꽃 값' 따위로 셈하지 말자.

▌ 1997년 1월

**후기**

이 글은 1997년 1월에 창간호를 낸다는 세진컴퓨터의 '질긴' 청탁으로 1996년 11월에 썼으나, 회사 사정으로 이 잡지는 세상 빛을 보지 못했다. 본문의 '올해'는 1996년을 가리킨다.

시선—정운영 선집

# 오늘 우리에게 마르크스주의는 무엇인가

모리스 돕은 케인즈John Maynard Keynes가 상당히 아낀 제자이지만 결국 선생을 떠나고 만다. 뒷날 돕은 사물의 계급적 토대에 대한 분석이 없이 자유방임 원리의 성토로 끝내는 케인즈 이론의 한계를 보았기 때문이라고 그 결별의 사연을 술회했다. 돕의 저작이나, 돕에 관한 저술을 대할 때마다 나는 '사물의 계급적 토대'라는 그의 지적을 상기한다. 오늘 우리에게 마르크스주의가 무엇이냐는 '화두'를 앞에 놓고 가장 먼저 붙잡은 연줄 역시 이 사물과 사회의 계급 관계였다.

두말할 나위조차 없는 일이지만 '계급'이 마르크스주의 이해에 이르는 유일한 통로가 아니고, 계급 분석 또한 마르크스주의만이 향유하는 재산이 아니다. 고전파 경제학은 이미 분배 이론에 계급적 범주를 도입했었다. 마르크스주의 경제학은 생산 과정에서 이해가 대립되는 경제 주체의 적대 관계를 계급으로 규정하고, 생산수단의 소유와 비소유를 그 대립의 근본 원인으로 설정했다. 경제학에서 계급의 문제를 몰아낸 장본인은 대학의 커리큘럼을 온통 장악하고 있는 신고전파 경제학이다. 그러나 그것은 심각한 역설이고, 중대한 실수였다. 무엇보다도 그 '계급 자유'class-free의 강의를 통해서 비계급의 경제학을 배운 학생들이 계급적 사회 현실과 부닥치면서 계급적 사회 문제를 풀어나가도록 강요당하기 때문이다.

생산수단의 소유 여부로 계급을 분류하는 마르크스주의적 방법에 여러 가지 이의가 제기될 수 있으며, 그중에도 특별히 그 기준의 효율성과 정당성에 대한 질문이 중요하다. 마르크스주의의 계급 이론은 무엇보다도 잉여가치 생산의 '비밀'을 해명하는 특별한 기능을 가진다. 마르크스주의가 예컨대 '학식과 덕망'으로써 계급을 구분하지 않은 이유는 그런 덕목의 중요성을 배격해서가 아니라, 학식과 덕망으로는 잉여가치 발생의 구조와 기제를 규명할 수 없기 때문이다. 이 잉여가치라는 용어에 특별히 혈압을 높이거나 경계의 눈초리를 번득일 필요는 없다. 잉여가치는 투입과 산출의 차액으로서, 그 현상 형태인 이윤이 자본주의 사회의 물질적 생존을 원천적으로 담보하기 때문이다.

실제로 부르주아 경제학은 이윤을 어떻게 많이 만들어내느냐는 문제에만 관심을 집중했지, 그 이윤을 누가 만들어내느냐는 문제는 아주 등한하게 취급했다. 유일하게 마르크스주의 경제학만이 이윤 생산의 주체 규명을 가장 중요한 연구 주제로 상정하고, 나아가 노동자 계급을 그 주체로 설정한 노동가치이론을 구축했다. 생산의 주체가 분배의 주체가 되어야 함은 적어도 형식논리적으로는 당연한 귀결이다. 실제로 그것보다 더 나은 대안이 없기도 하다. 그러나 이 말을 분배의 주체가 가치를 독점한다는 뜻으로 해석해서는 안 된다. 사회에는 가치 생산에 직접적으로 참여하지 않는 노동이 허다한데, 그런 노동이 모두 무익하지는 않으며 그런 노동을 제공하는 사람이 모두 아사할 수도 없는 노릇이다. 생산 과정이 원활하게 지속되기 위해서는 이왕의 '자본가적' 관리와 통제조차 필요하며, 그렇다면 그런 기능의 노동도 분배에 참여할 자격이 있다. 그런데 자본주의 사회는 잉여가치를 생산하지 않는 계급이 오히려 그 분배를 전단專斷하는 사회이다. 경제적 갈등은 현상적으로 분배의 불평등으로 표출되는데, 그 분배관계는 원천적으로 생산관계의 모순에 의해 규정된다. 요컨대 잉여가치를 생산하지 않는 계급이 잉여가치 분배에서 결정권을 행사하고, 잉여가치를 생산하는 계급이 잉여가치 분배의 결정에서 소외되는 것이다.

사물과 사회의 계급적 기초에 대한 논의는 결국 잉여가치 생산의 모순과 잉여가치 분배의 갈등을 현상의 관찰과 설명에 도입하려는 노력이다. 매우 소박하지만 나는 이것이 마르크스주의적 방법론의 핵심이라고 생각한다. 어떤 이론이고 어떤 학설이든, 그 본연의 기능은 더 나은 삶과 더 좋은 사회를 만드는 일에 기여하는 것이다. 더 나은 삶과 더 좋은 사회를 만들자는 이론과 학설은 마르크스주의 이외에도 수다하게 존재한다. 그러나 오직 마르크스주의만이 가치 분배의 권한을 가치 생산자에게 환원함으로써 인간에 대한 인간의 착취를 폐지하자는 주장을 펼쳤다. 그런데 유감스럽게도 그 후견인들은 이 탁월한 지적 재산에 대한 '선량한 관리자'의 임무를 제대로 이행하지 못했다.

가치 생산자를 대신하여 가치 분배의 임무를 담당하겠다고 공언해 온 당과 국가가 그 역할을 효과적으로 수행하지 못한 채 스스로 몰락한 현실 사회주의의 경험은 이런 맥락에서 보자면 마르크스주의 이론을 폐기해야 할 근거로서보다는 오히려 한층 더 발전시켜야 할 이유로 작용한다. 현실 사회주의가 실패했으므로 마르크스주의를 매장할 것이 아니라, 이왕의 시도가 좌절되었기에 이제야말로 한번 그 원형대로 재생할 필요가 있는 것이다. 마르크스주의의 '현실적 이념형'을 놓고 지금까지 전개된 숱한 논쟁들이 어느 하나로 간단히 정리되지는 않겠지만, 최소한 이제까지 범한 온갖 실수를 피해만 가도 한결 수월하게 그 모형을 개발할 수 있을 것이다. 자본주의 300여 년의 역사가 잡다한 시행착오의 집합이라는 사실을 감안한다면, 마르크스주의 또한 소련과 동유럽에서 실패한 시도 이외에 그 효율을 달리 검증할 수 있는 기회들을 찾아야 한다. 역사의 '선고'는 그다음 순서이다. 여러 차례 되풀이한 말이지만 마르크스주의의 폐기 여부는 마르크스주의를 생성시킨 상황 자체가 판단할 문제이다.

마르크스주의에 관한 한 '우리에게'라는 한정 어구는 문제 접근을 한층 더 복잡하게 만든다. 우리에게 마르크스주의가 무엇이냐는 질문은 일종의 원인 무효의 사유에 해당한다. 즉 실정법이 미리 답변을 규정하는 그런 질문은 질문으로서의 자격을 잃기 때문이다. 옛 이야기는 꺼내지 말자. 1970년대와 1980년대의 살벌한 군사독재 치하에서 '적의 적은 동지'라는 순진한 도식이 상황 논리의 산물로서 제기되었을 때, 마르크스주의는 무엇보다도 그 '적의 적'의 개념으로 저항 세력 일각에서 수용된 바 있다. 당시 마르크스가 누구이고 마르크스주의가 무엇인지에 대해 신중한 검토조차 거치지 않고 덥석 그 대열에 합류한, 혹은 합류한다고 선언한 사람이 적지 않았다. 실정법마저 정치 정세의 변화와 필요에 따라 선별적으로, 이를테면 오늘은 이 정파의 조직 사건에 손대고 내일은 저 정파의 출판물을 건드리는 식으로 마르크스주의를 다스렸다. 이런 혼돈의 와중에서 현실 사회주의의 와해로 인해 마르크스주의는 다시 한 번 선고에서 기각 대상으로 전락하고 말았다. 이번에는 실정법의 강제 대신 우리 사회에 독감처럼 퍼진 '포스트 신드롬'의 유행이 한몫을 거들었다. 그러니까 그 '원인 무효'의 사유를 전제할 때 우선 분단 상황이 마르크스주의에 대한 관심을 원천적으로 차단하고, 군사정권의 독재 상황이 역설적으로 그 관심에의 통로를 열었으며, 마침내 현실 사회주의의 붕괴가 그 관심에 대한 매력을 소멸시킨 셈이다.

그러나 이와 같은 상황 판단 내지 단죄만으로 논의를 끝낼 수 없는 여러 가지 이유가 있다. 먼저 국제관계에 대한 고려 때문이다. 현실 사회주의의 와해로 명실상부한 '자본주의 세계체제'가 가동되면서, 그 패권 장악에 나선 미국이 자행하는 횡포는 실제로 냉전 시기에 비할 바가 아니다. 우루과이라운드 협상을 무기로 세계시장을 지배하려는 야심이나 나프타NAFTA와 같은 지역의 경제 통합을 배경으로 국지적 이익마저 독점하려는 욕심이 그 현저한 사례가 된다. 한층 가까운 경우로 쌀시장 개방에서 우리가 느끼는 분노는 반사적으로 이런 강대국의 공략에 맞서기 위한 대안을 역사적 경험 속에서 찾아내게 만든다. 마르크스주의로써 쌀시장을 지킬 수는 없겠지만, 역설적으로 제국주의의 행패와 만용에 가장 완강하고 가장 치열하게 저항한 주체가 마르크스주의라면 적어도 그의 도움으로 성급한 개방 반대의 무장만은 제대로 갖출 수 있을 것이다.

다음으로 우리 민족의 절반이 마르크스주의 원리를 표방하는 사회에서 살고 있다는 사정을 참작해야 한다. 북한 사회가 과연 마르크스주의의 원리로 구성되었느냐는 반문에는 여러 측면에서 이견이 있을 수 있으나, 사회의 물적 토대를 형성하는 경제적 심급에서는 최소한 그런 관찰과 평가가 가능할 듯하다. 분단 극복이 지금으로서는 한낱 구호일 따름이지만, 그럼에도 불구하고 우리가 반드시 이루어내야 할 숙제라면 그에 적극적으로 대비하는 작업이 요청된다. 요컨대 마르크스주의가 민족 대계의 원대한 구상에 행여나 암초로 작용하는 역설과 불상사를 막기 위해서라도 마르크스주의에 대한 지속적인 관심이 우리에게 필요한 것이다.

마지막으로 남한 사회 내부에서 일정하게 요구되는 마르크스주의의 기능이다. 솔직히 나는 이론의 혁명적 역량을 과도하게 평가하지 않는다. 이런 인색한 채점은 이론 일반뿐만 아니라 마르크스주의라는 특별한 이론에도 그대로 적용된다. 올바른 이론이 혁명을 포함한 사회의 진보에 기여하는 몫을 부정할 생각은 없지만, 그러나 혁명은 책과 머릿속에서의 결단으로 이루어지는 거사가 아니다. 마르크스주의가 우리 사회에 던지는 의미 역시 일차적으로는 현실 비판의 영역으로 제한된다. 그러나 분배관계에서 끝나는 보수 이데올로기의 현실 비판과는 달리 마르크스주의의 현실 비판은 토대의 생산관계에까지 이른다는 점에서 근본적이다. 예컨대 내가 경실련이나 로타리클럽의 활동에 공감하면서도 그 단체의 열렬한 활동가가 되지 못하는 이유는 사회의 계급적 토대를 간과한 그들의 주의와 주장 때문이다. 불우이웃돕기로 한국 사회의 갈등이 수그러들지 않는 것처럼, 투기와 뇌물을 없앰으로

써 한국 경제가 정상을 되찾는 것도 아니다.

　이런 경고는 물론 일정하게 마르크스주의에도 해당된다. 설사 우리
가 마르크스주의 이론으로 무장한다고 해도 당장 이 땅에 유토피아가
실현되지 않으리라는 사정은 현실 사회주의의 추락으로 충분히 확인
했다. 그러나 그것이 전부일 수는 없다. 구원이 아직 이르지 않았다는
이유로 구원에의 기대를 버릴 수는 없는 것처럼, 마르크스주의에 대한
기대 역시 혁명의 '예고 지수'로 가늠할 일은 아니다. 여러 가지로 오
해를 부르기 쉬운 말이지만, 나는 혁명을 이 구원의 차원에서 구원의
문제로 대한다. 분배관계에서 정의를 찾으려는 투쟁은 성공해도 그 효
과가 부분적이지만, 생산관계에서 정의를 세우려는 투쟁은 실패해도
그 영향이 전면적으로 파급된다. 혁명의 자리에 현실 비판이란 한결
초라한 과제를 대입하면서도 이런 위로로 인해 쉽게 절망하지 않는 것
이다. 마르크스주의의 옳은 문제제기는 역사적으로 간혹 옳지 않은 대
답에도 불구하고 여전히 우리에게 중대한 메시지를 전달한다. 마르크
스주의를 상정하지 않는 것은 결국 사회의 계급적 토대를 인정하지 않
으려는 것이며, 그것은 다시 인간에 의한 인간의 착취를 종식시키려는
노력을 외면하는 것이다. 어제도, 오늘도, 내일도 마르크스주의는 그
착취의 폐절을 위한 투쟁이고 사랑일 것이다.

　어느 문학평론가가 논한 '에비의 문화'를 빌려 이야기를 맺고 싶
다. 우는 아이를 달랠 때 어른들은 흔히 '에비가 온다'고 겁을 준다.
그러나 그 말을 하는 어른도 그 말을 듣는 아이도 정녕 에비의 정체가
무엇인지 모른다. 그러나 그 가운데 울음이 그친다. 오늘 우리에게 마
르크스주의가 무엇이든 단지 그것으로 이 사회의 울음을 그치게 할 수

만 있다면, 기꺼이 나는 마르크스주의에 그 에비의 역할을 선사할 생각이다.

▌ 1993년 겨울

3부 세상의 풍경

# 귀향, 화해 그리고 새 출발을 위하여

추석은 귀향이다.

그러나 그 귀향이 "새는 옛 숲을 그리워하고 고기는 옛 못을 생각한
다"羈鳥戀舊林 池魚思故淵는 도잠陶潛의 감상으로 흘러서는 안 된다. 또한
그것은 "흥청한 나룻배에 올라 고향으로 간다／갈 곳은 붉은 노을에
잠을 깨었고"라는 스테판 게오르게Stefan George 류의 오만한 「귀향」으
로 나타나서도 안 된다. 고향은 언제나 우리에게 영원한 '힘의 샘'이기
때문이다. 어디엔가 돌아갈 거처가 있다는 사실은 분주한 문명에 찌
든 도회인들에게 분명히 넓고 깊은 위안이 된다. 고향은 언제나 그 넉
넉한 가슴으로 우리를 맞으면서도 구태여 그 대가를 기다리지 않기에,
아파트의 면적이나 승용차의 배기량으로 서열이 정해지는 도시의 각
박한 인심으로 오염시키지 않도록 우리 모두 굳게 다짐해야 한다. 비
록 화물 트럭의 뒤칸에서 밤새 시달리며 달려왔어도, 비록 해진 양복

주머니 속에 빳빳한 지폐 다발이 들어 있지 않더라도 다만 그동안 정직한 삶과 건강한 모습을 가지고 고향의 부모와 형제와 친지와의 반가운 재회를 기대할 수만 있다면 굳이 우리의 '빈 손'을 부끄러워해야 할 이유가 없다. 흙에 지친 어머니의 투박한 손길처럼 우선 겸손해지는 일, 그것이야말로 귀향에 앞서 우리의 가슴에 준비해야 할 가장 소중한 선물이다.

추석은 결실이다.

겨우내 터졌던 손등이 아물기도 전에 언 땅에 씨를 뿌렸고, 그리고 잔등에 모닥불을 피워대던 한 여름의 무더위 속에서 자식처럼 키워낸 그 수고와 권태의 결실들이 마침내 이 추석에 진열된다. 그러니 허리띠를 풀자. 추수감사절에 감사하지 않는 유일한 사람은 절식節食하는 녀석뿐이란 서양의 익살이 있지 않던가? 혹시 과잉소비를 걱정하는 정부 관리나 생산의 차질을 불평하는 기업가들이 여기 끼어들어 시비하거든 그들의 궁둥이를 한번 힘껏 걷어차주자. 이미 옛적에 기름진 땅을 찾아 흉노족은 대륙을 넘어 대이주를 감행했으며, 이웃 나라의 금붙이를 약탈하기 위해 무적함대Armada는 바다를 누볐지만, 지금 한반도에서 전개되는 민족 대이동에는 수확의 고마움을 조상에게 전하고 그 기쁨을 이웃과 함께 나눈다는 숭고한 뜻이 담겨져 있다. 결국 모든 결실은 흙과 노동의 산물일 수밖에 없는데, 그렇다면 하나를 주면 반드시 하나 이상을 돌려주는 그 흙과 노동의 정직한 계산으로부터 우리는 추석의 절기를 마련한 자연의 섭리를 깨달아야만 한다.

추석은 화해이다.

모든 새로운 잉태는 투쟁으로 비롯되지만 마침내 화해로 끝나야 하기 때문이다. 추석 귀향단을 모집하는 안내문들이 어지러운 대학 게시판의 한 모퉁이에서 "수확의 계절 가을에 사소한 부주의로 포로가 되어 이렇게 무기력하게 그들의 관용이나 바라는 처지가 된 지금의 내 모습이 측은하기도 하고 부끄럽기도 하지만, 어느 자리에 있건 민중의 대의에 어긋나지 않게 당당히 생활할 작정이다. 이곳 구치소 생활은 물질적으로는 그렇게 어려운 편은 아니지만 정신적으로는 많은 인내와 방황과 고민을 요구하는 곳이기도 하다"로 이어지는 어느 젊은이의 공개된 편지를 읽으면서, 정치적 신조와 판단이 다소 다르다는 이유만으로 숱한 사람들을 철창 안에 가두어둔 채, 햇곡식과 햇과일로 드리는 제사가 도대체 어떤 의미를 가지는지 잠시 생각이 무척 혼란스러웠다. 실로 제사의 참뜻이 사람과 사람의 화해에 있다면 추석은 마땅히 그 진정한 화해의 계기가 되어야 할 텐데······.

추석은 대비이다.

가을을 거두고 나면 다시 혹독한 겨울의 시련이 다가온다. 그러므로 가을의 추수는 그만큼 더 충실해야 한다.


이 가을 밤 그대를 생각하고
쓸쓸한 하늘을 쳐다보며 거니네.
적막한 산중에 솔방울이 떨어지는데
숨어사는 그대 나로 하여 잠 못 드는가.
懷君屬秋夜 散步吟涼天
山空松子落 幽人應未眠

나 또한 그대로 인해 잠 못 드는 이 밤, 멀지 않아 찾아올 그 겨울에의 대비를 서둘러야겠다. 지금부터 먹을 갈고, 촛대를 닦고, 책장을 정돈한다면 이번 겨울은 아주 호사스럽게 지내게 될지 모르겠다. 그래서 추석은 재회와 화해의 시기이고, 또한 결실과 대비의 계기가 되어야 한다.

▌ 1989년 9월 12일

---

**후기**

위의 시는 당唐대 위응물韋應物의 작품이다. 김달진金達鎭의 국역 본에는 散步詠凉天으로 되어 있다. 그러니까 전날 밤을 꼬박 지새고 고단한 손길로 KBS FM의 아침 음악에 다이얼을 맞추었다. 문득 "추석은 귀향이다"라는 '멘트'가 흐를 때만 해도 '나도 저런 얘기를 썼는데'라며 혼자 씨익 웃었었다. 그러나 "고향은 언제나 우리에게 영원한 '힘의 샘'이기 때문이다"로 이어지자 화들짝 놀라고 말았다. 비록 무의식적이나마 내가 누구의 글을 베꼈다고 순간적으로 착각했기 때문이었다. 다음 문장이 한참 계속된 다음 이윽고 "이상은 오늘 아침 신문에 게재된 어느 글의 한 귀절입니다"라며 마쳤을 때야 안도의 숨을 내쉴 수 있었다. 평소도 그랬지만, 아따 그날따라 그 아나운서의 목소리가 어찌 그리 곱던지!

---

\* 편집자 주―이 글은 「월간조선」이 2000년 7월에 출간한 『한국의 名文』에도 실려 있다.

시선―정운영 선집

# 순수한 분노를

"정치에 발을 들여놓은 동기는 무엇입니까?"

"야심. 때묻지 않은 순수한 야심 때문이지."

"그러면 정계에 머무른 이유는 무엇이지요?"

"분노. 때묻지 않은 순수한 분노 때문이야."

야심 때문에 정치에 입문하고, 분노 때문에 정치를 계속했다는 처칠 Winston Churchill의 대답은 상당 부분 사실일지 모른다. 그러나 '때묻지 않은'이라는 조건이 괴롭힌다. 정치에서 순수한 야심이나 순수한 분노가 어떤 것인지는 분별할 자신이 없으나, 때때로 그런 것이 있을 수 있다는 생각은 거절하지 않는다. 오는 4월 16대 총선에 일약 화두로 등장한 386세대가 과연 때묻지 않게 살았는지, 나아가 그들의 정치적 야심이 유권자의 기대처럼 순수한지 어떤지도 나로서는 헤아릴 길이 없다. 그럼에도 그들의 도전이 성공해서 뒷날 때문지 않은 순수한 야심 때문에 정치에 입문했다는 자랑스런 후일담을 들려주기를 희망한다.

온갖 장애와 난관이 '젊은 피'로 지칭되는 그들을 기다리고 있다. 기성 정당들이 이른바 수혈을 내세우며 영입 경쟁을 벌일 때 "드라큘라도 아닌 정당이 웬놈의 피를 그렇게 좋아하느냐"는 야유가 터졌었다. 선거를 불과 두 달 앞둔 지금 나는 이 조소를 여전히 불안하게 기억한다. 그것은 낡고 썩은 정치에 쏟아지는 팔매를 피하기 위한 임시 방패막이로 이들이 이용당하는 것이 아니냐는 의구심 때문이다. 그냥 놔두면 장래에 큰일을 해낼 멀쩡한 재목들을 온갖 유혹으로 끌어냈다가 흐지부지 중도에 버리는 일이 정치판에서는 다반사로 일어난다. 당수니 총재니 대표니 하는 정치 무림의 고수들이 이런 식으로 여러 사람 못쓰게 만든 죄과는 이루 다 셀 수조차 없다.

열심히 데려다가 기껏 일회용 반창고로 써버리는 처사가 설령 고의적인 것은 아닐지라도 당자한테는 엄청난 배반이고 타격이다. 정치 신인의 식견과 포부를 이모저모 찔러보고 신중하게 표를 던질 만큼 유권자의 정치 의식이 높지 않은 것이 우리네 현실이다. 혹시 '미워도 다시한번' 따위의 지역 바람이 불고, '그래도 아는 사람이 낫다'는 패거리 정서가 고개를 들면 신인의 당선은 그만큼 멀어진다. 개혁을 향한 물갈이도 급하지만 선거 결과가 시원찮다면 공천권자의 부담은 그만큼 더 무거울 수밖에 없으며, 그래서 참신성이나 개혁 의지보다는 당선 가능성이 공천을 좌우할 위험이 커진다. 젊은 피한테는 고수의 변덕 못지 않게 이런 상황 전개가 훨씬 더 두려울 것이다. 본선이 아닌 공천

시선—정운영 선집

전초전에서 벌써 낙마의 위기가 기다리기 때문이다.

　젊은 피 영입 소리가 높을 때 어떤 '늙은 피' 정객 하나가 이런 독설로 그들의 정치적 장래를 헐뜯었다. 늙은 피에 비해 젊은 피는 에이즈에 걸렸을 확률이 높다고! 에이즈 악담은 끔찍하지만 늙은 피 못지 않게 젊은 피도 검증해야 한다는 그의 주장에는 일리가 있다. 386 규정은—특히 30대 연령과 60년대 출생은—본인들의 의지나 노력으로 달성한 것이 아니라 그야말로 부모와 하늘의(?) 섭리로 점지된 것이다. 80년대의 투쟁 역시 다분히 상황의 소산일지 모른다. 예컨대 1940년대의 학병 징집이나 1950년대의 6.25 참전은 개인으로서는 어떻게 피할 수도 없고 물리칠 수도 없는 시대의 시험에 응한 것이기 쉽다. 그렇다면 1980년대 투쟁에 대한 훈장도 386이라는 이유만으로 일률적으로 수여할 것은 아니다.

　과거 검증보다 중요한 것이 '미래 완료형' 검증이다. 젊은 피는 성장 질서에서 누구든 한번은 지니는 만인 무차별의 재화이다. 그렇다면 지금 늙은 피로 기피 당하는 그들 선배 세대도 젊은 피 시절이 있었다는 사실을 인정해야 한다. 그리고 선배들의 젊은 피에 비해 오늘의 젊은 피는 과연 무엇이 다른지를 확실하게 보여줄 책임이 있다. 혹시 그들 자신이 늙은 피가 되었을 때와 비교하라고 한다면, 대답 자체는 무난할지 모르나 젊은 피의 약속치고는 너무 무책임하다. 미래가 아닌 과거에 대한 회고지만 처칠은 그것을 분노라고 표현했다. 순수한 분노로 1980년대의 투쟁에 가담했다면, 2000년대의 정치 참여에서도 반드시 그것을 기억하고 가동해야 한다. 그리고 그 분노에 세월의 때를 묻혀서는 안 된다.

"나는 젊어서 급진파가 될 엄두를 못 냈다. 왜냐하면 늙어서 보수파로 변할 위험이 있기 때문이었다"라는 로버트 프로스트Robert Frost의 고백은 들어둘 가치가 있다. 늙어서도 세월의 때가 묻지 않은 정직한 분노를 간직할 자신이 없거든, 아예 젊어서 분노를 얘기하지 않는 편이 낫다. 최소한 유권자가 거기 속지는 않을 터이기 때문이다. 우리 정치사에 386이 자랑스럽게 각인되기 위해서는 스스로 감당할 숙제가 많다. 공천과 당선의 어려운 고비를 넘는 일은 물론이고, 장래의 정치 행로에서 변하지 않는 순수한 분노를 지키는 일이 그것이다.

▌2000년 2월 17일

# 투표는 해야겠는데

"민주당에서는 5달러를 받았는데, 공화당은 10달러를 보냈더라구."

"그러면 자네는 공화당에 투표했겠군."

"아니, 그 반대일세. 생각해보게. 민주당에 비해 공화당이 두 배나 더 썼으니 마땅히 민주당을 찍어야지."

"……"

물론 우리나라의 얘기가 아니고 바다 건너 저쪽의 익살이니, 우연히 닮은 정당 이름 같은 것을 가지고 공연히 오해하지 말기 바란다. 이제 곧 우리도 흰 광목으로 칸을 막은 기표소에 들어가서 이 나라의 대통령으로 누군가를 골라야 한다. 제발 이번에는 어느 후보가 덜 썼었느냐는 따위의 불쾌한 기준이 우리의 판단을 좌우하지 않기를 바란다. 누가 더 잘났느냐라든가 어느 후보가 더 잘하겠느냐는 등등의 한층 더 적극적이고, 한층 더 진취적인 요인들이 유권자에게 한 표를 호소하는 '무기'가 되어야 할 것이다. 투표란 한 사람의 이름 밑에 붓두껍으로 도장을 찍는 한순간의 절차에 불과하지만 그 결과는 짧게는 5년, 길게 는 자자손손 내리 영향을 미친다는 점에서 아무쪼록 신중히 생각하고 판단해야 할 일이다.

오직 덜 썩었다는 이유로 한 표를 던졌다는 위의 잡담은 적어도 내 게는 상당한 정도로 실감나는 얘기이다. 이제까지 치른 몇 차례의 선 거에서 솔직히 나는 누구를 뽑아야 한다는 생각보다는 차라리 누구를 뽑지 말아야 한다는 생각으로 투표에 임했기 때문이다. 그런데도 내가 찍은 사람은 한결같이 떨어지고 말았다. 만약 이런 불행한 전례가 이 번 선거에도 다시 되풀이될 것이 분명하다면, 실로 나는 당선되지 않 기를 바라는 후보에게 표를 던져야 마땅한데, 막상 그게 그리 쉽지 않 을 것 같다. 우선 나의 심성이 그리 모질지 못한(?) 탓도 있지만, 그에 못지않게 그래도 당선되기를 바라는 후보에게 미안한 노릇이기 때문 이다.

선거를 크게 신명나는 행사로 생각하지 않는 많은 사람들의 기분이 아마도 나와 비슷할는지 모른다. 이를테면 '투표는 해야겠는데 누구를 찍는다?'라는 고민 아닌 고민 말이다. 지난 선거까지만 해도 우리를, 아니 적어도 나를 괴롭힌 원흉은 군사통치의 유령이었다. 그러나 그 문제는 이번 선거에서 다소 식상한 쟁점이 되어버렸다. 대통령 주자로 나선 인물들의 이력에서 적어도 '화약 냄새'는 더 이상 풍기지 않기 때 문이다. 반민주 잔재의 청산, 경제 난국의 극복, 민중의 요구 대변 등 등 다양한 쟁점들이 그 자리를 대신했다. 실로 그런 문제들은 이번 선거의 의미를 규정하는 가장 중대한 현안이다. 그렇다면 이것들이 바로 유권자의 무관심을 '유관심'으로 돌리고, 그들의 소극적인 참여를 적극적인 참여로 바꾸는 계기가 되어야 할 것이다. 이번 선거에서 우리가 반드시 성취해야 할 과제가 진정 무엇인지를 확인한다면, 유권자의 자세가 한결 달라질 것이기 때문이다.

그동안 정치라는 환상에게 하도 많이 속아왔기에 흔히 우리는 누가 대통령이 되어도 별로 달라질 것이 없으리라는 체념에 빠지기 일쑤였다. 그러나 대선 경쟁에 나선 상위 주자들의 인물이나 그들이 내건 공약에서, 비록 다시 한 번 '그 밥에 그 나물'이란 느낌이 지워지지 않더라도, 눈앞에서 벌어지는 선거판만을 바라보지 말고 여태껏 지나온 과거를 되돌아보면서 우리의 각오를 새롭게 다질 필요가 있다. 체육관에 거수기들을 모아놓고 '앞으로 갓, 뒤로 갓' 하며 집권자를 뽑던 시대에 비하면, 그래도 투표할 자유나마 누리게 된 현실이 얼마나 고마운지(?) 모른다. 그 고마움은 물론 시너를 끼얹어 몸을 불사르고, 지붕에서 뛰어내려 목숨을 끊었던 그 처절한 항거들의 소산이다. 그것은 결코 먼 옛날의 전설과 신화가 아니라 바로 5년 전 이 땅에서 일어난 우리의 얘기이다. 그렇다면 그 투쟁의 성과를 지키고 가꾸는 일은 정녕 우리의 의무가 되어야 한다. 체육관 선거로 돌아가는 위험을 겁내서가 아니라, 그 체육관 선거를 몰아낸 항거와 투쟁의 결실을 거두기 위해서라도 이 선거를 잘 치러내지 않으면 안 된다.

"정치에서 우둔이란 약점이 아니다"라고 나폴레옹은 오만하게 외쳤지만, 그와 달리 우리는 진정 현명한 판단으로 정치의 약점을 메워야 할 시점에 있다. 이런 맥락에서 우리는 각 당의 공약이나 각 후보의 연설을 통해 그들이 특별히 강조하는 바가 무엇인지를 주시하고 유념하지 않으면 안 된다. 물론 누가 어떤 문제를 자주 거론한다고 해서 그가 그 문제의 가장 유능한 '해결사'라는 등식은 성립되지 않는다. 예컨대 문민정치를 노래하면서도 군사통치의 유산에 기대려는 생각을 버리려고 하지 않으며, 반민주 청산의 역설이 개혁 의지 쇠퇴를 감추려는 변명일 수도 있고, 돈을 많이 번 수완이 반드시 경제를 안정시키는 재주를 보장하는 것은 아니며, 민중의 절박한 요구가 치열한 구호로만 충족될 수 없다는 사실들을 사실대로 깨닫는 유권자의 분별이 필요하다는 말이다.

유권자를 괴롭히는 또 하나의 망령은 이른바 사표死票에 대한 연민이다. 이왕 한 표를 던질 바에야 당선될 가능성이 있는 후보에게 던져야지 낙선될 것이 뻔한 후보에게 던질 수는 없다는 이른바 본전 생각(?)이 그것이다. 그러나 당선 가능성이란 것이 세간의 잡다한 여론조사 기구가 발표하는 수치로 표시된다면, 솔직히 나는 그런 '유행'을 무시하라고 권고하고 싶다. 그것은 여론조사가 때때로 정확하지 않다거나, 경우에 따라서는 상당히 불순한 동기로 이루어진다는 사정 때문만은 아니다. 선거란 어차피 한 명의 당선자와 여러 명의 낙선자를 동시에 만들어내는 절차이다. 그렇다면 그 하나의 당선자로 하여금 여러 낙선자를 지지했던 유권자들의 의사도 존중하도록 강요할 필요가 있다. 당락의 결과에 연연하지 말고 나의 한 표를 정직하게 던지는 것이, 그래서 유권자의 힘을 과시하는 것이 중요한 이유가 여기에 있다.

나라의 주인이 국민이라는 민주주의의 원리나 헌법 조문에도 불구하고, 국민이 주인으로 행세할 기회란 결코 흔하지 않다. 아마도 선거라는 절차가 그 유일한 순간일지 모른다. 그렇다면 그 순간을 영원으로 만들어야 할 것이다. 추곡 수매의 계절만 되면 볏가리를 쌓아놓고 기차 화통 같은 한숨을 토하면서도, 몇 푼의 품삯을 더 받으려고 골리앗 크레인 위에 올라가서 그토록 절박한 싸움을 벌이면서도, 한 표를 매수하려는 썩고 구린 돈이 수천억 원씩 선거판에 굴러다니는데도 수천만 원짜리 부도를 막지 못해 처참하게 목을 매면서도, 어찌하여 기표소에 들어서서는 그 원망과 분노를 그토록 쉽게 잊고 마는가? 선거가, 대통령이 그 모든 문제를 시원하게 해결해줄 수는 없을 테지만, 그래도 선거라는 이 절호의 기회를 통해 그 원망과 분노를 분명히 알려야만 한다.

▌1992년 12월 17일

# 60년 만의 과거사 회상

내가 지식인이라는 문제를 심각하게 받아들인 것은 김수영의 자전적 평론 『詩여, 침을 뱉어라』(민음사, 1975)를 통해서였다. 그는 지식인이라는 화두를 우리한테 쥐여주었고, 나는 시 평론 대신 지식인 평론을 배운 것이다.

> 馬車馬야 뱅긋거리고 웃어라
> ......
> 별별 여자가 지나다닌다
> 화려한 여자가 나는 좋구나
> 내일 아침에는 부부가 되자
> 집은 산 너머가 좋지 않으냐
> 오는 밤마다 두 사람 같이

시선—정운영 선집

貴族처럼 이 거리 걸을 것이다

오오 거리는 모든 나의 설움이다

— 김수영, 『詩여, 침을 뱉어라』, 59쪽.

　　남대문시장 앞을 걷다가 이미지를 얻었다는 이 시 「거리」에 대해 김수영은 "나의 유일한 연애시이며, 나의 마지막 낭만시이며, 동시에 나의 실질적인 처녀작"이라고 너스레를 떨었다. 나는 그의 연애에도, 낭만에도, 처녀작에도 관심이 없지만 사회주의 계열의 평론가 김기림은 우연히도 뒷날 이 시를 읽고 마지막 둘째 줄에서의 귀족貴族을 영웅英雄으로 고치면 어떠냐는 의견을 전했다고 한다. "(그러나 나는) 그의 말을 듣지 않았다. …… 그것은 모독이었다. 앞으로 나의 운명이 바뀌어지면 바뀌어졌지 그 말은 고치기 싫다고 생각했다. 이러한 나의 체질과 고집이 내가 좌익이 되는 것을 방해했다. 그리고 보면 나의 시적 위치는 상당히 정통적이고 완고하기까지 하다. 「거리」는 이러한 나의 장점과 단점이 정직하게 반영되어 있는 작품이고……"(60쪽). 4.19 공간의 삐딱한 청년 정운영도 이와 생각이 다르지 않았다.

　　생활은 궁핍했지만 모두의 생각조차 가난한 것은 아니었다. 특히 "시인은 사후에 더욱 오래 사는 사람"이라는 장 콕토의 절창에 격려되고, 사회는 거대한 생산력주의의 굉음에 이목을 집중하라는 약삭빠른 평론가들의 호소에 선동되고 있었다. 김수영과 박인환은 성향이나 기질에서 서로 가깝기 어려운 사람들이지만, 당시 사회의 이러한 스노비즘 경멸 풍조에서 다소 속내가 맞았던 게 아닐까?

인생은 외롭지도 않고

거저 잡지의 표지처럼 통속하거늘

한탄할 그 무엇이 무서워서 우리는 떠나는 것일까.

木馬는 하늘에 있고

방울소리는 귓전에 철렁거리는데

가을 바람소리는

내 쓰러진 술병 속에서 목메어 우는데

— 박인환, 「목마와 숙녀」

(강계순, 『아! 朴寅煥』, 문학예술사, 1983, 172쪽)


나는 목마와 숙녀의 댄디즘을 꿈꾼 적이 없다. 그럼에도 김수영과의 인연을 앞세우는 것은 혁명과 피의 냄새가 때때로 잠자는 코를 깨웠기 때문일까?


오—우리들의 8월로 돌아가자.

어찌 닭 울기 전 세 번뿐이랴.

다섯 번 일곱 번 그를 모른다 하던 욕된 그날이 아파

땅에 쓰러져 얼굴 부비며 끓는 눈물

눈뿌리 태우던 우리들의 8월—

— 편석촌*, 「우리들의 8월로 돌아가자」

(송건호, 『解放 前後事의 認識 1』, 한길사, 1995, 572~573쪽)


● 편집자 주—편석촌片石村은 김기림의 호다.

우리는 적당한 귀족 취미와 적당한 영웅 흉내로 이 세상을 본뜨면서 살아왔다. 이제 말의 수술이 필요하다. 우선 생각나는 대로 뼈를 깎는 아픔이니, 십자가의 고통이니 하는 말만 없어도 좋겠다. 뼈니 십자가니의 고통은 귀족이냐 영웅이냐를 고르는 번뇌 따위와는 아예 비할 수조차 없는 진짜 아픔이다. 그래서 말인데 뼈를 깎는 아픔과 십자가의 고통을 한 조각이라도 '먼저' 보여주고 나서, 그래도 계속 그 아픔과 고통을 따르겠다는 '성자'가 있을 때만 그런 약속을 하게 하면 어떨까? '해방 공간' 60년 동안 귀족이니 영웅이니, 개혁이니 보수니 따위의 같은 말을 또 듣는다는 야유와 낭패감은 피하게 될 터이다. 근자에는 웬 국정원장 출신이 불법 감청에 연루됨이 없다는 것을 보이기 위해 하늘을 우러러 한 점 부끄럼이 없다는 맹세를 거듭했다. 장차 '바람 앞으로의 맹세'가 줄을 설지 모르겠다.

▌2005년 8월 16일

# 새해 선물

K형. 또 한 해가 저물어갑니다. 송년 행사처럼 되어버렸습니다만 해마다 이맘때면 서가의 먼지를 털며 잊힌 추억의 조각들을 더듬게 됩니다. 성현 말씀대로 지천명知天命의 나이에 천명은커녕 사회의 물리조차 깨우치지 못하고 이리 허둥대는 제 모습이 여간 부끄럽지 않습니다.

내 홀로 밤깊어 뜰에 내리면
머언 곳에 女人의 옷벗는 소리
희미한 눈발
이는 어느 일어진 追憶의 조각이기에
싸늘한 追悔 이리 가쁘게 설레이느뇨.

종강이 가까운 한국경제론 강의 시간에 저는 학생들 앞에서 이런

시선—정운영 선집

연극을 했습니다. "올해부터 학사 관리가 아주 엄격해져서 수강생 절반을 '의무적으로' 실격시키게 되었습니다." 이렇게 운을 떼자 교실이 일순에 툰드라의 혹한으로 뒤덮였습니다. 그렇다고 열심히 공부한 학생들한테 무조건 F학점을 줄 수도 없으니 "학점에 여유가 있어서 이 강의 하나쯤 실패해도 별 문제가 없거나, 가정 형편이 괜찮아서 한 학기쯤 더 등록해도 큰 지장이 없는 학생들이 자청해서 나서면 아주 고맙겠다"고 시치미를 떼었습니다. 그러고는 반장을 교탁으로 불러 '낙제 자원' 신청을 받도록 했습니다. 그 판에 누가 무슨 수로 입을 열겠습니까? 이렇게 자청하는 사람이 없다면 대표가 아무나 지명하라고 짐짓 '순교자 사냥'을 강요했습니다. 그는 얼굴이 백지로 변했고, 그의 눈길을 피하려는 학생들은 막다른 협곡에서 포수를 만난 어린 노루의 표정이었습니다. 불과 5분 가량의 촌극이었으나 학생들한테는 그 엄청난 좌절감이 5년의 무게로 짓눌렀을 것입니다. "자, 한국 경제가 당면한 구조조정과 근로자 해고의 한 단면이 이와 같다면 여러분은 어떻게 하겠습니까"라며 연극을 파한 뒤에도, 죽음의 늪 같은 교실의 정적은 좀처럼 깨지지 않았습니다.

이렇게 한바탕 학생들을 골탕먹였지만, 왠지 자책의 감정이 가시지 않았습니다. 저 차고 쓸쓸한 거리로 내몰릴 근로자들의 막막한 처지는 명색이 교수라는 자가 강의실에서 벌일 서푼짜리 코미디 소재가 결코 아니기 때문입니다. 혹시 어느 학생이 정색을 하고 "교수님은 그 대책이 무어라고 생각하십니까" 하고 되물었다면 제 등골이 서늘했을 것입니다. 제가 배운 경제학이 잘못이든 제가 경제학을 잘못 배운 것이든, 경제학이 이렇듯 무력한 도구인지를 요즘 새삼스레 절감하고 있습니다. 생활에 여유가 있어도 실직은 극심한 고통인데, 하물며 생계조차 막연한 실직자의 좌절과 분노는 진정 어떻겠습니까? 지면과 화면을 누비는 파업 보도에 짜증을 내면서도 그것이 바로 그들의 삶을 위한 몸부림이고 생명 실습이란 사실을 과연 우리는 얼마나 절실하게 깨닫고 있을까요?

그러나 구조조정은 우리 경제의 긴급 명령입니다. 실직자의 고통 앞에 어떤 위로도 사치스러우나, 그 고통 때문에 구조조정을 늦출 수 없는 것이 우리의 현실이기도 합니다. 지난 정권도 1997년 8월 금융개혁 법안을 상정했으나, 당시 대선 주자들의 타산과 외면으로 국회 통과가 무산된 뒤 우리 경제가 국제통화기금 관리에 들어갔다고 지금도 원망과 유감이 대단합니다. 그렇게 지각한 결과 은행의 해외 매각, 통폐합, 해고 등 벌은 벌대로 받았으면서도 오늘의 사정은 3년 전과 다름이 없습니다. 호미로 막을 것을 가래로도 못 막게 되었지요. 적당한 평계로 행여 오늘의 고통을 피하더라도, 3년 뒤의 복수는 한층 더 혹독할 것입니다.

물론 좀 더 나은 방법이 없었는지는 묻고 싶습니다. 일례로 기업 매각이나 공적자금 지원에는 노동조합의 감원 동의서가 필수적이라는 가혹한 주문 앞에 과연 누가 누구를 지목하여 순교를 강요하겠습니까? 이럴 바에야 정부가 유도하는—사실상 주도하는—현재의 인수합병M&A보다는 차라리 파산 뒤의 자산부채인수P&A 방식이 더 수월한 대안이 아니었느냐는 생각도 듭니다. 같은 F학점이라도 그것이 일방적 지시의 결과라면 크게 반발하겠지만, 그런 전제가 없다면 학생들 자신이 시험을 잘못 치른 결과로 받아들일 것이기 때문입니다. 그리고 허울 좋은 구조조정에 드는 150조 원을 예금자 보호와 실업 대책 비용으로 돌렸던들 한층 더 효과적이었을지 모릅니다.

K형. 경제는 좋다가 나빠지기도 하고, 나쁘다가 다시 좋아지기도 합니다. 따라서 정말 두려운 것은 다시 좋아질 길이 보이지 않는다는 사회의 체념입니다. 여기 희망을 불어넣는 것이 정치의 소임이라면, 심기일전의 정치야말로 새해의 가장 큰 선물일 것입니다. 다망한 연말 편안히 보내십시오.

▎2000년 12월 29일

# 나는 네가 아닌데

오! 어머니
당신 속엔 우리의 적이 있습니다.

"저 참혹한 싸움터로 울며울며 당신 곁을 떠나는" 노동자 아들과 "오 손도손 평온한 가정을 바라는" 어머니의 갈등을 박노해가 이렇게 토해 냈을 때, 1980년대 우리 사회는 된통 육중한 둔기로 얻어맞은 듯한 충격을 받았다. 처음의 당혹과 혼란이 가시면서 사람들은 그것을 운동의 '과학성'으로 받아들였다. 그런 이해가 옳든 그르든 노동자 시인이 제기한 '모성애의 이적성'은 사회 인식에서 감상과 과학의 분별을 일깨운 중요한 고비가 되었다.

제네스트genest, 제너럴 스트라이크는 더 이상 물러설 수 없는 노동자들이 정권과 자본을 상대로 벌이는 일전이다. 이에 관한 고전적 교본 『대중파업론』(풀무질, 1995)에서 로자 룩셈부르크Rosa Luxemburg는 단기간의 바리케이드 투쟁과는 달리 "광산과 주물 공장의 경계를 헐고…… 광범한 계층이 투쟁에 나서는 가장 자연스런 수단"으로 대중파업을 소개했다. 지난 연말 노동법 파동으로 시작된 파업 사태에 언론은 스스럼없이 총파업으로 제목을 뽑았고, 파업 지도부 일각에서는 정권 퇴진까지 다짐했다. 그럼에도 거기서 "노동자가 역사의 구경꾼이나 무대 위의 병사이기를 그치고 역사에 뛰어들어 스스로 자신의 미래를 만든다"는 로자의 제네스트 미학은 찾기 어렵다.

문제는 그 파업이 부닥친 '이적성' 퍼즐에 있다. 분명히 밝히건대 나는 어서 파업이 끝나고, 국민경제의 피해가 하나라도 줄기를 간절히 바란다. 그러나 파업 지도부가 처한 명분과 현실의 갈등은 그렇게 간단히 정리되지 않을 것 같다. 모성애를 대신한 '시민의 불편'이 그 발목을 잡기 때문이다. 병원을 닫을 만큼 비정하고 지하철을 세울 만큼 냉혹한 용기가 없기에, 그들의 '이적 행위'는 당초 예정된 것일지 모른다. 그래서 파업 선언 나흘 만에 '파업 중지'가 나오고, 중지 나흘 만에 다시 '파업 재개'와 '재파업 보류'의 혼선이 빚어졌을 터이다.

그래서 파업도 아니고 파업이 아닌 것도 아닌 싱거운 상태로 총파업이 해를 넘긴 것이다. 싱거우니까 화끈하게 바꾸라는 말이 아니라, 결코 싱겁게 넘겨서는 안 되는 파업의 책임을 확실히 따지고 밝히자는 뜻이다. 새벽 6시 집권당 의원만의 날치기로 6분 만에 처리된 노동법이 정부와 여당의 설명대로 근로자에 불리한 것이 아니라면, 민주노총과 한국노총은 무슨 헛것에 씌어서 세밑의 차고 시린 눈발 속에 그렇게 들고 일어났단 말인가? 파업의 책임은 날치기를 강행한 장본인이

져야지, 그 날치기에 항거하는 근로자가 질 일이 아니다.

파업에는 불편이 따르게 마련이다. 바로 그 불편을 볼모로 정부와 자본은 파업을 궁지로 몰고 있다. 다시 한 번 박노해의 시구를 빌린다면, 그것은 "집요하고 공고한 혓바닥으로" 오손도손 평온한 가정을 바라는 "우리의 가장 약한 인륜을 파고들며 유혹하는" 짓이다. 그러나 보라! 새해 새벽 2시까지 수만 명을 체육관에 모아놓고 텔레비전 방송들이 일제히 '꿍따리 샤바라'로 시민의 정신을 홀리는 이 참담한 배반의 시절에, 그 인륜 '파괴'가 말처럼 쉽지 않을 것은 분명하다. 그러나 그것도 가르쳐야 한다. 수도가 끊기고 버스가 멈추는 것이 반드시 노동자의 잘못 때문이 아니라는 사실을 깨닫는 파리 시민이나 런던 주민처럼 우리도 그것을 배워야 한다. 한쪽은 시민의 불편을 앞세워 유유히 공세를 취하고 다른 한쪽은 시민의 불편을 걱정해 매번 거기 굴복해야 한다면, 그런 경기 규칙은 더 이상 준수할 가치가 없다.

"여기서 물러서면 1,200만 노동자에 죄를 짓는 것이란 판단에서 총파업을 지시했다"는 한국노총 박인상 위원장의 인터뷰는 이번 파업에서 가장 기억에 남는 대목이다. 복수 노조의 유예 등 기득권 인정 조항을 한국노총이 내심 반기는 것이 아니냐는 기자 질문에, 그는 "노동계를 분열시키려는 정부의 분할 정책입니다. 민주노총 합법화는 이미 공감대가 형성된 것이고 지금까지의 투쟁 과정에서도 사실상 한목소리를 냈습니다"라고 의연히 대답했다. 민주노총의 권영길 위원장 역시 "법안이 날치기 통과되지 않았다면 민주노총의 합법화를 포기할 수도 있다는 특별 선언을 할 예정이었습니다"라고 침통한 결의의 일단을 털어놓았다. 거기, 그 커다란 화해에 우리가 무엇을 빼고 더하랴!

히틀러는 권력을 잡으면서 모든 반대 세력을 한목에 적으로 돌릴 만큼 미련하지 않았다. 그래서 가장 먼저 유대인을 잡아들였다. 그러나 사람들은 "나는 유대인이 아니잖아"라며 고개를 돌렸다. 다음에 사회주의자를 잡아들이자 "나는 사회주의자가 아닌데"라면서 팔짱을 끼었다. 가톨릭 교도를 잡아들일 때도 "나야 가톨릭이 아니니까"라며 눈을 감았다. 그러나 그 구경은 오래가지 않았으니, 마침내 나를 잡으러 왔기 때문이다. 그제야 이웃에 도와달라고 소리를 질렀지만, 그들은 "나는 네가 아닌데"라면서 성큼 돌아서는 것이 아닌가? 유대인이 잡혀갈 때, 사회주의자가 잡혀갈 때, 가톨릭 신자가 잡혀갈 때 분연히 일어섰던들 내가 잡히는 사태는 막았을지 모른다. 그런 뜨거운 연대만이 핍박에서 승리하는 길이고, 오늘의 난국을 극복하는 길이다.

▌1997년 1월 7일

# 망년의 자격

"어제를 불러라, 시간을 되돌려라." 셰익스피어의 대사에 등장하는 이런 호기가 어찌 우리에게 가능하랴. 올해의 안녕을 소망하던 일이 정말 어제 같은데, 벌써 새해의 축복을 기원하는 시간이 다가왔다. 새해를 기다리는 마음은 올해의 시련과 성취에 따라 각자 다를 터이다. "벌써 새해가?"라면서 보내는 해의 회한을 되새기는 사람이 있는가 하면, "어서 새해를!"이라면서 지난해의 소득을 가슴 부듯이 간직한 사람도 있을 것이다.

그러나 그 시련과 성취의 엇갈림은 개인의 능력 못지않게 사회의 능력에도 책임이 있다. 한눈 팔지 않고 열심히 직장에 매달리고, 푼돈을 쪼개며 힘들게 가계를 꾸리고, 힘 닿는 대로 최선을 다하여 숙제를 끝냈지만 그 보답은 당초 기대와 거리가 멀기 예사이다. 감원 선풍에 가슴 졸이는 가장의 처지가 그렇고, 적자 가계부로 얼굴에 주름이 늘어난 주부가 그렇고, 입학 시험에 실패한 수험생이 그러하다. 복권 당첨되듯이 그야말로 행운을 거머쥔 몇몇 사람을 제외하고는, 매번 적잖은 회한과 실의로 울적하게 또 한해를 보내는 것이 우리네 삶이다. 인생이란 어느 시인의 말처럼 점점 고단해지는 긴 여행일지 모른다. 그래서 소주라도 한잔 걸치면 "인생이 별거야? 그럭저럭 사는 거지"라며 세파에 지친 자신을 위로하곤 한다. 묵은 해를 보내고 새해를 맞는 길목에 군이 망년忘年 아닌 망년忘年의 절차를 마련한 선인의 지혜를 새삼 깨닫게 된다. 바라기보다 잊으라는 충고가 다소 퇴영적으로 들리기도 하지만, 그것은 잊으려는 고통이 그만큼 절박하기 때문일 터이다.

이 겨울을 더욱 적막하게 만드는 사회의 책임 가운데는 실업이 단연 윗자리를 차지한다. 주위의 명예퇴직 소동은 가뜩이나 착잡한 연말의 심사를 이리 꼬고 저리 비튼다. 퇴직은 단순히 직장과 수입을 잃는 것이 아니라, 인생 자체를 잃는 듯한 비감에 젖게 하기 때문이다. 당자에게 그 시련은 물가나 국제수지 고통 따위에 비할 바가 아니다. 선거를 치를 내년 역시 전망이 밝지 않다. 상식으로 따지면 선거가 경제의 눈치를 살펴야 하는데, 우리 경우 그것이 거꾸로 되어 있다. 이러저러한 일들로 재계의 내년도 투자 목표가 크게 낮아질 것이라는 소식인데, 한마디로 그것은 일자리가 늘지 않으리라는 통고이다. 일이 없으면 밥이 없고, 밥이 없으면 책도 없다. 책이 밥보다 중하다는 가르침은 봉건 시대의 우직한 윤리이고, 약삭빠른 자본주의 사회에서는 배가 불러야 책을 읽는다. 아하, 겨울이 가면 봄이 오듯이 불황이 걷히면 다시 호황이 모습을 드러내겠지만, 그러나 불황에서 잃은 마음의 양식은 영영 되찾을 길이 없다.

"인생은 앞으로 살지만 오직 뒤로만 깨달을 뿐"이라는 말을 불안과 우수의 실존철학자 키에르케고르<sup>Søren Kierkegaard</sup>가 남겼던가? 엿새의 수고 뒤에 하루의 휴식을 허락한 '천지창조' 설계처럼 우리는 하나의 기쁨을 얻으면 지난 여섯 개의 고통을 모두 잊는다. 정말 그렇다. 인생은 양파와 같아서 자꾸 껍질을 벗기면 남는 것이 없는데도, 기어이 껍질을 벗기려고 달려드는 것은 그 하나의 기쁨에 거는 우리 삶의 질기고 서러운 집착 때문이리라. 그렇다면 먼저 살고 나중에 알도록 선처한 조물주의 섭리에 감사해야 한다. 그 반대 경우라면 과연 누가 살려고(?) 하겠는가! 내년에 비록 여섯 개의 고통이 우리를 기다릴지라도 오늘은 하나의 기쁨을 자축하자. 망념<sup>忘念</sup>이 아니고 망령<sup>妄靈</sup>으로 흐르지 않는다면, 이 험한 세월을 꿋꿋이 견딘다는 이유 하나만으로도 우리는 망년회를 즐길 자격이 충분하다.

▌1996년 12월 5일

시선—정운영 선집

# 뿌리 없는 '마녀'를 위하여

1950년 2월 미국 공화당의 한 집회에서 연설하던 조지프 매카시Joseph Raymond McCarthy 상원의원은 갑자기 서류 한 장을 펼치더니 "여기 국무부에 침투한 소련 첩자 205명의 명단이 있습니다"라고 가히 지축을 흔들 만한 '사실'을 폭로했다. 이런 선동을 무기로 일약 반공십자군을 창설한 매카시와 그 추종자들은 가차없이 '마녀 사냥'에 나섰다. 나무 한 그루와 가로등 하나에도 공산주의자가 숨어 있다는 이들의 위협에 언론이 입을 다물고, 노조가 숨을 죽이고, 관리는 몸을 사렸다. 매카시 일파는 상원에 국가안보위원회와 하원에 반국가활동조사위원회를 설치한 다음, 행정부를 협박하고 사법부마저 마음대로 조종했다. 월터 리프맨Walter Lippman이 행정부의 권한 상실과 의회의 월권을 비판하면서 미국의 위기를 논한 것이 바로 이때였다.

많은 사람들이 다치고, 여러 사람이 죽었다. 매카시즘이 활개치던

1950~1954년 무려 100만 명이 조사받고, 5,400명의 관리가 해직당했다. 원자탄 제조 책임자로서 히로시마의 비극을 목격하고는 수소탄 개발을 반대한 존 오펜하이머John Oppenheimer 박사는 '결과적으로' 소련을 이롭게 했다는 이유로 공직에서 쫓겨났다. 명백한 증거도 없이 간첩죄를 선고 받은 로젠버그Rosenberg 부처는 아인슈타인Albert Einstein과 영국 의회와 로마 교황의 간곡한 탄원에도 불구하고 전기의자에 앉아야 했다. 찰리 채플린Charles Spencer Chaplin이 추방되고, 월트 디즈니Walt Disney와 로널드 레이건조차 용공 사문회査問會에 출두했다. 완전한 혼란이고, 완벽한 무질서였다. 보수 세력의 표를 의식해서 가톨릭으로 개종한 매카시는 미래의 법무장관 로버트 케네디를 법률 보좌관으로 임명했다. 그런데 정작 우리가 놀랄 일은 그날 군중 앞에서 펴보인 서류는 주머니에서 잡히는 대로 집은 편지장이었고, 205명은커녕 단 하나의 첩자도 가려내지 못했다는 점이다.

1994년 7월 한국의 한 대학총장은 "주사파 뒤에는 사노맹이, 사노맹 뒤에는 사로청이, 사로청 뒤에는 김정일이 있다"고 주장하면서, "북한에 초청되어 장학금을 받은 학생이 남한의 대학교수가 되었다"는 가히 하늘이 놀랄 만한 '사실'을 폭로했다. 때를 만난 듯이 언론은 일제히 반공 포화를 쏘아댔고, 학생 검거령과 대학교수 소환령이 뒤따랐다. 반공으로 소일하던 '우국 노인'들이 목청을 높였고, 공안 당국은 사상 검열로 바빠졌다. 그러나 남한의 학생운동이 과연 김정일의 지령을 받는지의 사실 여부도, '김일성 장학금'을 받은 교수가 누구인지도 밝혀내지 못했다.

바로 그 1994년 7월 천주교정의구현전국사제단이 펴내는 「빛두레」

시선—정운영 선집

159호에는 여름보다 무덥고 가뭄처럼 애타는 이런 편지가 실렸다:
"1991년 5월 재야에서 활동하던 김기설이란 청년이 분신하던 날 총장님께서는 '죽음을 선동하고 이용하려는 반생명적인 어둠의 세력이 있다. 이들은 죽음의 블랙리스트를 만드는 사람들이다'라고 말씀하셨습니다. 그런데 그 죽음을 선동하고 부추기던 어둠의 세력은 누구였습니까? 강기훈이었나요? 전민련이란 단체였나요? 아니면 김일성이었나요? 그 배후 세력은 누구로 밝혀졌던가요?" 그러니까 이 공개 서한은 "언제나 남다르게 배후 세력에 대해 소상하게 아시는 총장님의 그 말씀 때문에 3년이 넘게 가슴에 한을 안은 채 0.9평짜리 독방에서 풀려나지 못하는" 강기훈의 어머니 권태평 씨의 호소이다. 그 호소는 "총장님의 말씀이 떨어짐과 동시에 검찰과 언론은 한통속이 되어 강기훈을 범인으로 몰아갔고" 그 충격으로 "기훈이 아버지는 간경화와 당뇨병을 얻어 피를 위 아래로 다섯 번이나 쏟고, 여덟 번이나 입원을 해야 했습니다"라는 분노를 씹으며, 마침내 "제발 제2의 강기훈을 만들지 마십시오. 총장님 말씀 때문에 억울한 누명을 쓰고, 가슴을 치며, 한스런 옥살이를 하는 사람은 강기훈이 하나만으로도 너무나 큰 희생이니까요"라고 절박하게 이어졌다. 강기훈 씨는 오는 17일 만기로 출소할 예정이다.●

편지는 "운동권은 애정 결핍증 환자도 아니고, 뿔 달린 괴물도 아닙

---

● 편집자 주―강기훈 씨는 3년을 복역한 후 1994년 8월에 만기 출소하였다. 2007년 11월 진실·화해를 위한 과거사 정리위원회는 강기훈 씨가 유서를 대신 쓰지 않았다고 결론내렸다. 2008년 1월 강 씨는 법원에 재심을 신청하였고, 2015년 5월 14일 대법원은 강 씨에 대한 재심에서 자살방조 혐의에 대해 무죄를 선고한 원심을 확정했다. 1992년 당시 대법원이 유죄 확정 판결을 내린 지 23년 만이다.

니다"라는 항의로 끝을 맺었다. 중세의 마녀 재판은 이단 박멸을 구실로 체제 반항을 소탕하려던 악행이었다. 그러나 유감스럽게도 그 마녀에게는 마녀의 정체를 알리는 뿔이 없었다. 그래서 마녀 용의자를 강물에 빠뜨리고는 물 밑으로 가라앉으면 사람이지만 위로 떠오르면 마녀로 판정하는 '생체 실험'이 생겼다. 마녀의 혐의를 벗기 위해서는 영원히 떠오르지 말아야 했다! 몸을 바늘로 찔러서 피가 나오면 사람이고 나오지 않으면 마녀로 간주하는 방법도 있었는데, 그 통에 무혈 침술을 연마한 '마녀 감별사'들이 떼돈을 벌었다. 마녀로 모는 측과 마녀에서 벗어나려는 측에서 모두 뇌물을 걸었기 때문이다. 그 마녀 사냥은 과연 광기가 지배하던 전시대의 기록일 따름인가?

'붉은 교수'니 '이적 교수'니 하는 험악한 글자가 신문 사설을 누비고, 대학 교재가 국가보안법 위반 혐의를 받았다. 한 신문은 그 교재를 두고 "제1장 「한국 사회의 이해」는 '동구 사회주의의 몰락은 마르크스주의의 실패가 아니며, 김영삼 정권의 본질을 이해하기 위해서는 마르크스주의로 무장돼 있어야 한다'는 내용이다"라고 기사를 썼다. 고딕 활자로 강조하고 인용 부호까지 붙였으나, 정작 책에는 그런 대목이 없었다. 거기에 가장 근사한 내용을 찾자면 "러시아와 동구에서 사회주의 체제의 발흥과 몰락은 그들 사회의 한 역사적 경험이지, 그 자체가 마르크스주의의 실현이나 실패라고 볼 수는 없다"는 구절이나, "김영삼 정권이 추진하고 있는 '개혁'은 한국 사회의 본질적 모순을 전혀 건드리지 못하고, 또한 그것을 해결할 수도 없다"는 구절 정도일 것이다. 혹시 전체 내용이 그렇지 않으냐고 반박할지 모르겠으나, 그렇다면 최소한 독자를 혼동시키는 인용 부호는 곁들이지 말아야 했다. 전부 41쪽에 이르는 이 글에서 현 정부에 관한 부분은 1쪽 가량 되는데, 그나마 절반은 군사 정권에 종지부를 찍은 사실에 의미를 부여하고 나머지 절반은 개혁의 한계를 다루었을 뿐이다. 그 엄청난 비약이라니! 상원의원의 말이나 대학총장 말에 못지않게 신문기자의 글도 아주 '위험할' 수가 있다.

▌1994년 8월 9일

# 사제들의 고통 분담

어느 신부가 죽어 천당에 갔더니 깜짝 놀랄 만큼 열광적으로 환영하더라는 것이다. 진짜로 깜짝 놀란 그는 사연을 물었다.

"도대체 왜들 이러십니까?"

"신부가 천당에 온 것이 하도 오랜만이라 그런답니다."

우리네 생각으로는 사제가 천당에 가는 일이 너무나 당연할 것 같은데, 아마도 사람의 판단과 하늘의 심판은 크게 다른 모양이다. 나는 이 얘기를 어느 신부님께 들었으니, 성무에 종사하는 사제 여러분은 부디 노여움을 거두시기 바란다. 사실 사제에 대한 세속의 평가는 이런 하잘것없는 농담과는 달리 아주 우뚝하다. 한국인의 직업별 도덕성을 평가한 어느 여론조사에 따르면(「일요신문」, 2월 16일자) 12개의 직종 가운데 신부가 단연 1위를 차지했기 때문이다. 60위의 장관이나 72위의 국회의원은 아예 비교조차 안되고, 2위의 과학자와 5위의 집배원과

시선—정운영 선집

8위의 교수까지 따돌리며 선두에 나섰다. 권력이나 정치 따위는 범접조차 할 수 없을 만큼, 그리고 학문마저 다가서기 힘들 만큼 성직은 세상의 깊은 신뢰를 받고 있는 셈이다.

그런데 여기에 존경을 한결 더해줄 일이 있으니, 그것이 곧 사제의 소득세 납부 소식이다. 현재는 방침만 결정된 상태이나 여건이 마련되는 대로 곧 시행할 예정이란다. 다른 성직자에 비해 신부가 높은 점수를 받는 요인 가운데는 재산의 '무소유'가 한몫 들었으리라고 짐작한다. 일상의 현실에서 그 원칙이 얼마나 존중되는지는 모르겠으나, 여하튼 가톨릭 교회의 사도직 수행의 원칙에 따르면 사제는 일절 재산을 소유할 수 없다. 모든 수입을 교구에 바치고, 직무 수행에 필요한 경비는 교구로부터 다시 받아서 쓰게 되어 있다. 성당은 교구의 '재산'이므로 전기료나 수도세까지도 원칙적으로는 교구장의 이름으로 지불된다. 매우 무엄한 비유이나 이런 측면에서만 보자면 가톨릭 교회는 철저하게 공산주의적으로 운영되고, 사제들은 '능력에 따라 노동하고 필요에 따라 소비한다'는 공산주의의 이념을 실천하는(?) 선구자인 셈이다.

청빈이 현대 사회를 살아가는 최고의 덕목은 아니며, 때로는 무능의 소치로 경멸의 대상이 되기 십상이다. 그러나 이것은 중대한 오해이다. 성경은 본래 가난한 사람의 편이었다. 그런데 중세가 끝나면서 교회는 재산을 숭배하는 세속의 가치 기준에 동조하기 시작했다. 독일의 사회학자 막스 베버Max Weber는 개신교의 윤리를 자본주의의 정신이라고까지 설명한다. 일례로 가톨릭 교회는 이자를 죄악이라고 가르쳤으나, 현실에서는 이자 없이 돈을 빌릴 수가 없었다. 온갖 궁리 끝에 교회는 드디어 먹고 살기 위해 꾸는 돈에 이자를 받아서는 안 되지만, 장사하기 위해 빌리는 돈에는 이자를 받아도 좋다고 한발 물러섰다. 그러나 이런 타협도 허사였으니, 돈이 배고픈 사람에게는 등을 돌리고 장사꾼만 찾아다녔기 때문이다. 그래서 밥을 위해 돈을 꾸려는 사람도 장사를 위해서라고 거짓말을 해야만 돈을 빌릴 수 있었다. 개신교는 이런 난제를 단번에 풀어주었다. 즉 재산은 선이고 부자는 하느님의 간택을 예정받은 사람이라고 설교함으로써 낙타가 바늘 구멍을 통과하는 '기적'의 교리를 창시했기 때문이다. 사회의 변화와 요구에 따라서 교회가 개인의 축재 행위를 축복하기 시작한 신학적 계기가 바로 종교 개혁이라는 것이 베버의 주장이다. 성경은 이제 부자의 편으로 돌아선 것이다.

잠시 생각해보라. 주일 헌금이 1억 원을 넘어 사실상 교회인지 기업인지 분간하기 어려운 '교회'가 적지 않다. 연간 52억 원의 수입이라면 제법 단단한 중소기업의 매출액과 맞먹는다. 시덥잖은 객설이나 만약 그 헌금을 매출액이 아닌 매출이익으로 친다면 그 규모는 대기업 수준에 이른다. 물론 헌금 액수가 많다는 사실만으로 교회의 도덕성을 재단해서는 안 된다. 그러나 역사적으로 교회는 가난할 때 오히려 복음의 정신에 충실했다. 중세 가톨릭 성직자의 부패와 타락은 실상 풍요의 추구에도 한 원인이 있었는데, 그 부패와 타락을 막아준 힘이 바로 청빈을 외친 각종 수도원의 '반란'이었다. 그것은 현재도 변함이 없다. 복음은 아쉬운 것이 적은 부자보다는 아쉬운 것이 많은 빈자에게 한층 더 절실할 터인데, 부자들은 반역을 생각하지 않기 때문이다.

박해 당시나 선교 지역의 특별한 상황을 제외하면 기독교는 국가 권력과 유착하거나 지배 세력의 이데올로기와 영합함으로써 자꾸 가난을 멀리했다. 매우 고루한 발상이지만 나는 교회가 부유해서는 안된다는 생각을 여전히 버리지 못하고 있다. 돈을 가지고 해야 하는 일은 돈이 많은 다른 데에 맡겨도 좋기 때문이다. 따라서 돈으로 안되는 일, 돈으로 못하는 일이 교회 고유의 영역이 되어야 할 것이다. 라틴 아메리카의 해방신학은 돈이 '잘못한 일'을 바로잡기 위한 투쟁의 소산이다. 물론 돈으로 해야 할 일 가운데 사회가 고개를 돌리기 때문에 교회가 대신 맡으려는 몫이 없지는 않다. 그러나 그런 일조차도 가난에서 출발하지 않으면 안 된다. 돈은 흔히 돈의 논리로 사람을 타락시키고 사물을 지배하려 들기 때문이다.

사제의 소득세 납부는 교회의 빈부와는 사실상 무관한 문제이다. 차라리 과세의 공평이나 '고통 분담'의 차원에서 그 의미가 평가되어야 할 사항이다. 현재 4인 가계의 면세점이 587만 원이므로, 월 평균 소득이 48만 9,000원을 넘으면 누구나 세금을 내야 한다. 사제에게는 부양 가족이 없고 '비자금' 쌈지도 필요하지 않을 터이나, 우리는 사제의 소득이 면세점에 머물기를 바랄 만큼 인색하지는 않다. 서울교구의 경우 서품 12년의 본당 신부에게 월간 50만 원을 생활비로 지급한다니까, 이 실명 소득에 대한 세액은 5,200원 가량 된다. 학교나 병원 등의 취업으로 얻는 사제의 고정 수입에 대해서는 물론 규정대로 갑종 근로소득세를 납부하고 있으며, 사적인 인연이나 정리로 생길 수도 있는 '비실명 소득'은 어떻게 처리하는지 나로서는 알 도리가 없다.

전국의 사제 1,800명 가운데 이미 갑근세를 내는 경우를 제외한 나머지 1,400명 모두가 서울교구 수준의 생활비를 지급받더라도, 그들이 납부할 세금은 연간 8,700만 원에 불과하다. 항상 세수 확보에 시달리는 국세청이지만 고만한 돈을 탐낼 리는 없다. 그렇다면 성직자 납세의 중요한 대목은 실리가 아니라 그 명분과 자세이다. 인생에서 도저히 피할 수 없는 두 가지 일은 죽음과 세금이라는데, 이제까지 그 '운명'의 하나에 동참하지 못했던 사제들이 마침내 그것을 공유하게 된 셈이다. 아무튼 그 5,200원의 납세가 면세점 이하에서 살아가는 사람들의 고통에 가담하려는 결연한 의지와 각오의 표시라면, 그 의미는 실로 막중한 것이다.

▌ 1994년 3월 17일

# 객고에도 차별이

부디 나를 '천하 잡놈'의 무리로 생각지 마시기를 간절히 바라면서 이 글을 쓴다. "창녀인 조나zonah와 성전을 위해 일하는 거룩한 창녀인 게데샤quedesha를 갈라놓는 차이는 엄청나다. 둘 다 순례객과 여행자의 기쁨을 위해 헌신하지만 거룩한 창녀는 우상의 여사제인 반면, 창녀는 남자들의 본능을 만족시킬 뿐이다. 이러한 매춘 행위에 대한 무서운 징벌에도 불구하고 히브리인들에게서 창녀가 확실히 사라진 적이 없다는 것은 확실하다." 구약 시대의 생활과 풍속을 묘사한 앙드레 슈라키André Chouraqui의 『성서시대 사람들』(부키, 1999)에 나오는 대목이다. 성적 금기가 엄격해서 이를 어기면 돌로 쳐죽이거나 겨레로부터 추방당하는 무서운 벌을 받았던 구약시대에 벌써 창녀가 있었다니, 성은 인류의 역사에서 가장 질기고 오래된 상품의 하나임이 분명하다.

우리 경찰 유이唯二의 여성 서장이 최근 맹렬하게 십대 매춘 단속에 나섰다. 뒤따라 각종 언론 매체들이 오히려 단속의 본지를 흐릴 만큼 '선정적인' 보도 경쟁을 벌이고 있다. 매춘은 악이고—때로는 필요악일지도—특히 십대 매춘은 음습한 치부에서 자라는 사회의 독버섯이라는 점에서 매춘과의 전쟁은 필승을 거두어야 한다. 경찰의 선전 포고, 검찰의 포주 재산 조사, 국회의 고객 명단 공개 입법 등 전방위 공세가 펼쳐지고 있다. 선거를 앞두고는 온갖 시비가 다 벌어지는 법이지만, 매춘을 뿌리 뽑는 일로 표 떨어질 걱정은 없을 테니 때도 좋고 시도 좋다.

이 성전性戰에 승리를 바라면서도 왠지 찜찜하게 느껴지는 구석이 있다. 먼저 단속의 형평 문제로서, 거리의 창녀와 성전의 창녀를 나누는 차별이 그러하다. 사회의 탈선과 방탕을 도려내는 수술이 이번 단속의 취지라면, 3만 원짜리 텍사스촌에 앞서 300만 원짜리 룸살롱 매춘부터 치도곤을 안겨야 사리에 맞는다. 그러나 현실은 그 반대이다. 돈과 권력이 낭자하게 흐르는 현대의 성전性殿을 손대는 일이 결코 쉽지 않고, 또 이리저리 얽히고설킨 사연들 때문에 내심 켕기는 데가 있으리라는 사정은 대충 짐작한다. 그렇다고 만만한 거리의 풍속만 다스린다면 이는 법 앞의 평등 조항에 어긋난다. 십대든 '영계'든 물 좋기로 말하면 미아리 텍사스는 강남 룸살롱의 발치에도 못 가는데 말이다.

오해 마시라. 룸살롱을 피해갔으니 텍사스도 그냥 놔두라는 말이 절대로 아니다. 이왕 손볼 요량이라면 그 손을 보는 순서가 틀렸다는 뜻이다. 글쎄 성 욕구를 푸는 일이 민생의 범위에 드는지는 모르겠으나, 꽃값 3만 원으로 꽃 이상의 즐거움을 찾으려는 서민의 애환에는 돈 냄새보다 사람 냄새가—민생의 냄새가—훨씬 진한 것이 사실이다. 당국도 십대 매춘을 막으려는 것이지 인류의―인류만의―유구한 영업을 금하려는 것은 아니다. 그러나 아무리 객고에 주렸기로 제복들의 삼엄한 눈초리 아래 그 바닥을 어슬렁거릴 강심장이 어디 있겠는가? 물론 나는 포주의 민생(?)을 걱정해줄 만큼 자상한 경제평론가가 아니다.

그리고 처벌의 형평이다. 고객과 포주는 엄한 벌을 받지만 문제의 십대는 '선도'의 보살핌을 받는다. 적어도 경찰의 발표로는 그렇다. 그러나 어리고 철모른다는 '특권'도 한번쯤 재고할 필요가 있다. 그 십대는 아버지는 병 들어 누워 있고, 어머니는 집을 나가 소식이 없고, 동생의 학비를 댈 수 없어 몸을 파는 왕년의 신파극 주인공이 아니다. 한층 세련된 서양의 신파조 스토리 「애수」는 전쟁이 배경이지만, 오늘의 주인공은 전쟁의 참화와도 무관한 세대들이다. 오히려 어른 뺨치는 허영과 사치의 포로이기 쉽다. 김중배의 다이아 반지에 눈이 먼 심순애의 행실보다 더하면 더했지 결코 덜하지 않다.

수요가 있으니 공급이 뒤따르느냐, 그 반대이냐는 논쟁은 언제 끝날지 모르는 경제학자들의 소일거리이다. 암시장의 지하 상품이기는 하나 매춘이란 상품도 예외가 아니어서, 수요가 없으면 공급도 없겠지만 공급이 없어도 수요는 없어진다. 따라서 소비자의 죄만 족쳐서는 안 되고 생산자의 탈선도 함께 다스려야 옳다. 십대 매춘은 가정과 사회의 탓만은 아닌 본인의 비행이기도 하다. 거기다가 자꾸 '누가 돌을 던지랴' 따위의 설교를 늘어놓는 것은 문제의 핵심을 한참 잘못 짚은 것이다. 애들이라고 해서 모든 잘못을 어른에게 돌린다면, 어른의 잘못은 아담과 이브한테 돌려야 하느냐는 억설이 나오기 때문이다. 이 시대의 부패한 문명이 원죄이지만, 그 원죄만 따질 만큼 사회가 한가하지는 않지 않은가?

앞서의 책은 "왕들은 이러한 관습을 분쇄하려고 노력했으나 성공하지 못했다. 유다와 타마르의 역사와 예루살렘 성전에서 운영되던 매춘의 집에는 이러한 행위가 없어지기까지 천 년이 넘도록 예언자의 선도와 법적 억압이 있었다"라고 쓰고 있다. 십대 매춘 근절이라는 반가운 노력을 대하면서 위의 천 년, 선도, 억제의 의미를 새삼스레 되씹는다.

▌ 2000년 1월 20일

시선—정운영 선집

# 이게 어데 남의 일이가

17세기까지만 해도 아일랜드 사람들은 밀과 귀리를 먹고 살았다. 그러나 영국의 잇단 침략으로 농토와 농작물이 결딴나면서, 마침 미국과 스페인에서 전래되기 시작한 감자로 주식을 바꾸었다. 그 뒤 감자는 아이리쉬 포테이토Irish potato라고 불릴 만큼 아일랜드 사람의 생활과 문화에 깊숙이 뿌리내렸다. 그런데 1845~1848년에 밀어닥친 감자 농사의 대흉작은 900만 아일랜드 인구를 기아와 이민으로 20년 만에 절반으로 줄일 만큼 엄청난 재앙을 안겨주었다. 역사책에 오른 아일랜드 빈곤Ireland poverty이란 말이 이때 처음 생겼다.

기근의 시련을 내린 '하늘의 뜻'은 내가 헤아릴 바가 아니다. 그러나 거기 잘못 대처한 '사람의 뜻'에는 할 말이 많다. 당시 아일랜드를 지배했던 영국이 고의로(!) 이들의 재앙을 외면했기 때문이다. 빅토리아 왕조의 번영과 '민주주의'를 구가하던 영국의 정치가와 식자층은 이

기근을 아일랜드의 과잉 인구를 처리하려는 신의 뜻으로 돌렸고, 그래서 100만 명이 굶어 죽어도 해결이 어렵다고 오싹한 진단을 내리기도 했다. 그들은 기근이라는 물리적 악마가 아니라 인간의 이기심에 깃든 도덕적 악마의 퇴치가 사태의 본질이라는 따위의 유식한 변명으로 팔짱을 끼는가 하면, 기아의 진상이 부풀려졌다거나 행여 사실일지라도 그것은 어디까지나 아일랜드인 자신의 문제라고 고개를 돌렸다. 그 통에 필Peel 내각은 아일랜드를 원조하려면 곡물 수입이 필요하다면서, 외국 곡물에 관세를 물리던 곡물법Corn Laws을 폐지하여 연래의 숙제를 해결했다.

감자와 쌀이 다를 뿐 이야기는 같다. 물론 남한은 북한을 지배하지도 않았고, 점령군의 폭거로 그들의 농사를 망치지도 않았다. 그러나 북한은 세기의 대홍수로 엄청난 피해를 당했고, 남한은 경제협력개발기구에 가입을 신청할 만큼 성장과 풍요를 과시하고 있다. 북한의 재앙은 사회주의를 멸하려는 하늘의 벌인지 모르며, 그래서 그 정권이 무너져야 구원을 받으리라는 처방이 나옴 직하다. 문제의 본질은 북한 주민의 기아가 아니라 정권의 회개이고, 재해의 참상은 세계의 원조를 얻어내려고 크게 부풀린 것이며, 비록 사실이더라도 그것은 그들 자신이 책임질 일이다. 외국 보험사로부터 흉작 보험금을 타고도 딴 곳에 ─아마도 군비 증강에─쓰려고 '오리발'을 내미는 의뭉스런 녀석들을 어떻게 돕느냐고 분노의 소리마저 높다. 그 체제가 무너지는 것만이 유일한 구원의 길이므로, 거기서 죽지 않고 넘어오는 주민들마저 이제는 귀순 용사가 아니라 구호 대상으로 마뜩찮게 여긴다.

신대륙으로 향하는 아일랜드 이민선移民船은 기아와 질병으로 죽어가는 아일랜드인의 관棺이었다고 기네스북Guiness Book이 엮은 『세계사의 대실수』(세종서적, 1996)는 기록하고 있다. 미국행 배삯마저 구할 길이 없는 사람들은 영국의 대도시로 몰려들었다. 당시 맨체스터를 방문한 프리드리히 엥겔스Friedrich Engels는 35만 명의 노동자가 습기와 먼지투성이의 불결한 판잣집에서 생활하며, 여자들도 탄광에서 반나체로 소와 말처럼 혹사당하고, 네 살짜리 어린이가 실 공장에 취직한(?) 참상을 목격했다. 뉴욕의 게토나 리버풀의 빈민굴에서 이들이 가슴에 새긴 것이 과연 무엇이겠는가? 그것은 '아 목동아'와 '한 떨기 장미꽃'의 노래도 아니고, "이젠 일어나 가야겠노라 이니스프리 섬으로, 거기 싸리 엮어 진흙 바른 초가집 짓고, 아홉 이랑 콩을 심고 꿀벌 통도 하나 두고, 벌들 잉잉대는 숲 속에 혼자 살겠노라"는 예이츠William Yeats의 시구도 아니리라. 영국에 대한 증오와 복수로 이글거리는 아일랜드공화군IRA의 총구가 벌써 여기서 다듬어졌다.

남한이 빈정거리는 대로 굶어 죽으나 싸우다 죽으나 죽기는 매일반이라는 최후의 '선택'이 정말 북한에 가능한 것인지 나로서는 헤아릴 능력이 없다. 다만 싸우지 않고도 동족과 평화롭게 사는 길이 있다면, 그 길을 찾고 싶은 마음은 간절하다. 무엇보다도 "우리가 굶주릴 때 너희가 어떻게 했지"라는 증오와 원한만은 피해야 한다. 한겨레통일문화재단 설립본부와 공동육아연구원이 '남북 어린이 어깨동무'의 첫 번째 사업으로 '안녕? 친구야' 운동을 펼친다. 남북 어린이의 얼굴 그림을 바꾸고 "짝꿍하고 도시락을 나눠 먹는 마음으로" 간단한 약품과 식품을 보내려는 사업이다. 그래서 평화가 자리잡은 어느 뒷날 "내가 배고플 때 네가 밥과 약을 보내주어 참 고마웠어"라는 마음을 함께 나누도록 어깨동무 우정을 심으려는 것이다. 밥 한술을 여투고, 차 한잔을 줄이고, 담배 한 대를 참아서 이 진한 통일 연습을 돕자. 동참을, 부디 동참을!

영국의 밀이 아일랜드에 도착했을 때 감자를 먹다가 밀의 조리법조차 잊은 아일랜드 사람들은 밀가루를 '필의 유황 가루'라면서 그대로 내다버렸다. 이왕 도우려면 약과 우유가 유황으로 변하기 전에 보내자. 당대의 사상가였던 시드니 스미스Sidney Smith 신부는 "영국 사람들은 아일랜드라는 말만 나오면 감정과 분별과 양식마저 내던진 채, 폭군처럼 야만스럽고 백치처럼 우둔하게 행동한다"고 탄식했다. 그게 어데 남의 말인가? 그리고 이게 어데 남의 일인가?

▎1996년 6월 18일

시선—정운영 선집

# 이 황홀한 모순의 아침에

그해 6월 산하는 전차의 굉음과 포화로 갈가리 찢겼었다. 그리고 반세기. 지뢰밭과 철조망의 벽을 넘어 금강산 유람길이 열렸다. 그것은 분단마저 우려먹는 기막힌 상술이고, 국가보안법이 눈을 감은 신나는(?) 모순이었다. 그러더니 올해 6월, 바로 오늘 김대중 대통령이 김정일 국방위원장의 초청으로 평양을 방문한다. 그것은 총칼을 녹여 쟁기를 만들라는 민족의 비원이 담긴 황홀한(!) 모순이다. 반국가단체니 뭐니 따위의 꾀죄죄한 시비는 할일없는 법률가한테나 맡겨버려라. 모순도 황홀하면 장미의 최면처럼 속세의 시비를 떠나는 법이다.

세계의 마지막 냉전 지대 한반도. 지지리 못나게도 우리는 전前 세기의 유물을 새 천년까지 가져왔다. 이제 그 집요한 인연을 끊어야 한다. 세계화 노도는 '주체'의 성벽을 아무리 높이 쌓고 '자주 경제'의 해자를 아무리 깊이 파도 성안으로 넘쳐들게 마련이다. 그리고 싫든 좋든 세계사는 당분간 그런 방향으로 흘러갈 모양이다. 그렇다면 요령껏 문을 열고 안내를 구하는 지혜가 필요하다. 이왕의 얽히고설킨 남북 관계로 미루어 보아 북이 남의 '안내'를 별로 미덥게 여기지 않으리라는 사정은 대충 짐작하지만, 그러나 그보다 더 가까운 상대가 달리 없는 것 또한 엄연한 사실이다. 그렇다고 남한이 그 안내자의 소임을 과신하는 것도 금물이다. 세계화 유행에 앞장서 도대체 무엇을 얻었느냐는 자성과 함께, 세계화 교습으로 북을 또 하나의 남으로 '오염시키지' 않을 결심이 앞서야 하기 때문이다.

한반도 주변 정세도 크게 변했다. 북은 주변 4강 가운데 2강으로부터 여전히 '적성국' 대접을 받고, 심지어 테러를 일삼는 '불량 국가' 명단에 들어 있다. 반면 수교의 이익을 선점한 남은 그 4강 모두의 '우방'이니 말이다. 여기 역지사지易地思之의 지혜가 요청된다. 힘겹기는 해도 북은 외세의 압력에 비교적 의연하게 버텨왔다. 그러나 그들 내부의 정치 역학이 대남 교섭까지 그렇게 대범하게 대처하도록 용인할지는 적이 의문이다. 한마디로 남북 정상의 회동에 북이 안을 위험 부담이 한층 더 크다면, 남이 그 점을 충분히 헤아려야만 회담 성공의 길이 열릴 터이다. 조국은 뜨거운 결합이고, 민족은 서럽도록 질긴 운명 아닌가?

미국의 초조한 전망이 맞는다면 20년쯤 뒤에 중국은 국내총생산 세계 1위의 경제 대국으로 올라선다. 그래서 일본과 함께 세계 경제에 막강한 영향력을 행사할 때 동북아는 '팍스 아시아나'의 새 시대를 개막할 것이다. 한반도와 한민족의 분단 극복이 절실하고 절절한 이유가 바로 여기 있다. 협력체든 공동체든 조만간 자리잡힐 동북아 지역 경제 통합에 남북 어느 한쪽만으로는 제소리를 내기도 어렵거니와 제 밥 그릇을 챙길 수도 없기 때문이다. 온통으로도 어려운 판에 하물며 반쪽으로야……. 함께 걷는 길만이 민족의 생존과 번영을 다지는 길이라면 쌀과 비료를 보내는 것은 적선 아닌 투자이며, 공장 짓고 철도 놓아주는 일 또한 일방적 시혜 아닌 회수 가능의 약속어음일 터이다. 장차 얻으려면 먼저 주라將欲奪之 必姑與之는 노자의 혜안은 크게 빌릴 만하다. 남북의 경제가 경쟁적이 아니고 보완적이라는 사실이 아직은 다행이며, 그렇다면 그토록 걱정하는 남북의 생산력 격차조차 민족 경제의 백년 설계에 그저 짐만은 아닐 수도 있다.

밝히지 못할 일을 자꾸 묻는 것은 고문이며, 고문으로는 회담을 풀어 가지 못한다. 핵이든 외세든 상대의 치부를 들먹이며 자신의 입장만 세우려는 고집이 그러하다. 이산가족 현안 역시 자칫 그런 위험이 따른다. 혈육 상봉을 1순위로 상정하지 않는 북의 처사야말로 눈물도 없고 피도 없는 비인간적 태도라는 것이 남녘 주민 일반의 '인도주의적' 공론이다. 그러나 북측의 관점은 다를 수도 있으니, 그 잔인한 이별의 구체적 사연이 어떠하든 그들 대다수는 이산가족 이전에 그쪽 체제를 버리고 떠난 월남越南 가족으로 비칠 것이기 때문이다. 따라서 남이 내세우는 인도주의가 북에도 그대로 인도주의일 수만은 없을지 모른다. 가령 이번 정상 회담에서 저들이 월북자 가족 재회부터 다루자고 한다면 남쪽 사회의 반응은 과연 어떨 것인가? 오해가 없도록 덧붙이거니와 나 또한 이 모든 객설에도 불구하고 이산가족 숙제가 회담의 본론으로 논의되기를 열렬히 희망한다. 상봉을 기다리는 인생은 유한하고, 혈육의 정리는 어떤 이해타산보다 우선해야 하기 때문이다. 그래, 그 핏줄을 찾는 애타는 정이 없다면 민족이 대체 무슨 소용이랴?

피아彼我 공멸의 가공할 무기가 개발되면 전쟁이 사라질 것이라는 알프레드 노벨Alfred Bernhard Nobel의 순진한 변명은 한참 빗나갔다. 그럼에도 "부족한 것은 돈이 아니라 뜻이다. 소망만으로는 평화가 오지 않으니…… 큰 목적을 위해 작은 첫걸음을 내딛는 일이 중요하다"는 그의 권고는 제법 들어둘 만하다. 두 정상의 단독 회담에 배석할 두 명의 수행원이 기록과 통역을—어허 통역이라니—맡는다는 기사에 정말 가슴이 답답하다. 반세기를 서로 반대로만 치달렸으니 그것도 무리는 아니다. 정녕 돌아올 수 없는 다리를 건너기 전에 어서 되돌아서자. 몸은 다리를 건너야 하지만, 불신마저 다리를 건너서는 안 되기 때문이다. 통일이 안개처럼 스며들지 번개처럼 내려칠지 모르기에 우리는 메시아를 기다리는 이스라엘 백성처럼 항상 깨어 있어야 한다. 성城을 치는 것은 하책이고 마음을 치는 것이 상책이라攻城爲下 攻心爲上는 삼국지 시대의 진리는 오늘 남북 정상의 첫걸음 만남에도 여전히 유효하리라.

▌2000년 6월 13일

시선—정운영 선집

# 오디세이 2000

트로이 성을 목마로 함락한 오디세우스는 귀국을 서두른다. 그러나 해신海神 포세이돈의 미움을 사서 온갖 역경을 다 겪는다. 폭풍과 해일, 조난과 표류, 식인종 섬에서의 유폐, 외눈박이 괴수와의 사투, 망각의 술과 사이렌 요정의 유혹, 마녀와의 사랑과 탈출 등 20년의 모험과 유랑 끝에 고국 땅을 밟는다.

그러나 그곳은 이미 그리던 고향이 아니었다. 아내 페넬로페는 그녀와의 혼인으로 왕위를 차지하려는 야심가들의 등쌀에 마음 편할 날이 없었다. 시아버지의 수의를 다 지으면 구혼을 받아들이겠다고 말한 뒤, 낮에는 옷을 짜고 밤에는 다시 푸는 계교로 재혼 약속을 하루하루 미루는 형편이었다. 오디세우스는 짐짓 거지로 꾸미고 궁정에 나타나지만 아무도 알아채지 못한다. 늙은 사냥개만이 옛 주인을 향해 힘겹게 꼬리를 몇 번 흔들고는 쓰러져 죽어버렸다. 그의 발을 씻기던 유모조차 허벅지의 상처 자국을 보고서야 거지의 정체를 알아차릴 정도였다. 통쾌한 복수를 끝내고 오디세우스는 제 모습을 드러내지만, 아내는 믿을 수가 없었다. 그들의 침대는 땅속 깊이 뿌리내린 생나무로 만들었기 때문에 다른 데로 옮길 수 없다는 둘만의 비밀을 밝히자, 아내는 남편의 품안으로 뛰어든다.

3,000년 전의 이 서사시보다 한층 더 기구하고 처절한 '20세기 오디세우스'의 실화가 우리 주변에 허다하다. 경성고상京城高商—서울 상대의 전신—출신의 정순택 청년은 해방 정국의 혼돈에 좌절한 나머지 월북을 결행한다. 북에서 외빈 접대와 경리 업무를 돕던 그는 1958년 남파 밀명을 받았으나, 임신 4개월의 아내한테 차마 사실을 알릴 수 없어 모스크바 유학을 간다고 속인다. 그러나 서울 잠입 후 접선도 하기 전에 붙잡혀 31년을 형옥에서 보낸다. 이 체제에 조약돌 하나 던지지 않았지만, 그렇다고 그가 무죄이기는 어렵다. 다만 자의로 저지른 죄가 아닌데도, 그 벌을 당자가 받아야 하는지는 여전히 의문이다. 장기수 북송 희망자 명단에 그의 이름이 들어 있었다. 그 두려울 42년 만의 '홈커밍'을 끝으로 79세의 남은 반생에 더는 설움이 없기를 바랄 뿐이다.

1950년 충북 청원의 유순이 새댁은 인민군에 끌려가는 남편에게 임신 3개월이란 사실을 숨겼다. 먼 길 떠나는 지아비한테 걱정을 끼치면 안 된다고 대대로 듣고 배운 조선 아낙의 서글픈 도리 때문이었다. 요행으로 살아서 돌아온 남편 친구들은 그가 폭격으로 죽었을 것이라고 했지만, 그녀는 남편이 존재조차 모르는 아들을 기르며 가없이 세월을 기다렸다. 그 서러운 인종忍從의 미덕이 하늘을 움직였던지 이태 전 사망신고까지 마친 남편이 북에서 남녘의 가족을 애타게 찾는다는 것이다.

야속한 남편에 대한 원망도, 모진 풍상에 대한 원한도 모두 미친 세월에 털어버린 채 71살의 여전한 새댁은 "남편을 다시 볼 수 있다니 이젠 죽어도 여한이 없다"고 되뇌었다. 50년 수절에 여한이 없다니…….

호메로스의 『오디세이』는 고대 영웅담에 공식처럼 따르는 비극적 결말을 뒤집으며 감미롭게 끝이 난다: "20년이나 쌓인 그리움으로 그날 밤 왕과 왕비의 침실에서는 흐느낌과 속삭임이 그칠 줄 몰랐다." 그러나 우리의 숱한 오디세우스에게 이런 승리와 행복은 화려하다 못해 잔인하기까지 하다. 주인을 반겨 꼬리 흔드는 애견이나 발을 씻겨줄 유모도 바라기 어렵고, 아내의 구혼자들에 대한 복수나 생나무 침대의 비밀도 이제 덧없는 미망迷妄이기 쉽다.

차라리 미당未堂의 「신부」가 적당하다. 오줌이 급해 냉큼 일어서는 바람에 옷자락이 돌쩌귀에 걸리자, 음탕한 신부가 붙잡는 줄 알고 첫날밤의 신랑은 그대로 내뺐다. 40년인가 50년이 흘러 그 집 앞을 지나다가 그래도 궁금해서 들여다보니 "신부는 귀밑머리만 풀린 첫날밤 모양 그대로 초록 저고리 다홍치마로 아직도 고스란히 앉아 있었습니다. 안쓰러운 생각이 들어 그 어깨를 가서 어루만지니 그때서야 매운 재가 되어 폭삭 내려앉아 버렸습니다. 초록 재와 다홍 재로 내려앉아 버렸습니다." 어허, 초록빛·다홍빛의 매운 재로 말이지. 이산가족 상봉을 신청한 사람이 남한만도 7만 7,000명이다. 한 달에 100명씩 만난대도 65년이 걸린다. 그래, 매운 재로 스러지기 전에 그 매운 한을 풀어줄 지혜와 용기가 정녕 우리 대통령과 국방위원장한테 없는 것인가?

■ 2000년 8월 11일

# 그의 '심증' 인터뷰

세월은 원자폭탄보다 모진 것인가? 피폭被爆 반세기를 뚫고 자라난 풀과 나무가 온통 도시를 뒤덮은 일본 히로시마에서 지난주 제2회 '세계 한민족포럼'이 열렸다. 지명 토론자로 단상에 앉은 내게 청중석에서 누가 손을 흔들었다. 송두율 교수였다. 1970년대 중반 독일에서 열린 한 유학생 세미나에서 그를 만났으니, 25년여 만의 해후였다. 그때 우리는 고국의 유신 독재에 함께 분노했는데, 지금 그는 북한 노동당 정치국의 김철수 후보위원으로 '의심받는' 처지다. 그 의심의 진위는 방사능도 이기는 세월에 맡기고, 휴게 시간에 나는 그의 손을 잡았다.

재회의 반가움보다 취재 욕심에 들뜨는 나를 돌아보자니 그 동안 신문사 물을 공짜로 마신 것이 아닌 모양이다. 송 교수의 정치국원 설에 '설마' 하던 사람들조차 1999년 황장엽 씨가 법원에 보낸 답변서가 공개되면서 '혹시나' 쪽으로 돌아서는 사회 일각의 분위기를 전했더니, 그는 황 씨의 주장을 반박하는 각종 자료를 법원에 제출했다고 대답했다. 재외 학자로서 송 교수 혼자만 김일성 장례식에 참석한 것은 "공개된 역사적 사실"이란 황 씨의 주장과는 달리 최 씨·문 씨 등의 조문 사진이 『조선연감』에 실렸다고 했다. 망명 이전의 황 비서가 요코하마에서 만난 '똑똑한 남한 학자'—황 씨가 전한 송 교수의 표현으로는 '떨떨한 변절자'—L 씨 얘기도 크게 달랐다. 1977년 카터의 주한 미군 지상군 철수 발표에 반대한 그쪽 계열을 자신이 주도하던 '민주사회건설협의회'에서 제명한 사실을 전한 것뿐이지, 황 씨의 비난처럼 송 교수의 '자기 과시'와는 무관하며 그 뒤에도 L 씨가 독일에 오면 그에게 들러가는 사이라는 것이다. 그렇다면 황 씨의 답변만 공개되고 송 교수의 반론은 공개되지 않은 정보 접근의 불평등이 '혹시나의 의심'을 부른 셈인가?

송 교수는 정치국원 선임에 관해 어떤 제의나 통지도 받은 적이 없다고 했다. 혹시 본인 모르게 추진되었을 가능성을 물었더니, 그는 "사회주의 국가에서 정치국원이 어떤 자리인데……"라면서 "정말 내가 정치국원이라면, 베를린이나 베이징에서 입북 비자를 신청하고 2주일이나 기다려야 하느냐"고 되물었다. 그러면 무슨 억하심정으로 황 씨가 그처럼 물고 들어가느냐는 나의 질문에, 그를 만난 것이 겨우 두 번인데 자기도 그게 의문이어서 답답하다는 표정이었다. 물증은 없더라도 심증은 있을 것 아니냐고 다그치자, 그는 우선 김일성 주석과 자신의 4시간 독대 건을 들었다. 그날 대화는 왜 동독이 무너졌으며 북한이 자본주의를 모르니 가르쳐달라는 것이었지만, 주석의 이런 배려가 같이 철학을 공부하는 황 비서로서는 결코 유쾌한 심정이 아니었을 것이란 얘기였다. 그리고 북한과 연계된 남한 인사 명단이라는 소위 "황장엽 리스트'가 결국 '황장엽 판타지'로 끝남에 따라 무어 하나쯤 공을 세우려는 초조감의 유탄이 자신에게 날아든 게 아닌지" 모르겠다고 말했다. 내게는 더 이상 그의 심증을 '문초할' 방법이 없었다. 송 교수 지도를 부탁한다고 황 씨가 김용순 비서한테서 받았다는 전화도 전말이 의심스럽지만, 그의 지도로 자신이 자본주의 잔재를 청산하고 주체 철학을 바르게 이해하게 되었다는 주장은 그야말로 '개그 수준'이라고 평했다.

현재의 국가정보원은 협박과 고문으로 간첩을 제조하던(?) 왕년의 정보기관이 아니라는데, 여기서 송 교수를 정치국원으로 단정하는 일을 어떻게 생각하느냐고 파고들었다. 그는 자신이 들은 김철수만도 4명으로 "국정원 내부의 판단이 엇갈리는 듯하다"면서, 고위 간부 R 씨와 그의 재직 중에 나눈 통음과 허심탄회의 대화를 소개했다. 그러면서 "황 씨의 입을 통해서가 아니라 국정원 자신의 증거를 내놓으면" 사건의 매듭이 훨씬 빠를 것이라고 의견을 밝혔다.

그는 2년 8개월이나 끌고 있는 1심 판결을 기다리고 있다. 증거 없는 판결은 무효라는 대륙법 체계가 일본을 통해 한국에 전해진 만큼 승소는 의문의 여지가 없다는 독일 법률가들의 격려에 한껏 기대는 듯했다. 6·15 선언 1주년 기념 학술 회의를 개최하려고 노력 중인데, 남한의 협조도 문제지만 아직까지 북한의 대답이 없다면서 "이럴 때 내가 정치국원이라면······" 하고 쓴웃음을 지었다. 그깟 '준법 서약서'쯤 쓰고 들어 오면 어떠냐는 나의 말에 조건 없는 서약이라면 당장이라도 하겠다고 했다. 행여 전비前非를 뉘우치고 조국의 품에 안겼다는 식으

로 써먹을 요량이라면 이제까지의 자기 인생은 무엇이 되느냐고 물어
왔다. 한쪽 얘기만 전한 이 글의 '편파성'을 인정하며, 가능하다면 황장
엽 선생과도 같은 기회를 가지고 싶다.

▌ 2001년 6월 1일

* 편집자 주―송두율 교수는 2003년 9월 22일에 민주화운동기념사업회가 주관하는 해외
민주인사 초청행사의 일환으로 37년 만에 방한하였다. 이후 국가정보원에서 몇 차례 조사
를 받고 국가보안법상 반국가단체 가입, 특수탈출 및 회합통신 위반 등의 혐의로 구속되어
재판을 받았다. 2004년 3월 1심 재판부는 징역 7년을 선고하였으나, 2004년 6월 항소심은
방북 사실을 제외한 간첩 혐의 등 대부분을 무죄로 판정하여 징역 3년에 집행유예를 선고
하였고, 2008년 대법원은 외국인이 외국에 거주하다가 북한에 간 것은 국가보안법의 적용
대상이 아니라는 취지로 국가보안법 위반 혐의에 대해 무죄를 선고하였다.

# 장삿속과 민족애 사이에

트럼프 놀이에 베거-마이-네이버beggar-my-neighbour 게임이 있다. 상대의 패를 다 따서 글자 그대로 거지로 만들면 이기는 경기란다. 제1차 세계대전의 전후 처리를 위해 1919년 베르사유에서 회담이 열렸는데, 여기서 미국, 영국, 프랑스 등 전승국들은 엄청난 배상금 부과로 독일을 작살낼 요량이었다. 독일의 부담 능력은 분할 상환을 해도 20억 달러 정도인데 가장 '인자한' 영국조차 240억 달러를 내밀었기 때문이다. 그때 케인즈가 나서 독일이 거지가 되면 배상금 수취는커녕 유럽도 같이 거지가 된다고 일갈했다.

베거-마이-네이버 게임을 경제학자들은 '근린 궁핍화' 정책이라고 우아하게 번역한다. 근자에 어느 재계 인사가 부메랑 효과를 겁내는 일본에 "우리 소득이 1,000달러일 때 당신들이 얻은 것이 많았소, 1만 달러일 때 얻은 것이 많았소?"라고 설득해 중요한 한일 협력 프로젝트를 성사시켰단다. 우리의 궁핍한 근린도 이 지혜를 빌릴 만하다. 예컨대 "우리 소득이 700달러인 지금 당신들이 얻을 것이 많겠소, 7,000달러로 늘어날 장래에 얻을 것이 많겠소?" 하고 묻는다면—그것도 북한이 물어온다면—남한은 어찌할 터인가? 그 대답이 쉽지 않을 것은 경제보다 정치 부메랑과 군사 부메랑 걱정이 크기 때문이리라. 그럼에도 나는 700달러보다는 7,000달러 소득의 북한이 훨씬 우리에게 유익하다고 믿는다. 어차피 통일이 민족의 장기 과제라면, 남북 모두 부자가 됨으로써 전쟁 따위는 어서 잊어버리는 것이 상책이다. 부자가 될수록 싸움 좋아하는 나라도 있지만, 한반도의 남과 북은 절대로 그렇지 않다.

베르사유 회담 결과에 케인즈는 엄청 뿔이 났던 모양이다. 영국과 프랑스의 지도자도 별 볼 일 없지만, 이참에 독일과 유럽에 본때를 보이려는 미국의 윌슨Thomas Woodrow Wilson 대통령을 "세계 제일의 사기꾼"이라고 씹어댔기 때문이다. 경제 문제를 정치적 감정으로 풀지 말라는 케인즈의 충고를 깔아뭉갠 유럽은 결국 20년 뒤에 또 한차례 세계대전을 벌인다. 남북 경제 협력에 어떤 사기극이 있고 누가 사기꾼인지는 모르겠으나, 정치가 경제의 숨통을 죄는 장면은 숱하게 눈에 띈다. 그 경협에 대해서도 어려운 동족을 도와야 한다는 것이 북한의 해석이라면, 남한의 해석은 원조와 장사로 갈라진다. 무상이나 무상에 가까운 지원은 정부의 몫이고, 한 푼의 이익을 따지는 장사는 기업의 몫이라는 것이다. 금강산 관광 사업의 실패는 이 혼선에서 싹텄다. 6년간 9억 4,000만 달러의 입산료 지급 등 도무지 수지맞을 수 없는 사업을 수지 타산이 생명인 기업이 떠맡고 나섰기 때문이다. 개성공단만 해도 평당 39만 원의 분양가는 주변 국가들보다 크게 높아서 경쟁력 수판질이 필요한 형편이다.

이제라도 가르치자. 남한 기업은 민족애로 장사하는 것이 아니라 수익성으로 장사한다는 사실을! 정부가 여행 경비까지 보태주면서 바람을 잡는데도(?) 손님이 준다면 더 이상 어쩔 도리가 없다. 그러니 북한이 장애물을 치워줘야 한다. 관광객이 혹할 상품을 만들어서 수지를 맞추고, 그래서 '남한 기업 궁핍화'를 막아주는(!) 것이다. 문 열면 '모기' 들어온다고 꺼려서는 장사를 배우지 못한다. 문은 열되 모기장으로 막는 궁리도 있으니……. 장삿속을 버리고 민족 교류의 상징으로 정부가 직접 나서는 방법도 있다. 제 돈으로 하라면 관광공사도 마다할 테니 억지로 민간 기업의 등 떠미는 일은 없어야 한다. 중앙 정부 예산의 1퍼센트를—1조 원 이상을—대북 지원에 쓰자는 제의가 나오는 판에, 명분과 방법만 떳떳하다면 수학여행 경비 보조 따위는 문제도 아니다. 그 떳떳한 명분 제공은 물론 북한의 몫이다.

최근 한 기업인이 억울한 죽음을 맞았다. 금강산 적자에, 대북 비밀 송금에, 비자금 조성 혐의까지 경제 원론을 깡그리 무시한 '남북 정치'의 폭력이 빚은 비극이었다. 그래서 "특검의 칼에 의한 타살"이라는 북한의 비난보다 "협박 흥정의 희생"이라는 외지의 보도가 더 그럴듯하게 들리는 것이 사실이다. 이런 악연과 악순환의 고리를 어서 끊자. 장삿속이 민족애에 앞서는 이 '빌어먹을' 현실을 나는 정말 통탄하지만, 그래야만 남북이 궁핍화를 면한다는 설득은 수락하지 않을 수 없다.

▌ 2003년 8월 8일

시선─정운영 선집

# 뱀의 발톱을 그리며

혹시 박호성 교수가 이 글을 대한다면 다소 민망하게 여길는지 모르겠으나, 나는 「한겨레신문」에 연재된 그의 보고 기사 "동유럽: 그 변혁의 현장에서"를 한 치의 과장 없이 '이것이 르포르타즈이다'라는 감동으로 읽었다. 해박한 지식, 유려한 필체 그리고 전직 논설위원의 이력까지 십분 발휘된 취재원의 적절한 발굴 등 한마디로 그의 기행문은 이제까지 식당 종업원을 스타킹 한 켤레로 꾀었다든지, 호텔의 화장실에 휴지가 없다는 따위의 너절한 얘기에 식상해온 우리에게 반가운 청량제 구실을 해주었다. 물론 그의 관찰과 견해에 대한 찬반이야 독자의 정치적 입장에 따라 크게 다를 수 있겠지만, 아무튼 나로서는 상당히 초조한 기대 속에 다음의 얘기를 기다리곤 했었다.

그의 지적 여행담 가운데 특히 나의 관심을 끌어당긴 대목은 위르겐 쿠친스키Jürgen Kuczynski와의 대화였다. 사회주의의 부활을 확신하느

나는 박 교수의 질문에 올해 86세를 맞은 그는 "물론 그렇다. …… 나는 동유럽권에서의 사회주의의 부활을 체험하지 못하겠지만, 이 사회주의적 회귀를 확신하는 나의 앞서가는 즐거움을 어느 누구도 빼앗아 가지는 못할 것이다. 이런 의미에서 서독 자본주의에 대한 동독 사회주의의 굴복도 단순히 일시적인 것에 불과하다"라고 대답했다. 세계 역사학계의 그 누구도 상석을 양보하는 이 동독의 마르크스주의 경제사학자를 10여 년 전 어느 세미나에서 만났을 때, 그의 은발만큼이나 자신있게 피력했던 사회주의의 승리에 대한 부동의 신념과 비교한다면 이제 그의 말은 사뭇 감상적으로 나에게 와 닿는다. 영국의 마르크스주의 경제학자로 『자본』 해석에 독특한 공헌을 해온 현재 40대 중반의 벤 파인Ben Fine도 최근에 그를 만나고 돌아온 어느 학자의 전언을 빌린다면, "나의 생전에 사회주의로의 회귀를 믿는다"고 역시 낙관적인 소신을 표시하더라는 것이다.

요즘 나는 '사회주의 국가에서 사회주의의 복귀'라는 이 아이러니를 대체 어떻게 받아들여야 하느냐는 학생들의 질문에 자주 시달린다. 그때마다 예언과 과학은 다르다든가, 역사의 예정과 인간의 의지를 구별하자는 등속의 설명으로 곤혹스럽게 그 예봉을 피해 나가려고 애쓰지만 그 변명 조작이 마치 풀기 빠진 모시 적삼처럼 맥풀린 수고라는 사실은 학생들보다 내가 더 잘 안다. 불과 수년 전까지만 해도 '사회주의로의 이행'이니 '자본주의로의 복귀 가능성'이니 하는 논의들이 진보적 지식인들의 단골 화제였는데, 지금은 그들조차 "사회주의는 자본주의로의 (재)이행을 위한 지름길"이란 조소에 스스로를 변호해야 하는 궁색한 처지로 몰리고 말았다. 실제로 나는 사회주의의 내일을, 아니 그 오늘조차 예단할 능력을 갖추지 못했기에 여기서는 다만 한때 인류 해방의 복음으로까지 예찬되던 그 사회주의가 어째서 이토록 비참하게 전락해버렸느냐는 그 사연에 대해서만 몇 마디 언급할 작정이다.

80년대 초엽 이른바 '바웬사 신드롬'이 동유럽을 엄습하고 있을 때 서구의 언론들이 앞을 다투며 그 실상을 열심히 중계했는데, 그중 헝가리 문교부의 어느 고위 관리가 텔레비전 인터뷰에서 고백한 이런 일화가 아직도 나의 뇌리를 때리고 있다. "어느 국민학교에서 자본주의 제도의 비참과 모순을 가르치면서, 거기서 노동자는 피땀 흘리며 일하는 데 반해 자본가는 요트 낚시를 즐기고 스키 여행을 떠나는 등 아주 탐욕스럽게 살고 있다고 한참 설명했습니다. 그리고 나서 질문을 하라고 했더니 문득 한 학생이 '자본가, 그거 아주 멋있는 직업 같은데요. 어떻게 하면 우리도 자본가가 될 수 있나요'하고 묻더랍니다." 과거의 수탈 체제 아래서 '인위적인 기아'를 맛본 아버지의 세대와 그와 같은 경험을 겪지 않은 아들의 세대 사이에 나타나는 이러한 차별적인 반응은 일단 자본주의에 대한 호기심으로 연장된다. 그리고 그 막연한 동경에 구체적인 형상을 부여하는 요인이 바로 자본주의의 풍요한 소비이다.

역시 80년대 초반의 일로 기억되는데, 폴란드의 교수 한 분이 마침 내가 공부하던 외국의 대학에 머물게 되어 그의 현지 안내를 맡은 적이 있다. 생색 안 나는 일에는 결코 대들지 않는 본토 녀석들이 슬슬 피하는 바람에 당시는 제법 착하고 어수룩했던 내게 그 소임이 떨어진 것이다. 은행과 우체국과 세탁소를 거쳐 수퍼마켓으로 들어섰더니, 갑자기 그는 손수레가 넘칠 만큼 수북하게 고기와 설탕과 버터를 허겁지

겁 집어 담는 게 아닌가? 그래서 내가 냉장고도 작은데 내일 또 사면 어떠냐고 넌지시 일러주었더니, 그에게서 대뜸 이런 물음이 되돌아왔다: "아니, 내일까지 이 물건들이 남아 있습니까?" 이런 젠장할! 사회주의 40년에 대학교수에게 설탕과 고기조차 제대로 못 먹이다니……. 내가 걱정해줄 일은 아니지만, 말로 표현할 수 없는 분노가 가슴 저 밑바닥으로부터 끓어올랐다.

인민에게 체제의 우월성을 설득하는 데는 철강 생산량의 수치보다는 풍성한 식탁이 훨씬 더 효력이 크다. 물건이 모자라 돈이 필요 없는(?) 사회에 맥도날드 햄버거와 피에르 카르댕의 블라우스가 침투할 때 인민해방이나 사회주의혁명 등의 정신무장은 한낱 무력한 구호로 그치고 말 공산이 크다. 실상 대부분의 사회주의 국가들은 그 인민들을 먹이고 입히고 재우기에 충분한 자원과 기술 등 생산력의 토대를 갖추고 있다. 그럼에도 불구하고 자본주의의 윙크 한번에 그토록 쉽사리 허물어지는 이유를 나는 무엇보다도 먼저 부패한 관료제도에서 찾고자 한다. 50코페이카짜리 담배 한 갑을 사기 위해 50미터의 장사진을 쳤다가도 관리인의 "떨어졌다"는 말 한마디면 묵묵히 다음 가게로 발을 돌려 다시 대열을 짓는 침울한 광경을 최근에 소련을 방문했던 어느 교수 한 분이 내게 전해주었다. 정말 그날의 할당량이 다 팔렸는지를 따지고 대드는 '기술'을 누구도 익히지 못했기에, 아니 따져보아야 헛일이기에 바로 그 매진을 선포한 가게의 뒷문으로 몰래 빠져나오는 담배 한 갑에 4루블을 지불하면서도, 흡사 복권에 당첨되지 않은 운수만큼이나 흔연하게 받아들이도록 길들여진 것은 모두 관료주의가 끼친 해독이다. 이기를 통제하는 사회에서 그 이기가 활개칠 여지가 이기를

시선—정운영 선집

충동하는 사회 못지않게 넓다는 사실은 정녕 대단한 역설이 아닐 수 없다. 트로츠키Leon Trotsky는 분명히 말했다. 빵가게 앞에서 기다리는 사람의 줄이 길어지면 경관이 달려오고, 바로 거기서 관료주의가 싹트게 된다고! 지금은 그 역逆이 진실이 되어가고 있다.

시거를 주근주근 씹으며 졸린 듯한 표정으로 지그시 째려보고 있던 범인수배 벽보를 북 찢으며 돌아서는 그의 눈앞에서는 뽀오얀 먼지를 뒤집어쓴 말 잔등으로부터 현상금 100달러짜리 시체가 툭하고 굴러떨어진다. 클린트 이스트우드Clint Eastwood의 영화에 흔히 나오는 장면이다. "수배, 칼 마르크스, 산 채나 죽은 채로"라는 문구와 함께 그의 얼굴이 인쇄된 셔츠가 지금 부다페스트의 노점에서 팔리고 있단다. 상금조차 안 걸린 그 건조한 '수배 공고'에 담긴 침통한 야유와 극심한 혼동을 대하며, 문득 나는 런던 교외 하이게이트 묘지의 마르크스의 비석에 붉은 스프레이로 난폭하게 뿌려놓은 나치스의 하켄 크로이츠 휘장을 떠올렸다. 사회주의 국가는 사회주의로 회귀할 것인가? 소비재에 대한 허기와 관료제도의 과식이 다 같이 치유되지 않는 한, 그래서 '자본'만 보고 '자본주의'는 보지 못하는 사회주의 국가 인민들의 처지가 개선되지 않는 한 나로서는 당분간 쿠친스키와 파인의 낙관적인 전망에 쉽사리 동의할 수가 없다. 사회주의로의 복귀를 묻는 그 고통스런 질문에 '변혁의 현장 밖에서' 뱀의 발은커녕 그 발톱조차 안 되는 이 조잡한 답변을 그려낸 나의 무모함에 용서를 빈다. 수난, 그래 수난의 계절이다.

▌1990년 9월 4일

# 히틀러와 채플린의 연대를 마감하며

오늘로 올해를 보낸다. 그리고 또 오늘로써 '반성의 연대'라고 나 스스로가 다소 당돌하게 규정했던 1980년대를 마감한다. 바로 그 반성의 맥락에서 나는 빛바랜 역사책을 다시 뒤적이는 수고를 되풀이할 필요조차 없이 즉시 서로 반대의 길을 걸은 두 인물을 기억 속에 재생해낼 수 있었다. 그 하나는 이글거리는 '광기'로 한때 인류를 재앙으로 몰아넣었던 독재자이고, 다른 하나는 가슴 시린 '해학'으로 그 인류의 고통을 잠시나마 덜어주었던 배우였다. 꼭 한 세기 전, 그러니까 1889년 4월 16일 런던에서 찰리 채플린이 태어났고, 그보다 나흘 뒤 브라우나우 (오스트리아)에서 아돌프 히틀러가 태어났으니 결국 하늘은 인간 사회에 희극과 비극을 공평하게 예비해놓은 셈이었다. 다만 사람들이 그 광기를 분별 있는 이성으로 다스리고 그 해학을 생활 속에서 온정으로 펴내는 지혜를 배우지 못했기에, 하늘의 '비극 창고'는 항시 바쁠 수밖에 없었으리라.

이제 막을 내리는 우리의 80년대도 이 불행한 예언에서 예외가 아니었다. 지난 12월 20일자 「한겨레신문」의 양면 화보 '광주의 어둠을 뚫고, 분단의 장벽 넘어'는 역사의 생생한 '증언'을 찾아 전국을 누빈 사진부의 집요한 노력과 "우리가 아니라면 누가 과연 이 일을……"이란 결연한 소명으로 무장한 편집진의 단호한 결단의 산물이었지만, 거기서도 광기는 여전히 희망을 제압하고 있었다. 일간지로서는 최초로 공개한 '핏빛 5월'의 그 선열한 절규는, 바로 그 피를 불러왔던 장본인이 오늘 오후 텔레비전 앞에서 어떻게 교묘한 연기로 증언하고 그래서 그 공모자들이 얼마나 신명나게 안도의 축배를 터뜨린다고 하더라도, 80년대의 광기가 역사에 남긴 철저한 각인으로 쉽게 지워질 수는 없을 것이다. 청산은 결코 망각이 아니기 때문이다. 판문점을 걸어 내려오는 한 여대생의 기원과 의지를 담은 '장벽 넘는 통일의 꽃'이 호소하는 그 간절한 열망도 군사분계선에 대치한 모든 '쇠붙이'를 녹여버리기에는 아직 힘에 부칠 수밖에 없다. 편집자가 고단한 눈매와 푸석한 손길로 전하려는 고심, 고통, 고뇌의 메시지에도 불구하고 여태 우리는 시대의 혼돈을 걷어내고 분단의 장벽을 헐어내는 숙제를 마치지 못한 채, 아니 그 가능의 터전조차 마련하지 못한 채 실로 우울하게 80년대를 닫아야 하는 것이다.

'세계의 으뜸인 독일'Deutschland über Alles을 확인하려는 히틀러의 집착은 "독일의 민주주의에 다수결의 원칙이란 존재하지 않으며, 오직 자신의 결단에 대해 생명과 능력을 불어넣을 수 있는 한 사람의 결정만이 존재할 뿐이다"(『나의 투쟁』, 범우사, 1989, 105쪽)라는 권력지상적 독선으로 전개되는데, 엉뚱하게도 그것은 유대인을 희생의 도마 위에 올리고 말았다. "다수는 항상 우둔과 비겁을 대표하며 의회주의만큼 부정한 원리는 없는데", 바로 이러한 "의회적 민주주의가 대체로 유대인의 요구와 일치하기" 때문에 그는 600만 명의 목숨을 가스실에서 앗아버리는 포학을 저지르게 된다. 히틀러로 분장한 영화의 한 대목에서 채플린은 그 독재자의 입을 빌려 '자신의' 소리를 이렇게 전달한다: "나는 황제가 되고 싶지 않습니다. 나는 우주를 지배하거나 정복하는 일도 원치 않습니다. 가능하다면 유대인과 이교도, 그리고 흑인과 백인 모두를 도와주고 싶습니다"(『채플린 자서전』, 명문당, 1988, 297쪽). 그러나 그와 같은 휴머니즘 본연에 대한 일차적 변호는 이윽고 "용사들이여, 독재자를 타도하라"는 민주주의 수호의 무기로 돌변한다. 우리의 광주에서도 히틀러와 채플린은 서로 맞섰었다. 유대인이라는 이유만으로 학살된 사정이나 권력 찬탈에 항의하면서 민주주의를 외쳤다는 이유로 죽어간 사정이 서로 다를 바 없으며, 독재 타도의 함성 또한 눈시울 아린 영화의 대사로 표현되거나 선혈 가득한 거리의 절규로 울려퍼지거나간에 서로 차이가 없기 때문이다. 히틀러는 아주 분명하게 "지도자의 권위는 아래로, 모든 책임은 위로 향한다"며 호기롭게 선언했었다. 오늘 저녁의 텔레비전 시청에서 무엇보다도 우리가 주목해야 할 대목은 바로 이 '위로 향한 책임'의 소재일 것이다. 그리고 그것은 입으로만의 책임이 아닌 법에 의한 책임이기를 엄중하게 요구한다.

이어서 다시 한번 엉뚱하게도 마르크스주의가 단죄의 제단에 오른다. 히틀러는 "마르크스주의라고 하는 유대적 교리는 자연의 귀족주의적 원리를 거부하고, 힘과 권력이라는 영원한 특권을 대중의 숫자와 그들의 공허한 무게로 대체한다"(『나의 투쟁』, 80쪽)고 질타하면서, "마르크스주의 이론은 이성과 광기의 혼합물로서, 그 광기는 항상 실현되지만 이성은 결코 실현된 적이 없기" 때문에 "영원한 자연은 그 명령의 위반을 가차없이 처벌하리라"는 정신착란적 만용으로 온갖 폭거를 자행한다. 그러나 그에 대한 채플린의 회답은 사뭇 방향이 다르다. "나는 공산주의자가 아닙니다. 한 사람의 인간입니다. 그러나 공산주의자들도 우리와 다를 바가 없습니다. 그들도 팔을 잃거나 다리를 자르면 고통을 받습니다. 공산주의자의 어머니들도 다른 어머니들과 마찬가지입니다. 자기의 자식이 전선에서 영영 돌아오지 못하게 되었다는 슬픈 통지를 받으면 그들도 우리의 어머니들과 꼭같이 통곡합니다. 지금 이 순간에도 소련의 어머니들은 한없이 울고 있으며 그의 아들들은 수없이 쓰러져갑니다"(『채플린 자서전』, 308쪽)라는 연민과 애소로, 채플린은 사실상 독일과 소련이 피투성이가 되도록 싸워 둘이 다 뻗어버리기를 은근히 바라며 참전을 늦추던 미국의 '기회주의'에 맹렬하게 반성을 촉구했다. 나는 아직도 잘 모르겠다. 80년대의 이 땅에서 분단을 허무는 일에 온몸으로 가담한 사람들의 고뇌를 법의 이름으로 가차없이 처벌해야 하는지, 아니면 아들을 잃은 어머니의 고통으로 감싸주어야 하는지를!

1931년 베를린을 방문한 채플린은 당시 막 권력의 정상으로 부상하려는 히틀러의 인기에 못지않은 열광적인 환영을 받았지만, 정작 두 인물이 '해후하게' 된 것은 1940년에 제작된 「독재자」라는 영화 장면 속에서였다. 채플린에게는 최초의 발성 영화로서 대본 집필에만 2년을 보내고 제작비로 물경 200만 달러를─50년 전의 화폐가치이다─

들였던 이 영화의 제작 동기를 그는 이렇게 설명한다: "나는 아내 폴레트Paulette Goddard를 출연시키기 위해 작품을 하나 쓰려던 참이었다. 그러나 일을 진전시킬 수가 없었다. 아돌프 히틀러라는 괴상한 인간이 세계를 비극의 소용돌이 속으로 밀어넣고 있는 이 마당에 난들 어떻게 여성을 위해, 로맨스를 위해 사랑에만 몰두하고 있을 것인가?" 그만한 정도의 문제의식이라면 일단 신뢰하기로 하자. 영화가 개봉되자 미국 내에서는 친나치 단체로부터의 협박이 꼬리를 물고, 독일의 관심과 군대를 소련 전선으로 돌리려는 속셈으로 영국은 상영 중지를 요청해오고, 독일의 선전상 괴벨스Paul Joseph Goebbels는 유럽에서 모든 미국 영화를 추방하겠다고 위협했지만 채플린은 여기에 분연히 맞섰다. 당연히 그래야 한다. 실로 여기서는 예술의 자유라는 영역을 넘어 생존을 확보하기 위한 투쟁 그 자체가 문제로 대두된다. 그래서 채플린은 "(「독재자」의 마지막 장면을 마치 「현대」에서처럼) 주인공인 이발사가 애인을 데리고 지평선 저쪽의 노을진 하늘을 향해 약속의 땅으로 사라져간다는 식으로 처리했더라면 훨씬 편했을 것이다. 그러나 세계의 억압받는 민중에게 약속의 땅 같은 것은 없다. 그들이 안주하기 위해 찾아갈 지평선 저쪽이란 존재하지 않는다. 그들은 일어서지 않으면 안 되고, 우리들 또한 일어서지 않으면 안 되는 것이다"라고 선언하면서 마침내 야만과 독재에 대한 항거의 선두에 나섰다. 혼돈의 시대에 침묵보다 발언이 더욱더 소중하다는 교훈을 그는 행동으로 실천한 것이다.

제네바의 필립 뷔랭Philippe Burrin 교수는 나치스의 광기는 원천적으로 웃음을 허용하지 않을 뿐만 아니라 또한 아주 냉혹하게 그 웃음을 말살하기 때문에 「독재자」의 히틀러 조롱에는 한계가 있다고 비판했

시선—정운영 선집

지만 나는 다소 다른 각도에서, 즉 채플린 자신의 고백을 빌려 그의 견해에 동의한다: "그때 만약 내가 유대인 수용소의 저 처참한 비극을 알았더라면 「독재자」를 만들지 못했을 것이다. 나치스의 종족 말살이라는 광적 행위는 웃음거리로만 다루기에는 너무나 무거운 주제였기 때문이다." 그렇다면 광주의 비극도 너무 무거웠던 까닭에 아직까지 '우리의 독재자'를 마음놓고 고발하지 못하는 것인가? 아니, 그렇지 않다. 시인, 작가, 미술인, 영화인 등 우리 곁에도 숱한 '채플린'이 있었지만, 독재를 뿌리뽑고 민주주의를 심으려는 정치권력의 결의가 의연하지 못해서 그 청산이 늦추어지고 있는 것이다. 여기서는 '여소'를 이기지 못하는 '야대'의 책임을 분명하게 물어야 한다.

1990년으로 이른바 '세기말'la fin du siècle이 열린다. 염세와 퇴폐에 탐닉했던 100년 전의 세기말과는 달리 이번에는 희망과 진보의 '새날'을 창조하자. 지난 가을에 다시 상영된 채플린의 비극 「각광」Limelight에서 그는 "죽음보다 불가피한 것은 삶이야. 산다는 것은 금붕어에게도 아름다운 법이지"라고 바로 그 삶에 지쳐 죽음을 시도했던 여주인공에게 엄숙한 표정으로 타이른다. 어찌 그 언어가 실의에 빠진 한 사랑하는 여인에게 보내는 격려로만 그칠 수 있으랴. 죽음보다 불가피한 삶, 어차피 그것은 90년대를 맞이하는 우리 모두의 질긴 각오가 될 수밖에 없다. 새 연대의 화보 편집자에게 용기를! 그리고 그 독자들에게는 축복을!

▌1989년 12월 31일

# 33년 만의 안부

K형.

에트랑제etranger, 현대를 살아가는 우리는 다소간 다 이방인입니다. 그것은 도시와 문명에 소외당한 인간의 생존을 고발하는 카뮈적인 의미에서만이 아닙니다. 고향을 잊고 사는 실향민의 처지가 오히려 그 뜻에 더 가까울 듯합니다. 한 해를 보내고 새해를 맞을 때면 으레 한번쯤 주위를 둘러보고 자기를 길러준 고향을 되새기게 마련인데, 「온양신문」의 원고 청탁을 받고 나서 문득 고향 등진 이방인의 고단한 넋두리를 형께 전하기로 했습니다.

형이 짐작하듯이 저는 고향에 얽힌 사연이 다소 복잡합니다. 친가는 대구이고 외가가 온양인데, 해산을 맞아 친정을 찾던 어머니 시대의 풍속에 따라서 태어나기는 온양에서 태어났습니다. 서울서 청파국민학교에 입학하던 해 6.25가 터져 외가로 피난했고 그래서 한참 뒤 온

천국민학교에 '다시' 입학했지요. 전쟁의 포연이 걷힌 4학년 때인가 대구 중앙국민학교로 전학하고 이어 경북중학교에 입학했다가, 다시 온양으로 와서 중학교와 고등학교를 여기서 마쳤습니다. 그리고 1964년 대학에 입학하면서 온양을 떠났으니, 벌써 33년의 세월이 흐른 셈입니다. 고향에 관한 한 저는 이렇게 변절에 변절을 거듭했습니다. 이른바 TK가 한참 기세를 올리려는 즈음 저는 본적을 대구에서 온양으로 옮길 만큼 시세를 거슬렀고, 요즘 부쩍 지역 정서를 내걸며 충청도 단결을 외치는 내 고장의 '정치 인심'을 괜한 짓이라고 탓할 만큼 저는 고향을 모르고 지냅니다.

하이마트로제Heimatlose, 고향을 잃은 사람을 그렇게 부르던가요? 그 심란한 어감만큼이나 고향을 대하는 제 마음도 산란합니다. 온양읍에서 아산시로 이름이 바뀌고 그만큼 체구도 커졌지만, 한 해에 서너번 찾는 고향은 왠지 낯설기 그지없습니다. 몸이 멀어서 마음도 멀어진 탓일까요? 109육군병원과 난민 수용소를 비롯한 전란의 상흔이 가신 지는 이미 옛적이고, 으리으리하게 단장한 현충사와 민속박물관, 곳곳에 늘어선 아파트 단지와 공장 건물, 다섯 학급의 고등학교가 고작이던 소읍 주변에 몇 개나 들어선 대학들……. 근대화의 업적은 도처에 역력합디다. 초라한 읍사무소 시절에서 시장과 시의회가 주민의 생활을 보살피는 지방자치 시대로 도시의 품격이 달라지고, 읍내의 인쇄소를 전부 뒤져도 교지 하나 만들기가 힘겹던 척박한 환경에서 이제 어엿한 주간 신문이 나올 정도로 온양은 지난 30여 년의 발전을 자못 실감나게 합니다.

그 발전에는 물론 많은 대가가 따랐습니다. 흐드러진 진달래 꽃잎으로 허기를 달래던 공원산은 까까머리 언덕으로 변했으며, 한나절 그물질로 무쇠솥 그득하게 붕어와 모래무지를 잡아올리던 옥정교 냇물은 그 추억의 자취를 감추었습니다. 물과 숲에 고시 공부가 제격이던 강당골의 고요는 식당과 노래방 마이크로 깨어지고, 김밥과 솜사탕과 아이스케키 몇 개로 하루가 황홀하던 학교 소풍지 신정호 역시 온통 폐수와 관광버스로 얼룩졌습니다. 운동회 때마다 뛰어도 뛰어도 끝이 없던 초등학교 운동장은 손바닥만하게 줄어들고, 우리가 다니던 중학교 자리에는 호화로운 호텔이 들어섰더군요. 학도호국단 조회 마당에서 호텔 주차장으로 둔갑한 그 생생한 기억의 현장에 차를 세우다가 문득 가슴 스치는 민망함에 얼굴을 붉혔습니다.

공부를 한답시고 10여 년 외국에 머무른 까닭에, 그래서 그 발전과 소멸의 대차대조표를 그때그때 살피지 못한 탓에 저의 감상은 다분히 과장으로 흘렀을지 모릅니다. 물론 저는 어지러운 시내 택시를 바라보며 먼지 풀썩이는 신작로 시절을 예찬할 마음은 없습니다. 원두막과 과수원을 밀어내고 대신 들어선 공장의 폐수와 오염을 성토하려는 것도 아닙니다. 다만 도회인의 유흥과 지갑에 날로 흐려지는 '천도泉都 온양'의 각박한 인심만은 크게 섭섭하게 여깁니다. 행여나 형이 "그렇게 섭섭한 고향에 네가 해놓은 것이 무어냐"고 꾸짖는대도 사실 저로서는 드릴 말씀이 없습니다. 제 푸념은 솔직히 말해서 나는 변해도 고향은 변치 말기를 바라는 집 떠난 탕아의 이기이고 욕심이기 때문입니다.

하늘이 점지한 따뜻한 샘물 덕택에 고향이 돈을 버는 것은 정녕 고마운 일입니다. 다만 저는 그것이 고단한 몸만이 아니라 지친 마음도 함께 씻어주는 푸근한 샘물이 되기를 바랄 뿐입니다. 한참 외람된 말씀이나 돈이 앞서지 말고 사람이 앞서는 고장, 공장과 호텔 못지않게 문화와 인심으로 가득찬 고장, 그것만이 온양이 길고 깊게 사랑받는 길이라고 생각합니다. 나이가 들수록 가슴에 남는 고향은 '옛날의 금잔디 동산'이니 이를 어쩌겠습니까? 형과 이웃에 복된 새해를 기원합니다.

▌1997년 1월 13일

# 영웅본색

송나라를 개국한 황제 조광윤은 힘이 무서웠던 모양으로 주먹 한 대에 신하의 이 한 대가 부러지곤 했다. 신하는 말없이 이를 주워 품에 넣었고 조광윤은 적이 그 행위가 눈에 거슬렸는지 캐물었다.

"너 감히 나에게 앙심을 품으려느냐?"
"아니올시다. 사관에게 갖다 보이려고 그럽니다."

'임금이 힘자랑에 신하의 이를 부러뜨렸다'는 기록이 후세에 남을까봐 황제는 제발 사관에게 알리지 말라고 급히 사정했고, 결국 임금이 사관에게 사정했다는 일화를 남기고 말았다. 이처럼 사관의 존재는 역사에 오명을 남기지 않으려는 의식을 가진 임금들을 어느 정도 통제하는 역할을 했다. 조선시대에 반짝한 잠시의 풍조대로 "임금 위에 하늘이 있소이다"라던 풍조가 바로 이것을 가리키는지 모르겠다. 정치의 세계에서는 이름에 대한 의식과 가문에 대한 자부가 유달리 높았었다. 때로는 그것이 사람을 망치기도 하고 때로는 그것이 적극적인 도움을 주기도 한 것이 사실이다. 한창때(!) 스탈린Joseph Stalin은 무려 25개나 되는 별명을 가졌었다. 이 이름들은 항상―혹은 대부분―은행의 금고 털이 등 정치 사업에 활용되었다.

이것은 조선 양반님네가 자신의 영특함을 과시하고, 가문의 위세를 나타내기 위해 자字가 어떠니 호號가 어떠니 하고 활용했던 별호와는 다른 의미의 이름이다. 물론 유형지나 암흑가에서 자신과 상대를 감춰주기 위해 사용했던 서너 개의 별명과도 다른 이름이다. 그러나 이 암흑가의 별명과 정치적 의미의 별명은 그 경계가 아주 고만고만해서 분류에서 애를 먹는다. 즉 유맹流氓이라고 불리는 이들 제3세계의 지도자가―사실은 쿠데타 보스가―이 계급에서 나오기도 한다. 이들은 그래도 이데올로기의 사면을 제법 받았다. 공산주의와의 투쟁에서 민주주의에 대한 지지의 내용이 어떠하든 일단 그것은 소련에 돌을 던지는 행위였기 때문이다.

환갑을 넘지 못한 트로츠키의 생애에서 레프 브론슈타인Lev Bronstein이라는 이름으로 보낸 1900년대는 그에게 가장 감동적인 시기였다. 결혼과 함께 시베리아로 추방되었으며, 런던으로 탈출해서는 레닌 등 러시아의 일류 혁명가들과 합류하고 투쟁한 시기였기 때문이다. 그런데 여기서 그만 멍청하고 황당한 일이 벌어졌었다. 친구들이 만들어준 가짜 여권으로 막 국경을 넘으려는데 여권 내용이 온통 맹탕 아닌가? 서너 발짝 앞에 간수는 다가오고 여권은 이름조차 없는 가짜이고, 그야말로 진퇴양난에 빠졌다. 그때 번개처럼 그의 머리를 훑고 지나간 이름이 있으니, 그것이 곧 감옥에서 가장 그를 괴롭힌 트로츠키였다. 그래서 여권 성명란에 얼른 트로츠키라는 이름을 써넣었다. 선후 관계는 요상하게 끝이 났지만 여권 하나는—그리고 그 소유자는—무사하게 국경을 통과할 수 있었다.

우리는 『삼국지』가 우리의 문학인지 '남'의 문학인지 분간할 능력이 없다. 그럼에도 『삼국지』를 우리 문학에 넣으려는 것은 어떤 도덕적·윤리적 합의가—『삼국지』 정서가—오랫동안 존재했었기 때문일 것이다. 그중에 특별히 떼어놓고 싶지 않은 대목이 그들이 보여주는 정치의 정직성이다. 그것은 정치인은 '정직해야' 할 뿐만 아니라 '더 정직해야' 한다라는 상식적 주장을 되풀이하려는 것일는지 모른다. 예를 들어 어떤 교육자와 어떤 성직자가 비슷한 내용의 잘못을 범했다고 할 때 그 죄의 실질적 무게는 성직자 편이 훨씬 더 무겁다고 할 수도 있다. 그러나 세상의 대우는 오히려 거꾸로 간다. 바로 이 제도와 관행을 고쳐야 한다.

여기 눈을 감은 채 더 높은 보수를 받고, 여기 눈을 감은 채 더 헐거운 정직성의 기준을 요구하는 데서 나는 286이니 386이니 하는 인위적 패거리가 만들어내는 실패의 교훈을 느낀다. 첨단 과학 발전의 세계화 시대에 정치적 정직성이니 정책의 공평성이니 하는 덕목들이 말짱 힘 빠진 주장임을 잘 안다. 그렇다고 거기 무슨 마땅한 대안이 있는 것도 아니지 않은가? 그럴수록 이 시대에 더욱 절박한 제목이 정치적 정직성이라고 믿는다. 영웅을 본뜬 「영웅본색」 따위로 한순간이나마 위로를 찾는 것이 현대인의 삶이라면, 그것은 너무 삭막하지만 또한 피할 수 없는 대상이기도 하다.

▌2005년 9월 8일

* 편집자 주―저자는 병상에서 부인에게 구술을 하면서 이 칼럼을 완성했다고 한다. 저자는 칼럼이 「중앙일보」에 실린 지 얼마 지나지 않은 9월 24일 세상을 떠났다.

4부

사람 읽기

# 더 좋은 경제학자가 되기 위해

"1936년 이전에 경제학자로 태어난 것은 대단한 은혜이다. 그러나 1936년보다 훨씬 이전에 태어나지 않은 것은 한층 더 대단하다." 폴 새 뮤얼슨Paul Samuelson이 이런 찬사를 발한 1936년은 『일반이론』이 간행 된 해였다. 그 저자 존 메이너드 케인즈는 1883년 6월 5일 영국의 케 임브리지에서 태어났다. 이해 3월 14일 칼 마르크스가 런던에서 사망 했으니, 하나를 데려가고 하나를 돌려준 하늘의 계산은 과연 공평한 것인가? 케임브리지 대학의 교수를 아버지로, 케임브리지의 시장을 어머니로 둔 명문의 자제답게 케인즈는 이튼 칼리지와 케임브리지 대 학을 거치면서 '영국적'이고 '귀족적'인 훈련을 철저히 받았다. "고루 한 자유무역론자가 영국에 진리이고 지혜인 것은 언제 어디서나 진리 이고 지혜라고 믿는 만큼" 그는 영국적이었고, "부르주아 계급에 어떤 결함이 있더라도 그들은 인류 발전의 씨앗을 뿌리는 존재"라고 외칠 정도로 그는 귀족적이었다. 게다가 그는 "정의이며 양식이라고 믿는 대상들이 나를 움직일 수는 있을 것이다. 그러나 일단 계급투쟁이 발생한다면, 나는 물론 교양 있는 부르주아지의 편에 가담할 것이다"라고 내뱉을 만큼 '계급적'이기도 했다.

대학 시절에 케인즈는 독서, 토론, 여행, 운동 등에 아주 적극적이어서, "여섯 명의 경제학자가 모이면 일곱 가지 의견이 나오는데, 그중의 두 개가 케인즈의 의견이라고 해도 전혀 놀랄 필요가 없다"고 한 전기 작가는 당시를 묘사했다. 그러나 수업에는 전혀 열성을 보이지 않아 수학과의 졸업시험을 12등으로 통과했다. 그는 수학적 직관이 문제 접근의 배경으로만 작용할 뿐이라면서 즉시 경제학 공부로 관심을 돌렸다. 뒷날 공무원 채용시험에서 가장 나쁜 점수를 받은 과목이 하필이면 경제학이었는데, 그는 "경제학에 관한 한 시험관보다 내가 더 많이 알고 있었기 때문"이라고 유유하게 둘러댔다.

졸업 후 2년 동안 식민지 문제를 다루는 인도성에 근무하다가 그는 케임브리지 대학의 경제학 교수로 귀향한다. 1911년 왕립경제학회가 발행하는 경제학 최고의 권위지 「이코노믹 저널」의 편집인으로 취임하여, 그의 사망 이태 전까지 무려 33년간 재임하게 된다. 관리 외교관 정치고문 등의 고상한 '외도'말고도 케인즈는 대학 재정을 관리하고, 보험회사와 극장을 운영하며, 증권 투기로 돈을 버는 재능을 발휘했다. 제1차 세계대전 중에는 독일의 대포를 겁낸 프랑스의 미술관들이 소장품 판매에 나서자, 그는 영국 정부를 대신하여 파리의 경매장에서 손수 세잔Paul Cézanne과 들라크루아Eugène Delacroix의 그림을 사들이기도 했다. 그의 선배이며 논적이기도 했던 아서 피구Arthur Cecil Pigou

는 "심지어 케인즈는 한 마리의 수퇘지가 진정으로 행복하기 위해서는 몇 마리의 암퇘지가 필요한지에 대해서까지 관심을 가졌는데, 그는 그것이 14마리라고 친구들에게 열심히 설명하고 다녔다"면서 그의 별난 취미의 한 도막을 소개했다.

케인즈의 생애에서 빼놓을 수 없는 대목이 '블룸스베리'이다. 블룸스베리는 본래 런던 남서부의 한 지명이지만, 실은 빅토리아 시대의 근엄한 위신과 산업사회의 천박한 현실을 다같이 경멸한 일단의 지식인과 예술인―버지니아 울프Virginia Woolf도 그 일원이었다―이 모여 살던 일종의 문화촌이었다. 그들은 인간관계와 심미적 가치의 중요성을 강조한 조지 무어George Edward Moore의 철학에 심취했지만, 작가 데이비드 로렌스David Herbert Lawrence가 '진딧물'이라고 혹평했을 정도로 생활 자체는 향락과 퇴폐에 젖어 있었다. 케인즈 역시 여기서 책과 그림을 수집하며, 연극과 발레를 관람하고, 포커와 룰렛을 즐기며 "뉴턴의 이론과 공산주의에 대한 버나드 쇼George Bernard Show의 견해로부터 대학 부지의 복원 방법이나 조각의 해설에 이르기까지" 고담준론의 여유와 생활의 사치를 만끽했다. 그는 동성연애를 했으며, 42살에 러시아 발레단의 리디아 로포코바Lidia Lopokova와의 결혼으로 화제를 뿌리기도 했다. 어느 연회석상에서 "다만 한 가지 후회스런 일이 있다면 내 일생에 더 많은 샴페인을 마시지 못한 것"이라고 술회했다니, 참으로 부러울 것이 없는 인생이었던 모양이다.

케인즈는 세 차례에 걸쳐 모두 13년 동안 관리 노릇을 했다. 제1차 세계대전 중에는 재무성에서 외환 거래를 담당했으며, 전후에는 재무성의 대표로 파리 평화회의에 참석하여 전승국의 지도자들에게 과도

한 배상이 초래할 위험을 경고했으나 그들을 설득하는 데는 실패했다. 조약이 서명되기 직전 대표직을 사임하고 귀국하여 『평화의 경제적 귀결』이란 책을 저술하는데, 여기서 미국 대통령 윌슨을 하도 심하게 비난하여 뒷날 뉴딜 정책을 추진한 루스벨트Franklin Delano Roosevelt로부터 몹시 냉정한 대접을 받기도 했다. 제2차 세계대전 중에는 전비 조달과 차관 교섭에 몰두했으며, 특히 국제통화기금의 창설을 비롯한 전후 경제질서의 기본 방향을 설계했지만, 영국이 미국에 자본주의 세계의 패권을 양도함에 따라 케인즈의 구상도 미국의 계산에 밀려났다. 예컨대 국제 결제를 위해 '방코르'라는 세계화폐를 만들자는 그의 제의는 달러를 기축통화로 삼으려는 미국의 야심 앞에 무릎을 꿇고 말았다. 전쟁 전에 이미 심장마비 발작으로 일차 경고를 받았던 틸튼 남작 케인즈 경은 1946년 62세를 일기로 그의 부친보다 먼저 세상을 하직했다.

1930년에 두 권으로 간행된 『화폐론』과 1936년의 『일반이론』은 케인즈의 학문적 업적을 대표하는 주저이다. 이론적으로 그는 물가수준이 통화량에 비례한다는 고전학파의 화폐수량설을 거부했고, 정책적으로는 금본위제도로의 복귀에 반대했다. 가령 100원의 화폐로 10원짜리 물건을 10개 만들어내던 사회가 통화량을 180원으로 늘릴 때, 고전파 경제학자는 18원짜리 물건을 10개만 만들어낸다고 해석하나, 케인즈는 예컨대 15원짜리 물건을 12개 만들어낼 수도 있다고 관찰한다. 즉 통화가 증대하면 고전학파의 시각에서는 가격만 오를 뿐인데, 케인즈의 관점으로는 가격이 오르면서 동시에 생산도 늘어나게 된다. 돈이야 종이와 물감만 있으면 찍어내지만, 그 돈이 밥과 구두와 자동차를 만들어낸다는 사실에 주목하라는 것이 케인즈의 가르침이다.

당시로서는 이런 생각이 가히 '혁명적인' 발상이었다. 이 발상이 실현되기 위해서는 유휴설비와 실업이 항구적으로 존재해야 한다. 남아도는 기계와 사람이 없다면, 아무리 돈을 찍어내도 물가만 오를 뿐이기 때문이다. 따라서 그에게 자본주의 경제의 '정상적인' 상태는 과소고용이고, 이 과소고용을 완전고용으로 유도하기 위해서는 외부의 자극이 필요한 것이다. 이런 관찰은 경제의 정상상태는 완전고용이기 때문에 그대로 방임하면 저절로 균형에 이르게 된다는 고전파 경제학의 견해와는 정면으로 배치된다. 이른바 '케인즈 혁명'의 내용이 대강 이런 것이다.

더욱이 케인즈는 경기의 침체와 불황은 물건을 만들어내지 못하는 데에 있지 않고 팔리지 않는 데에 있다고 주장함으로써, 절약의 노력 대신 소비의 미덕을 강조하는 이단을 창도했다. 그의 처방이 빈곤에 허덕이는 후진국 경제에 적용될 수 없는 사정이 여기에 있다. 가계의 소비수요와 기업의 투자수요는 극히 제한적으로 변동하므로, 그는 정부지출에 의한 유효수요의 인위적 창출을 과소고용에서 탈출하는 가장 현실적인 대안으로 제시했다. 이에 대해 루트비히 폰 미제스Ludwig von Mises는 "불환지폐로 사람을 풍요롭게 만든다는…… 궤변의 재판"이며, "정부지출로 부자가 되려는 사람들이 열광적으로 꾸며낸 산타클로스의 얘기"라고 일축한다. 1960년대 이래 스태그플레이션이 본격화하면서 그 불환지폐의 증발이 더 이상 산타클로스의 선물이 아니라는 점이 사실로써 증명되었다.

케인즈에 따르면 보수당원은 자본주의를 수호하려는 『일반이론』의 제안과 볼셰비즘의 차이조차 식별하지 못하는 작자들이고, 자유당은 "노동조합, 계급투쟁, 국가사회주의에 아첨할 필요 없이 자기의 정책을 실천할 수 있기에" 노동당보다 한층 입장이 유리하다. 흔히 그의 이름으로 연상되는 '혼합경제'나 '수정자본주의'는 자유당이 정부 개입을 수락하고 노동당이 국유화를 포기하는 수준의 정책으로서 구호는 거창하나 내용은 매우 싱거운 제안이다. 실제로 그런 구도는 사회주의 체제와는 무관한, 자본주의 체제 내에서의 혼합이고 수정일 뿐이다.

그는 아무 근거 없이 마르크스주의를 얼빠진 학설이라고 혹평한 뒤, 1925년 소련을 방문해서는 "생선보다 진흙을 좋아하는 신조를 어떻게 선택할 수 있느냐"고 야유를 보냈다. 소련 인민이 생선보다 진흙을 좋아하는 사실을 분명히 밝히지 못하는 한, 이런 야유는 케인즈의 극단적 쇼비니즘과 와스프WASP의 속물 근성을 폭로하는 하나의 물증이 될 뿐이다. 그리고 그는 "공산주의는 자본주의와 달리 경제학과 종교를 구별하지 않기 때문에" 그 비능률에도 불구하고 영속할 것이며, "사유재산 제도에는 예정조화가 결여되었기 때문에 자기 파멸을 방지하기 위해 사회적인 통제가 필요하다"고 역설했다. 앞의 예상은 어긋나고, 뒤의 요청도 빗나간 것이 케인즈 경제학의 반세기를 보내는 오늘의 현실이다. "실로 『일반이론』은 우리를 케인즈주의자로 만들지는 않지만, 우리를 더 좋은 경제학자가 되게 한다"는 요셉 슘페터Joseph Schumpeter의 축사로 글을 맺기로 하자.

▌ 1993년 5월 29일

시선─정운영 선집

# 프리드리히 하이에크

프리드리히 하이에크Friedrick Hayek를 소개하는 일이 '시의'에는 적절할지 모르겠으나 내게는 결코 유쾌한 작업이 아니었다. 그의 생애를 더듬는 도중 그가 공부를 했기에 그만하지, 만약 정치를 했더라면 큰일낼(?) 뻔했다는 생각이 가시지 않았다. 1899년 오스트리아의 교육자 가정에서 태어난 그는 제1차 세계대전 중 포병 장교로 복무했다. 1918년 빈 대학 법학부에 등록해서는 당시 한창 위세를 떨치던 막스 베버의 방법론에 관심을 기울였다. 재학 시절 그는 반민족주의와 반사회주의 경향의 민주학생 연합을 조직했으며, 음악학도와 논리실증주의자까지 규합한 '동아리'에서는 프리츠 마할럽Fritz Maehalup을 위시하여 뒷날 오스트리아 경제학파의 제4세대를 형성할 기수들과 함께 활동했다.

1921년 법학박사 학위를 받고 하이에크는 전후의 배상 문제를 다루는 정부기관에서 일을 시작했다. 여기서 그는 스승이며 동료로서 그를 이끌어줄 신오스트리아 경제학파의 창시자 루트비히 폰 미제스를 만난다. 1923년 경제학 논문으로 정치학 박사 학위를 따는데, 이것은 경제학이 독립하지 못하고 법학부에 부속되었던 당시의 제도 때문이었다. 그 뒤 미국을 방문하여 본격적으로 경제학 수업을 쌓으며, 당시 신대륙에서 성행한 경기변동의 실증적 연구에 주목했다. 이 경험을 바탕으로 그는 1927년 미제스가 정부를 설득해서 창설한 경기변동연구소의 초대 소장으로 취임한다. 1929년『화폐이론과 경기변동이론』이라는 저서로 교수자격시험에 통과하고 모교의 강사가 된다.

'저축의 역설'이란 강의 내용을 전해들은 영국의 라이오넬 로빈스 Lionel Robbins가 그를 런던 대학LSE에 초청한 인연이 계기가 되어, 1931년 하이에크는 런던 대학의 교수로 취임한다. 이로부터 케인즈와의 숙명적인 대결이 시작된다. 로빈스가 하이에크를 런던으로 초빙한 데는 케인즈를 견제하려는 의도가 숨어 있었다. 로빈스의 부탁으로 하이에크가 케인즈의 저서『화폐론』에 대한 비판을 「에코노미카」에 발표하자, 케인즈의 지시로 피에로 스라파Piero Sraffa는 하이에크의 저서『가격과 생산』에 대한 서평을 「이코노믹 저널」에 게재했다. 이후 두 당사자는 물론이고 아서 피구를 비롯한 당대의 기라성 같은 경제학자들이 대거 토론에 참여하여 반론과 재반론의 치열한 공방을 전개했다. 존 힉스 John Richard Hicks가 '일대 드라마'라고 표현한 이 화려한 논쟁에서 하이에크는 무려 10편의 논문을 쓰면서 분전했지만, 승리는 '당분간' 케인즈 쪽으로 기우는 듯했다.

하이에크에 따르면 가격 수준에 관한 케인즈의 거시적 분석은 상대가격의 변화가 투자와 생산의 각 분야에 끼치는 미시적 영향을 무시하고 있고, 소비 수요의 증대 역시 케인즈의 관찰과는 달리 투자를 위축시켜 불황을 야기한다. 케인즈의 제자였던 리처드 칸Richard Ferdihand Kahn이 하루는 하이에크에게 "당신의 견해로는 내가 양복을 새로 구입하면 사회의 실업이 증가하는 것입니까" 하고 물었더니, 그는 "그렇다"고 대답하고 나서 그 이유를 설명하기 위해 칠판에 부호와 수식을 잔뜩 늘어놓더라는 것이다. 그러나 케인즈의 승리는 새 양복이 실업을 줄인다는 이론 때문이 아니라 1930년대의 대공황에 직면한 각국 정부가 『일반이론』에 제시된 그의 처방을 하이에크의 '무위도식' 권고보다 한층 더 절실하게 받아들인 현실에 기인한다.

케인즈가 주도한 케임브리지 경제학과 그에 대항하는 런던 경제학의 일대 자존심이 걸린 전투에, 하이에크는 '용병'으로 참전했다가 그만 패배한 꼴이었다. 그러나 그는 자신의 패배를 인정하지 않았다. 한 예로 그는 전력을 쏟아서 케인즈의 『화폐론』에 대한 논평을 끝내고 나니, 케인즈가 그 책에 담은 이왕의 생각을 바꾸었다고 말하는 바람에 완전히 김이 샜다고 털어놓은 적이 있다. 그리고 그의 반론이 나오면 케인즈가 또다시 생각을 바꾸었다고 말할지 몰라서 『일반이론』에 대한 서평은 아예 꿈도 꾸지 않았다는 것이다. 석학들도 이런 소꼽장난을 벌일 때가 있다.

1941년 런던 대학에서 하이에크는 세 번째 학위를 얻는데, 이번에는 정식으로 경제학 박사였다. 그러나 경제학 박사와 함께 그의 관심은 차츰 경제학에서 멀어져 갔다. 그 뒤의 하이에크는 경제학자보다는 오히려 철학자와 사상가의 면모를 드러냈다. 이 변모에는 오스트리아 출신으로 런던에 체류하던 칼 포퍼Karl Raimund Popper의 역사주의 비판이 큰 영향을 주었다. 하이에크 역시 개인의 행위를 역사보다 중시하면서, 흄David Hume의 개인주의는 '우연적'이므로 옳고, 루소Jean Jacques Rousseau의 개인주의는 '계획적'이기에 글렀다고 주장했다.

하이에크 자신이 "정치적 저작"이라고 선언한 1944년의 『노예로의 길』은 자유주의 전도사로서 그의 명성을 세계에 전한 책이다. "모든 당파의 사회주의자"에게 헌정한 이 저서에서 그는 모든 계획은 반드시 전체주의로 통한다는 소신에 입각하여 파시즘과 사회주의를 맹렬하게 규탄한다. 나아가 그는 사회주의를 유대인 다음으로 박해한 나치즘에서 사회주의적 연원을 추적할 만큼 참으로 '정치적 저작다운' 모험을 감행했다. 반공 투사가 아니면 모두 주사파라는 어떤 총장의 편리한 도식처럼, 자유주의자가 아니면 나치당원이거나 사회주의자거나 똑같은 사탄의 무리가 되는 것이다.

매카시의 반공 히스테리가 기승을 부리던 1950년 하이에크는 극우 경제학의 본산인 미국의 시카고 대학으로 자리를 옮긴다. 시기와 장소와 사람이 이처럼 기막히게 맞아떨어지기도 힘들다! 윤리학 교수로 취임한 그는 주로 지성사를 강의했으며, 밀턴 프리드먼은 그의 가장 가까운 동료였다. 미국에서 출간한 최초의 저서는 『존 스튜어트 밀과 해리에트 테일러: 그들의 우정과 결혼』이었는데, 아마도 자신의 이혼과 소꿉친구와의 재혼이 그 집필의 계기가 된 듯하다. 밀John Stuart Mill은 친구의 부인 해리에트Harriet Taylor를 연모하다가 친구가 죽고 나서 20년 만에 그녀와 결합하는 세기의 '불출'을 실연한 장본인이다. 『자유의 헌법』은 이 시기에 나온 가장 중요한 저작 가운데 하나인데, 그는 자유의 근본 원리를 "강제의 부재"로 간단히 규정했다.

12년간의 미국 생활을 마치고 하이에크는 1962년 독일의 프라이부르크 대학으로 돌아온다. 1968년 여기서 은퇴한 뒤 그는 오스트리아의 잘츠부르크 대학에 초빙된다. 경제학의 학위 과정조차 개설되지 않은 이 대학에서 아주 무료하게 세월을 보내다가, 1974년 스웨덴의 군나르 뮈르달Gunar Myrdal과 노벨 경제학상을 공동으로 수상함으로써 다시 한 번 세상의 이목을 끈다. 화폐이론과 경기변동이론에 대한 무려 반세기 전의 기여가 시상 이유였지만, 정작 그의 수상 연설 제목은 「지식의 가면」이었다. 상을 주는 쪽과 받는 사람이 완전히 따로 논 셈이다. 1938년 영국에 귀화했으므로 그의 공헌은 영국 경제학의 업적으로 기록되었다.

　1977년 다시 프라이부르크로 돌아와서『법, 입법, 자유』의 3부작을 완성한다. 그 후 연구와 여행에 몰두했으며, 1978년에는 한국을 방문했다. 1988년에 저술한『치명적 망상: 사회주의의 오류』는 하이에크가 남긴 마지막 반공 메시지이다. 일례로 그는 '사회적'이란 말이 은연 중에 '옳은'이란 냄새를 풍기는 "족제비처럼 교활한 언어"라면서, '사회 정의'조차 흔히 시장 원리를 거스르는 분배 정의를 가리키기 때문에 '반사회적'이라고 단죄한다. 민주주의마저 무사하지 못하니, 그것은 다수의 이름으로 개인의 자유를 위협하기 때문이다. 그는 데모크라시 대신 '인민주권'이란 의미의 데마르키demarchi를 주장하는데, 그 구상이 아주 기발하다. 모든 사람은 55세가 되면 역시 55세가 된 사람 가운데서 임기 15년의 대의원을 선출하며, 해마다 1/15씩 개선되는 이 의원들로 의회를 구성하자고 제안한다. 그러니까 이 제도 아래서는 누구나 일생에 단 한번만 투표하고, 단 한번만 입후보하는 것이다.

　하이에크는 사회주의 체제에 거의 생리적인 거부감을 표시하며, 그 기능을 철저히 부인한다. 사회주의에는 시장과 같은 정보 수집 기제가 없고, 가격과 같은 이해 조정 수단이 없기 때문이라고 그 이유를 설명한다. 그는 목적이 경쟁적이어야 합리적이라고 주장하면서도, 사회주의는 그 '목적의 경쟁'에서 제외한다. 그러나 자본주의 경제의 실패에는 간단히 면죄부를 발행하는데, "사람이 왜 잘못하는지를 설명하기 전에 왜 잘해야 하는지를 먼저 설명하라"는 궤변으로써 시장 실패의 책임을 호도한다. 즉 실업이 발생해도 실업이 생기지 말아야 할 이유가 없고, 공황이 내습해도 공황이 일어나지 말아야 할 이유가 없기에 그냥 시장이 하는 대로 내버려두라는 말씀이다. 그리고 즉시 국가를 도마에 올린다. 그는 인플레이션을 피하기 위해서는 화폐 공급의 국가 독점을 막아야 하며, 그러기 위해서는 다시 '화폐의 탈국유화'가 필요하다고 주장한다. 이렇게 되면 방임이 아니라 방종이다.

하이에크 『전집』은 22권으로 예정되어 있다. 그 방대한 저술과 관련하여 언젠가 그는 "물리학자는 물리학자이기만 하면 일급이 되지만, 경제학자는 경제학자이기만 하면 폐를 끼친다"고 토로했다. 레이건과 대처Margaret Hilda Thatcher의 극우 보수주의가 발호하고 고르바초프Mikhail Gorbachev의 현실 사회주의가 무너지는 가운데, 그는 평생의 지론이 승리하는 현실을 목도하면서 1992년 93세를 일기로 눈을 감았다.

▌1994년 9월 6일

시선—정운영 선집

# 어느 장군의 '산문'을 회상하며

올해를 보내기 전에 그 군인의 얘기를 한번 쓰고 싶었다. 소싯적에는 그래도 나라를 구한 장군들이나 난세를 평정한 영웅들의 전기를 두 손 불끈 쥐고 골똘히 읽었으나, 차츰 그러한 여유가 녹슨 장식처럼 나의 생활에서 떨어져 나가고 있다. 그러다가도 문득 '흘러간 명화' 따위를 내보내는 텔레비전 화면을 통해 그들의 전설을 기억해내고는 과연 무엇이 '사나이의 길'이냐는 상념에 젖기도 한다. 특히 1961년 5월 이후 우리의 현대사를 돌아보면 이 우연한 상념은 매우 육중한 근량으로 압박해온다.

반세기 전의 오늘 1941년 12월 10일은 마침 그 군인, 에르빈 롬멜 Erwin Rommel의 얘기를 꺼내기에 좋은 기회가 된다. 제2차 세계대전은 파시즘의 광기가 대외적으로 폭발한 결과인데, 물론 그는 그 광기의 편에 서 있다. 내가 그의 비극만을 사랑해야 하는 이유가 바로 여기에 있다. 개전 이래 줄곧 수세에 몰리던 연합국은 분연히 몇몇 역전의 계기를 만들어내는데, 무엇보다도 나는 미드웨이 해전, 스탈린그라드 회전 그리고 엘-알라메인 전투를 가장 먼저 꼽는다. 그러면서도 나는 태평양의 산호도와, 볼가 유역의 초토화된 도시와, 아프리카 사막에 뿌려진 낭자한 유혈로써 파시즘이란 문명 세계의 야만을 징벌하도록 섭리한 역사의 '예정'에 대단한 분노를 느낀다.

"롬멜이라는 무명의 장군이 지휘하는 독일 파견군의 한 부대가 북아프리카에 상륙했음"이라는 보고가 영국군 최고사령부의 정보철에 오르는 1941년 3월부터, "롬멜 원수의 전임을 극비로 하라"는 독일군 총사령부의 암호 명령이 떨어진 1943년 3월까지 이 '사막의 여우'가 짓는 일거수일투족은 그대로 전쟁의 희비를 가르고 역사의 영욕을 나누는 상징이 되었다. 당시만 해도 사막에서의 탱크전이란 무척 생소한 전술 개념이었다. 노벨 문학상을 안겨준 회고록 『제2차 세계대전』에서 처칠은 "근대 전투의 설명은 자칫 개념을 잃기 쉽다. …… 여러 방면에서 자유자재로 출몰하는 탱크의 전술은 소금물 대신에 모래 바다에서 벌이는 해전과 흡사하다. …… 탱크전은 기습당하거나 포위될 위험은 적지만, 그 승패가 순간순간의 연료와 탄약 보급에 달려 있기 때문에 이 물자의 해상 보충이 가능한 해전보다 한층 더 어렵다"고 그 고충을 털어놓았다.

따라서 안전한 보급로의 확보는 추축국樞軸國 서부전선의 사활이 걸린 문제였고, 바로 이런 필요에서 이미 영화를 통해 널리 소개된 롬멜의 토브룩 공략이 개시되었다. 목재로 만든 가짜 전차로 적의 공중 정찰을 속이고, 낡은 트럭에 매단 비행기의 프로펠러로 사막의 먼지를 일으켜 적에게 대규모 기갑부대의 이동으로 오인하게 만드는 등 보급의 부족을 감추기 위한 온갖 기지가 동원되었다. 롬멜 사령관 자신이 직접 비행기의 습격을 받고 특공대에게 저격당하며 진두에서 전투를 독려했지만, 50년 전의 오늘 아침 독일군은 33주일 동안이나 포위했던 토브룩에서 물러나고 만다.

첫 공세에서 실패한 롬멜은 적의 탱크를 미리 선정한 지역으로 유인해서 순식간에 격멸하는 '전차집단'의 전술을 개발한다. 집단이란 지금으로 치면 군army에 해당한다. 그러나 문제는 전술이 아니라 물자에 있었다. 어떤 장교가 "연료가 부족합니다"라고 보고하자 "그렇다면 영국에 가서 가져오도록 하라"고 엄명을 내릴 만큼 심각한 결핍과, 병사들이 자동차 라디에이터의 물을 몰래 뽑아 마셔야 할 만큼 절박한 상황에서 이듬해 6월 다시 한 번 밀어붙인 결과 2만 5,000명의 장병을 포로로 잡으며 마침내 롬멜은 토브룩 함락에 성공한다. 그날이 가기 전에 히틀러는 그를 원수로 진급시켰는데, 불과 3년 전 그의 계급은 대령이었다. 식민지 지배에 시달리던 아프리카 주민들은 롬멜을 '해방자'라고 불렀고, 그의 조국에서는 '인민의 원수'로 받들었다. 그래서 영국군의 오킨렉Claude Auchinleck 사령관은 "롬멜은 결코 초인이 아니다. 설사 그가 초인이라 하더라도 우리 병사들이 그렇게 생각하는 것은 절대로 좋은 일이 아니다. 그러므로 장교들은 그가 여느 독일 장성 이상의 어떤 비상한 능력을 지니고 있다는 인상을 극복하도록 노력하기 바란다"는 지시를 내려야 했다.

그 뒤 연합국의 아프리카 전선은 일보 후퇴조차 불가하다는 엄명으로 취임 인사를 대신했다는 고집불통의 숙적 몽고메리Bernard Montgomery

원수에게 인계되었다. 롬멜이 낡은 트럭을 전차로 위장하는 재주를 부리는 반면, 몽고메리는 신형 탱크를 허름한 수송차량으로 변장시키는 기술을 발휘했다. 1942년 10월 몽고메리가 '횃불 작전'으로 알려진 아프리카 전장 최대 규모의 엘-알라메인 전투를 개시했을 때, 롬멜은 마침 빈 근교의 한 병원에서 정양하고 있었다. 몽고메리의 첫 공습을 받고 심장마비로 사망한 슈툼메Georg Stumme 사령관의 뒤를 이어, 롬멜은 그다음 날 즉시 아프리카로 귀환했지만, 엘-알라메인의 전세는 절망적이었다. 멍청하게도 히틀러는 "후퇴는 없다. 승리 아니면 죽음이 있을 뿐. 하일 히틀러"라는 지령을 내려 한 군단장을 사로잡히게 만드는 무리와 억지를 강행했지만, 그에 앞서 독일군은 벌써 퇴각을 시작하고 있었다.

엘-알라메인에서의 패배는 롬멜이 전장에 도착하기 전에 이미 결정되었다. 800대의 탱크로 달려드는 몽고메리에게 롬멜은 겨우 90대의 전차로 맞서야 했기 때문이다. 더구나 패튼George Patton 휘하의 미군 기갑사단까지 가세한 연합국의 총반격을 맞아, 롬멜은 이탈리아로의 일시 철수와 그 뒤의 재기를 구상했지만 그의 요청은 자신의 전임으로 낙착되고 말았다. 『사막에서 롬멜과 함께』라는 전기를 펴낸 그의 부관 하인츠 슈미트Heinz Schmidt는 "롬멜이 초인이라는 주장에 동의하지 않는다. …… 그를 찬양하거나 반대하는 사람들이 그려낸 로맨틱한 색조의 초상보다 그는 훨씬 상상력이 부족하고 완고하다"고 관찰하면서도, 그러나 "엘-알라메인에서 마레스까지 큰 손해 없이 잔존 부대를 후퇴시킨 일은, 지금 비록 정당한 평가를 받지는 못하지만, 의심의 여지 없이 전술가로서 롬멜이 이룬 가장 큰 공적의 하나였다"고 평가했다. 한

마디로 공격의 명수이고 퇴각에서도 명인이었다는 말이다. 그 뒤 연합군의 노르망디 상륙작전에서 아이젠하워Dwight Eisenhower와 맞섰으나, 그것은 이미 이길 수 없는 싸움이었다. 이 마지막 전투에서 입은 부상으로 그는 다시 입원한다. 결코 이기지 못하도록 예정된 전장에 나서야 했던 그 비극 때문에 나는 그 '군인의 길'을 잊지 않는다.

롬멜이 중령으로 나치당 본부에 근무하던 시절 어느 행사에서 6대 이상의 차가 총통의 행차를 뒤따르지 않도록 조처하라는 히틀러의 명령을 받고, 이를 엄격하게 수행한 것이 인연이 되어 그의 막료에 들게 되었다고 한다. 그는 독일의 승리가 불가능하다는 판단 아래 히틀러에게 여러 차례 화의를 진언했지만 결국 묵살당하고 만다. 그래서 그의 동료들이 추진한 총통 '제거' 계획에 동의하게 되는데, 그것이 암살 모의로까지 확대되리라고는 생각하지 못했다. 히틀러 자신이 내린 정적이나 부하의 처형 명령조차 때때로 거부해온 롬멜이 정치적 목적에 의한 살해를 결코 묵과하지 않으리라는 짐작으로 거사의 주동자들이 그 사실을 숨겼기 때문이다. 뒷날 그들의 음모가 탄로나자 히틀러는 '인민의 원수'를 재판정에 세우는 대신 비밀리에 음독을 권유했다. 롬멜은 그 제의를 따랐고, 그래서 생전의 모든 명예를 간직한 채 땅에 묻혔다. 앞서 인용한 슈미트는 "롬멜에게 인생은 담담한 산문이었다"라고 쓰고 있지만, 지난 11월 15일에 맞은 그의 출생 100주년을 기억하면서 나는 이제 그의 '산문'에 존경을 보낸다.

▌ 1991년 12월 10일

# 새벽닭이 우는 뜻은

"선생님의 머리가 희어지셨네요."

"사람의 머리는 늙을수록 희어지고, 혁명은 나이 들수록 붉어지지요."

몽양 여운형이 20년 연상의 중국 혁명가 쑨원孫文과 이런 인사를 나누었단다.

민족, 민주, 민생의 '삼민주의'를 앞세운 쑨원의 독립운동은 공산당과 국민당—좌와 우—의 지지를 함께 받았다. 몽양 역시 민족 해방 → 민주 혁명 → 사회 개혁이란 조국 광복과 건설의 웅지를 펼쳤건만, 한민당은 아예 적으로 대했고 남로당마저 냉랭한 시선을 보냈다. 혁명도 붉은색도 금기인 이 땅에서 "나는 지식 계급에 득죄할지언정 결단코 노농 대중에게 득죄하고 싶지 않다"는 그의 단심이 좌와 우 양쪽에서 배척당한 것이다.

몽양은 상하이 시절 『공산당 선언』을 번역했다. 그러면서도 그는 중국 국민당에-공산당이 아니고-입당했다. 옌안의 조선의용군 사령관 무정武亭은 "선생님이 국내에서 혁명 운동을 하는 데는 회색도 좋고 흑색도 좋습니다"고 했단다. 변절과 기회주의란 시비가 따를 법했으나, 몽양에게는 그것이 '좌우합작' 신념의 표출이었다. 1945년 11월 조선인민당 창당 인사를 통해 이렇게 외친다. "해방된 오늘 지주와 자본가만으로 나라를 세우겠다고 생각하는 사람이 있다면 어디 손을 들어보시오. 지식인, 사무원, 소시민만으로……, 농민, 노동자만으로 나라를 세우겠다고 우기는 사람이 있다면 어디 한번 손을 들어보시오." 정치인의 레토릭을 들은 그대로 믿을 만큼 착하지는 않지만, 왠지 몽양의 이 외침에는 진실이-적어도 진실의 파편이-담겼을 것으로 믿고 싶다. "그렇습니다. 일제 통치 기간 우리 민족에게 씻을 수 없는 반역적 죄악을 저지른 극소수 반동을 제외하고 우리는 다 같이 손을 잡고 건국 사업에 매진해야 합니다."

나는 여기서 역사의 아이러니를 읽는다. 먼저 몽양의 말은 반역적 죄악이 아닌 한 다수를 포용하자는 뜻이겠으나, 해방된 강토가 회갑을 맞도록 그 극소수 반동마저 응징하지 않았다. 다음으로 1947년 7월 백주의 대로에서 울린 세 발의 총성이 몽양을 건국 대업에서 영원히 분리시켰기 때문이다. 당초 19세 룸펜의 '우국' 범행으로 발표되었으나, 27년이 지난 1974년 공범의 자백으로 암살의 추악한 편모가 드러났다. 수도청장 장택상의 손길이 배후에 있었고, 반탁反託 행동대장 김두한이 검사를 협박하여 수사 확대를 막았다는 것이다. 미친 세월이었다.

1919년 도쿄에서 일본 천황과의 담판을 통해 몽양은 독립을 열망하는 식민지 청년의 기개를 유감없이 전달했다. 설득에 지친 천황이 마침내 "여 선생이 조선 사람인 것이 아깝다"고 했고, 몽양은 배석했던 조카에게 "그가 우리를 살려준 것은 자비심이 있어서가 아니라 무서워서 그랬어"라고 말했다(여연구, 『나의 아버지 여운형』, 김영사, 2001). 그리고 제국 호텔에서 토한 사자후獅子吼는 재일 유학생과 지식인의 울화를 풀어준 시대의 신화로 기억된다. "한 집에서 새벽닭이 울 때 이웃집 닭이 우는 것은, 다른 닭이 운다고 따라 우는 것이 아니고 때가 와서 우는 것입니다"(이기형, 『여운형 평전』, 실천문학사, 2004). 1936년 조선중앙일보 사장으로 신문 폐간을 마다 않고 손기정 선수의 사진에서 일장기를 말소한 사건 역시 때를 알리는 새벽닭의 역할이었다.

몽양은 해방 공간에서 세계사적 안목이 가장 넓었던 정치인이다. 모스크바 3상회의 신탁 통치 결정에 대해 "원색적인 감정은 눌러두고 냉철해야지. 임시정부 수립에 천재일우의 좋은 기회야"라고 받아들인다. 파업과 시위에 놀란 하지John Hodge 군정 사령관이 신탁은 '원조와 고문'이란 뜻이고 공산당 또한 '후견과 후원'의 의미라고 해명했으나, 찬탁은 매국이고 반탁은 애국이란 원색적 감정을—국민적 정서를—뒤집지는 못했다. 반탁과 미소공위 결렬을 거치며 그 뒤의 역사는 분단과 동족상잔의 비극으로 흘러갔다. 과거를 청산하려면 반성할 줄도 알아야 한다. 남북의 유족에게 전달은 유보되었지만 이번 삼일절을 기해 정부는 여운형에게 건국훈장 2등급 대통령장을 추서했다. 그것이 과거사 정리의 한 매듭이자 '현대사' 복원의 한 걸음이기를 바라면서, 나는 거기서 새벽닭이 우는 뜻을 찾고 싶다.

▌2005년 3월 2일

시선—정운영 선집

체 1928-67-97

"나는 피델 카스트로를 좌파 부르주아지의 지도자로 생각해왔다." 다른 사람도 아닌 에르네스토 체 게바라의 술회라면, 그 말의 무게가 좌파보다는 부르주아지 쪽으로 쏠리는 것이 사실이다. 돈키호테의 애마 "로시난테의 갈빗대처럼 빼빼 말라가는 자신의 다리를 한탄하며" 줄곧 투쟁의 최전선을 찾던 체는 드디어 1966년 11월 7일 볼리비아 밀림에 혁명 수출의 거점을 구축한다. 쿠바 혁명과 콩고 해방 투쟁의 전우를 주축으로 6개국 53명의 게릴라가―문제의 프랑스 지식인 레지드브레도 그중의 하나이다―오연히 라틴 아메리카 혁명의 불씨를 지폈으나, 체의 『볼리비아 일기』*에 담긴 대로 그들의 간고한 투쟁은 이듬해 10월 8일 참담한 실패로 끝난다.

● 국내에는 2011년 학고재 출판사에서 출간되었다.

체는 헐벗고 굶주린 사람을 위해 총을 들었다. 그리고 무지와 나태, 부패와 관료주의의 굴레를 벗어난 '새로운 인간' 창조를 혁명의 대의로 내세웠다. 그러나 헐벗고 굶주린 사람이 모두 그의 편은 아니었으며, 인간 개조도 그의 열정만큼 쉬운 과제가 아니었다. 현지 주민은 체의 게릴라 투쟁에 냉담했고, 볼리비아 공산당 또한 협력을 거부했다. 일찍 체포된 드브레마저 정보 제공의 대가로 목숨을 부지했다는—본인은 극구 부인하는—증언이 뒷날 공개되었는데, 체는 이 '변절'을 모른 채 끝까지 그의 용기를 칭찬했다. 대열을 이탈한 부하의 배신으로 은거지가 알려지고, 이윽고 한 농부의 밀고로 그는 사선死線으로 몰린다. 그 최후의 결전에서 17명의 게릴라가 327명의 레인저 부대와 헬리콥터를 상대로 치열한 전투를 벌였으나, 운명은 그의 편이 아니었다. 총알이 떨어지고 적의 총알이 장딴지를 꿰뚫는 처절한 교전 끝에 체는 사로잡히고, 오직 4명의 동료만이 탈출에 성공한다.

이튿날 체를 마지막으로 심문했던 미국 중앙정보국의 펠릭스 로드리게스Félix Ismael Rodriguez는 "여지껏 죽음 앞에서 그렇게 용기 있고 위엄 있는 사람을 본 적이 없다"고 그의 의연한 최후를 상세히 소개했다. 제비뽑기로 체 사살의 '악역'을 맡은 뒤 위스키로 기분을 돌린 한 병사의 카빈총 탄환이 마침내 이 불굴의—아마도 불후의—게릴라 전사를 지상에서 앗아갔다. 아내 재혼과 자녀 교육의 당부에 곁들여 체는 "피델에게 전해주시오. 이 실패가 혁명의 종말이 아니라고" 하는 유언을 남긴다. 1928년 아르헨티나에서 태어난 게바라는 1967년 10월 9일 볼리비아 밀림에서 이렇게 죽었다. 그러니까 모레로 그의 사망 30주기를 맞는다. 처형을 주관한 젠테노Zenteno Anaya 대령은 뒷날 파리 대사로 재직하다가 의문의 총격으로 사망한다.

체의 유해는 그의 죽음을 의심할 사람들한테 보여주기 위한 증거로 두 손이 잘린 채 부근 풀숲에 버려진다. 지난 6월 여전히 손목이 없고, 푸른 올리브 색의 군복 조각에 덮인 그의 시신이 다른 여섯 구의 유해와 함께 발굴되었다. 이어 체 열풍이 몰아쳤다. 헬싱키의 레닌 상점에서 팔리는 체 커피부터 "꿇고 사느니 서서 죽겠다"는 글귀의 체 셔츠까지 그의 이름과 얼굴이 온통 세계를 누볐다. 오오, 게바라 나이트클럽 Chez Guevara이라니! 생전에 그를 밀고했던 바예그란데 주민은 일약 관광지로 변한 그 역사의 현장에 떨어질 수입을 계산했음인지 마을의 수호 성인으로 '성 에르네스토'를 모시는 판이다. 동독의 국가안전부Stasi에 포섭되어 체를 감시하며 사랑했던 타니아Tania의 스토리가 미국 워너브러더스에 의해 영화로 제작 중이다. 개울에서 발견된 그녀의 시신은 체의 씨로 보이는 생명을 잉태하고 있었다.

혁명조차 상품으로 팔아먹는 영악한 포스트모던 세태를 새삼 나무란들 무엇하랴. 그러나 이기와 물질에 찌든 현대인에게 그런 '변덕'조차 고마운 것일지 모른다. 혁명은 더 이상 시대의 유행이 아니겠으나, 그 혁명이 해결하려던 숙제는 여전히 남아 있다. 수탈과 압제와 제국주의 등 인간의 자유와 정의를 억압하는 모든 현실이 그 숙제일 터이다. 체는 쿠바 미사일 위기 이후 미국과 밀월을 즐기려는 소련을 멀리했고, 그 소련과 가까워지려는 카스트로조차 비위에 맞지 않았다. 한번은 소련의 고관을 만나는 자리에서 그는 자신의 '등록 상표' 여송연을 줄곧 물고 있었다. 누군가가 무례를 탓하자, 체는 "녀석들이 볼에 입맞추는 것이 싫어서"라고 둘러댔다. 소련 역시 그를 "성가신 친구"

로 대했고, 그런 '혼선'이 체의 죽음과 무관하지 않으리라는 것이 오늘의 통설이다.

체를 두고 언젠가 카스트로는 "게릴라로서 그는 아킬레스건을 가졌어. 위험에 대한 절대적인 경멸이 그것이야"라고 경고했다. 투표 대신 정글을 택한 그의 행동에는 분명 동료들조차 꺼리는 모험주의의 체취가 풍긴다. 그러나 "나는 내각을 이끌려고 태어나지도 않았고, 늙어서 할아버지로 죽으려고 태어난 것도 아니"라는 단호한 결단과 헌신적 투쟁이 없었던들, 오늘 그의 전설은 부활하지 못했을 것이다. 어느 전기 작가의 관찰대로 "체의 죽음은 그의 삶에 의미를 던지고, 체의 삶은 그의 신화에 의미를 입혔다"는 평가는 실로 정당하다. 혹시 낭만성과 비극성이 영웅의 필요조건이라면, 체의 생애에는 확실히 그런 색조가 스며 있다. 비극이 낭만을 앞선 점은 못내 아쉽지만 "혁명가는 결코 사퇴하지 않는다"는 자신의 신조대로 영원히 그는 세인의 가슴에서 사퇴하지 않을는지 모른다.

▌ 1997년 10월 7일

**후기**

불어의 셰 게바라Chez Guevara는 '게바라네 집' 정도의 뜻인데, 어느 나이트클럽이 이런 이름을 달았단다. 파리의 명물에 부자들이 가는 셰 폴Chez Paul이라는 고급 카바레가 있다. 아무튼 체 게바라Che Guevara의 이름까지 돈벌이에 이용되는 세상이다.

　　　　　　　　　　　　　　　　시선─정운영 선집

# 천안문 1976 그리고 1989

1976년 1월 8일 중국의 저우언라이周恩來 총리가 죽었다. 당시 그의 현대화 노선을 적극 추진하던 덩샤오핑鄧小平은 마오쩌둥毛澤東한테서 문화대혁명의 유산을 위협하는 수정주의자로 의심받고 근신 중이었다. 류샤오치劉少奇 노선으로 몰려 부총리 직에서 쫓겨난 뒤, 덩은 장작을 패고 트랙터 수리 공장 노동자로 목숨을 부지하는 등 기구한 세월을 보냈었다. 그러다가 린뱌오林彪의 모반을 계기로 귀양에서 풀린 지 불과 3년 만에 다시 맞은 위기였다. 덩을 눈엣가시로 여겨 재기의 싹을 자르려던 '4인방' 역시 마오로부터 분파주의 책동의 비난을 받고 다소 기세가 꺾인 상태였다. 그래서 저우의 총리 자리를 덩이 잇는 것은 막았지만, 생판 '촌뜨기' 화궈펑華國鋒이 차지하는 것까지 막지는 못했다. 그러나 마오의 앞날이 길지 않고, 화가 당내 기반이 없는 허수아비라는 사정을 익히 아는 두 파는 그야말로 건곤일척의 싸움을 벌였다.

1921년 파리 유학 시절 저우를 처음 만난 이래 덩은 "그는 나에게 형과 같은 존재였다"라고 고백할 만큼 관계가 자별했다. 시신을 화장한 뒤 재를 조국의 산하에 뿌려달라는 저우의 유언을 받들면서, 덩은 유해 한 줌을 숨겼다. 4인방이 이를 추궁하자 덩은 "대만을 해방한 뒤 거기 뿌리려는 것"이라고 응수했다는데, 혁명 유공자 묘지 바바오산八寶山에 남은 저우의 유골이 바로 이것이라고 한다. 이런저런 연고로 4인방은 산 덩을 공격하기 위해 죽은 저우를 이용했다.

저우 사후 석 달이 지나는 4월 4일 우리의 한식에 해당하는 청명절을 맞아 중국 인민들은 천안문 광장에 꽃다발과 현수막을 내걸고 그의 업적을 기렸다. 그러나 이튿날 새벽 4인방의 지시로 그 꽃다발과 현수막이 몽땅 치워졌다. 분노가 폭발한 인민들은 공안 당국과 맞서 격렬한 시위를 벌였으나, 맨주먹으로 총을 이길 수는 없는 노릇이어서 엄청난 희생자를 냈다. 중국 '홍십자사'는 당일 현장에서만도 2,600명이 사살되었다고 발표했다. 파키스탄의 알리 부토 수상이 이 참사에 위로의 말을 전하자, 마오는 시위 도중 8명이 죽었다고 대답했다니 진상은 주석에게도 가려졌던 셈이다.

문혁 전후 주자파走資派로 비판받을 때만 해도 덩의 문제는 해소가 가능한 '인민 내부의 모순'으로 간주되었다. 그러나 천안문 사건 이후 '적대적 모순'으로 규정되면서 구제가 불가능해졌다. 소요의 주범으로 모든 공직에서 해임된 덩은 생명의 위협마저 느끼면서 베이징을 탈출했다. 그러나 이해 9월 9일 마오의 죽음을 고비로 그는 4인방을 징치하고 무대 전면으로 복귀한다. 그리고 '4개 현대화' 노선을 앞세워 마오의 홍紅을 자신의 전專으로 바꾸었다. 그러면서도 이탈리아의 맹렬

시선—정운영 선집

여기자 오리아나 팔라치Oriana Fallaci가 천안문의 마오 초상을 어떻게 하려느냐고 묻자, 덩은 "영원히 보존해야지요. …… 주석의 과오는 공적에 비해 부수적인 것이요"라고 대답했다. 일찍이 "오줌도 안 나오는데 늙은이 혼자 변소를 차지해서 될 말인가"라며 마오를 빈정댔던 그가 이렇게 변호하는 데는 마오의 추락이 곧 중국 공산당의 추락이란 계산과 경계가 깔렸을 터이다.

마르크스는 헤겔Georg Wilhelm Friedrich Hegel을 인용하여 세계사의 중요한 인물과 사건은 반복해서 현실 무대에 등장하는데, 한 번은 희극적으로 또 한 번은 비극적으로 출현한다고 했다. 1989년 4월 15일 후야오방胡耀邦이 죽었다. 덩이 추진해온 '개혁·개방'의 부작용으로 정치 부패와 사회 혼란이 극에 달하자, 이에 염증을 내던 사람들은 민주화 노력 끝에 총서기를 사퇴한 후에게 상당한 호감을 표했다. 그의 추도식에 헌화한 뒤 학생들은 후 신원, 부패 추방, 관료주의 척결 등을 내걸며 궐기에 나섰다. 1976년 대자보로 가득한 천안문 광장에 대고 "민주 벽은 좋은 것이다. 인민이 자유로워야 하니까"라고 칭찬했던 덩이 1989년 천안문 시위대를 향해서는 "적에게 일말의 동정도, 먼지만큼의 관용도 보여서는 안 된다"고 외치면서 "피를 흘리고라도" 사태를 진압하라고 정치국에 독촉했다.

"인민의 군대가 인민에게 총부리를 들이대서는 안 된다"는 군 원로들의 만류를 뿌리치고 반격에 나선 덩 일파는 마침내 6월 4일 '피의 일요일' 최소한 3,700명을 학살하면서 사태를 수습했다. 며칠 뒤 중국 정부는 시위 도중 폭도 300명이 죽었다고 발표했다. 찰리 호어Charlie Hoare는 "서방 언론과 정치인들에 의해 교묘하게 조작된 자유화 선구자로서의 덩샤오핑 신화는 1989년 천안문 광장의 유혈로 파탄을 맞았다"고 신랄하게 비난했다. 1976년 마오가 덩에게 그랬던 대로, 1989년 덩도 모든 과오를 자오쯔양趙紫陽 총서기에게 뒤집어씌웠다. 그리고 마오가 화에게 그랬던 것처럼, 덩도 시세의 '바람개비' 장쩌민江澤民을 내세웠다. 어느 쪽이든 하나가 비극이라면, 다른 하나는 희극임이 분명하다.

지난달 19일 덩이 죽었다. 생전에 '작은 거인'으로 불리던 그는 자신의 시신은 해부용으로 쓰고, 뼛가루는 바다에 뿌리라는 유언을 남겼다. 앞서 소개한 팔라치와의 회견에서 "당신은 자본주의가 나쁘지 않다고 생각하느냐"는 질문을 받고, 덩은 "우리는 선진 기술, 선진 과학, 선진 관리 방법을 배워서 우리 사회주의에 이용하려고 합니다. 그것들은 계급적 성격이 없지요"라고 대답했다. 마오는 자본주의에서 '주의'를 보았으나, 덩은 거기서 '자본'을 보았다. 1992년 남부지방을 순회하며 행한 남순강화南巡講話를 통해 그는 자본과 함께 자본주의도 다시 보기 시작했다. 물론 마오와는 다른 관점에서, 그리고 다른 관심에서…….

▍1997년 3월 4일

**후기**

이 글이 나간 날 일본 「교도통신」이 중국 소식통을 인용해 보도한 바에 따르면, 덩은 유언을 통해 "내 생애에 가장 유감스런 사건은 천안문 사태로서 당시에는 적극적으로 대응할 수밖에 없었다"고 후회의 심정을 토로했다고 한다. 중국 공산당은 1989년의 천안문 사건을 여전히 '반혁명 무장 반란'으로 규정하고 있지만, 장쩌민 국가 주석은 덩의 장례식 조사를 통해 이를 "1980년대 말 1990년대 초 내외에서 발생한 정치적 풍파"라는 말로 덩의 유언을 간접적으로 받들었다.

시선—정운영 선집

# 알튀세르를 위한 추도사 서문

그를 찾아온 한 신문기자에게 이 불운한 프랑스 최고의 지성은 자신의 처지를 이렇게 토로했다: "엥겔스는 언제인가 자기는 차라리 악명 때문에 유명해졌다고 술회한 적이 있는데, 나야말로 그런 사람입니다. 마치 깡패가 되어가는 듯한 기분이 듭니다." 글쎄 나는 어디서 엥겔스가 악명을 높였는지는 전혀 알지 못하나, 적어도 그가 상당히 악명 높은 인물이라는 사실에 대해서는 다소 알고 있다. 그는 교조주의자라는 비판을 받을 만큼 엄격한 마르크스주의 이론가였으며, 그 뒤 자기 비판을 통해 그 '교조적 이단'을 오히려 한층 더 강화했고, 프랑스 공산당 내에서는 줄곧 반골 노릇을 자임해왔으며, 그리고 또 자신의 아내를 살해하는 비극을 초래했다는 점만으로도 그 '악명'의 단면들을 대강 짐작할 만하다.

바로 그 루이 알튀세르Louis Althusser가 지난 10월 22일 줄곧 치료를 받아오던 파리 근교의 한 노인병원에서 심장쇠약으로 별세했다. 그는 1918년 알제리에서 태어나 파리의 명문 에콜 노르말을 거친 다음, 5년 간의 포로생활과 10년간의 정양 시기를 제외하고는 생애의 대부분을 이 대학의 교수로 보냈다. 우선 손에 잡히는 대로만 소개하자면 「르몽 드」는 '파산한 스승', '마르크스와 스피노자Baruch de Spinoza의 혈통 속 에서', '프랑스 공산당의 사감', '마지막 마르크스주의자' 등 밉살맞을 만큼 깔끔한 제목으로 그의 추모 특집을 꾸몄고, 「르 누벨 옵세르바 퇴르」 또한 '역사의 낙인'이란 기사를 통해 "그의 업적도 마르크스주 의의 붕괴를 견디어내지 못했다"면서 깊은 애도의 뜻을 표했다. 앞으 로 전 세계의 진보적 사회과학계가, 비록 그에게 비판적 입장을 취해 온 이론적 분파들조차도 그의 사망을 계기로 '알튀세르주의'라고까지 불리는 그의 학문적 성과를 재평가하는 작업을 서두를 것이 분명하다. 국내에서는 어느 대학신문이 그의 생애와 사상을 조명하는 글을 게재 했을 뿐 아직은 유령의 늪처럼 잠잠하다.

솔직히 고백하건대 나는 알튀세르의 이론과 실천을 정리해내는 일 에 결코 적임자가 아니지만, 단지 그 악명의 단면들을 우리 주변에 좀 더 선전할 가치가 있다는 어떤 성급한 강박관념 때문에 이와 같은 무 리를 강행하기로 작정했다. 알튀세르는 먼저 지식도 다른 모든 상품과 꼭같이 일정한 생산과정을 통해 획득된다고 생각한다. 예컨대 두부는 콩으로 만들듯이 지식은 이데올로기라는 원료로 만들어낸다. 그런데 콩이 두부로 변화되기 위해서는 일정한 화학반응을 거쳐야 하는 것처 럼 이데올로기가 지식으로 변화하는 데도 '인식론적인 단절'이란 작용 을 필요로 한다. 이 용어 자체는 물론 그의 은사 가스통 바슐라르Gaston

시선—정운영 선집

Bachelard에게 빌려왔지만, 그 단절의 계기가 선험적 판단보다는 오히려 정치적 결단에 유래한다는 점에서 양자의 개념은 현격한 차이를 보인다.

알튀세르가 상정하는 이데올로기 또한 단순한 허위의식이나 정치적 상징과는 거리가 멀다. 안경알을 갈면서 일생을 마친 견고한 고독의 철학자 스피노자는 오류의 원천으로서 '표상'과 진리의 원천으로서 '이성'이란 기준을 채택하여 인식의 등급을 나누고 있는데, 대체로 이 구분이 알튀세르에게서는 이데올로기와 과학으로 나타나는 셈이다. 그러나 이데올로기는 우리의 경험과 판단에 깊숙이 침투하여 그 오류의 정체를 쉽게 폭로하지 않으므로 그는 오히려 "세계에 대한 이데올로기적 개념만이 이데올로기 없는 사회를 상정하도록 만든다"라고까지 선언한다. 지식 역시 일상적으로는 이데올로기의 형태를 취할 뿐이며, 그 가장 구체적인 증거가 바로 '이데올로기적 국가기구'의 존재이다. 따라서 인간의 의식과 행위를 지배계급의 이해에 맞추어 교묘하게 통제하는 이 이데올로기적 국가기구의 간섭을—구사대에서 국민윤리 교육까지(!)—봉쇄하지 않는 한, 과학적 지식을 생산하는 '이론적 실천'은 불가능하게 되고 만다. 이 맥락에서 그는 '정치적 실천'의 중요성을 강조하는데, 이 실천의 완성 혹은 관철을 위한 투쟁이 곧 역사적 유물론의 과제로 제시된다. 이론의 과학인 '알튀세르의' 변증법적 유물론이 역사의 과학인 역사적 유물론에 우위를 양보하는 전기가 바로 여기서 형성된다. 『자아비판의 요소』라는 1974년의 저서를 통해 전개된 이 이론 우위에서 정치 우위로의 변신을 그의 연구자들은 초기 알튀세르와 후기 알튀세르를 가르는 분기점으로 삼는다.

알튀세르는 사회를 하부구조와 상부구조로 분류하고 이데올로기를 상부구조에 귀속시키는 마르크스주의의 고전적인 설명 대신에 사회를 오히려 경제구조, 정치구조, 이데올로기구조로 구분한 다음 그 물질적 토대(경제구조)에 적극적으로 개입하는 이데올로기의 기능에 각별히 주목한다. 이데올로기의 소속 부대가 전통적인 상부구조임을 부인하지는 않으나 그의 빈번한 '탈영'을 결코 군법 위반으로 간주하지는 않겠다는 뜻이다. 여기서 우리는 경제구조가 사회 변동의 '최종심급에서만' 예의 그 '결정적인'determinant 역할을 수행하고, 일반심급에서는 정치구조나 이데올로기구조가 오히려 '지배적인'dominant 영향력을 행사할 수 있다는 다소 새로운 해석을 목도하게 된다. 그에 따르면 "적대계급 간의 투쟁에 내재된 생산력과 생산관계 사이의 기본 모순은 본래 혁명을 야기하기에 충분하지 않으며", 그리고 바로 이런 사정을 정확하게 파악하여 혁명을 성공으로 이끈 데에 레닌의 탁월한 통찰력이 발견된다는 것이다. 모순은 사회 형성social formation의 다양한 수준과 계기에 의해 "서로 결정되고 또 결정하기" 때문에—말하자면 하나가 다른 하나를 일방적으로 결정하지 않기 때문에—항시 '과잉결정'되며, 더구나 이 점이 사실상 헤겔의 변증법과 마르크스의 변증법을 구별하는 핵심적 요인이라는 그의 주장은 상당히 용감하지만, 반면에 그것이 흔히 생산력이 생산관계를 결정하고 또한 하부구조가 상부구조를 결정한다는 교과서적인 도식을 암송해온 사람들에게 몹시 거북하게 느껴졌으리라는 사정은 그 화려한 논쟁에 가담하지 않은 우리로서도 충분히 유추할 수 있는 일이다.

알튀세르의 인식론적 단절은 이른바 '청년 마르크스'의 해석에 대한 그의 완강한 거부에서 더욱더 뚜렷하게 표출된다. 1844년에 집필된 마르크스의 『경제학-철학 원고』이전의 저작에서 발견되는 소위 '인간적 마르크스'에 대한 강조는 다분히 과학을 이데올로기로 전락시킬 위험을 수반하기 때문에, 그와 같은 설익은 주장에 그는 강력하게 반발하고 나선다. 그것은 물론 마르크스의 사상에서 무엇보다도 포이에르바하Ludwig Feuerbach가 집착한 신비주의적 독소를 씻어내고 헤겔이 전제한 정신적 요소의 잔재를 청소한 다음 '과학적 마르크스'를 복원시키려는 그의 간절한 노력과 투쟁의 일환이다. 에티엔 발리바르Etienne Balibar를 비롯한 그의 문하생들과 공동으로 저술한 『'자본' 독해』는 대강 이런 배경과 집념 아래서 태어났다. 그래서 나는 "(알튀세르에게서) 이런 단절 '이전의' 마르크스는 마르크스주의자가 아니다"라는 한 신문의 당돌한 평가를 과잉 보도 내지는 허위사실 유포로 고발할 생각이 별로 없다.

실제로 알튀세르가 역사를 생산력의 발전에 따른 선형적 과정으로 이해하려는 경제주의를 매도하고 그 역사의 진행에 미리 예정된 어떤 노정을 설계하려는 목적론적 시도에 반대하고 있다는 사실은 그의 과잉결정 이론에 비추어볼 때 충분히 예상할 수 있는 일이다. 이 '역사주의'에 대한 비판은 그가 구조주의자로 낙인 찍히는 원인의 하나가 되지만, 비록 이러한 지적의 정당성을 부분적으로 수용할지라도 그의 구조는 생산양식의 이행과 같은 사회관계의 과정적인 특성이나 그 통시적인diachronique 관련을 무시하지 않는다는 점에서 역사적인 요소를 포함하는 셈이다. 그의 지론에 따르자면 혁명이란 곧 지배 이데올로기에 반기를 든 대항 이데올로기의 승리이며, 이 대항 이데올로기가 사회주의 사회에서는 과학으로 정착하게 된다. 따라서 과학은 항시 혁명적이어야 하며 이론에서의 계급투쟁은 필수적인 과제로 등장한다. 바로 이러한 사연이 *그*가 구조주의의 진영에 온전히 가담할 수 없는 이유가 되며, 동시에 그의 작업에 부당하게 붙여놓은 '구조주의적 마르크스주의'라는 상표를 스스로 반납하도록 만드는 계기로 작용한다. 자꾸 캐낼수록 점점 더 어려워지는 그의 학문 얘기는 이제 그만하자.

1980년 11월 16일 "내 아내가 죽었다"고 외치며 에콜 노르말의 교정을 뛰어다니던 알튀세르는 이윽고 대학 의사를 찾아가서 "내가 아내를 죽였다"고 고백했다. 처음에는 아무도 그의 말을 믿지 않았지만, 검시 결과 교살임이 밝혀졌다. 10년이나 연상인 그의 아내 엘렌Hélène Rytman은 알베르 카뮈Albert Camus가 주도하던 항독 레지스탕스에 가담했었으며, 그 뒤에도 줄곧 노동운동과 제3세계의 지원 활동에 적극적으로 참여한 역시 열렬한 공산주의의 투사였다. 일설에 따르면 한때 가톨릭 신앙을 가졌던 알튀세르를 공산주의자로 '전향'시킨 데도 이 내조의 힘이 결정적으로 작용했다고 한다.

독일에 포로로 억류되었을 때 발병한 알튀세르의 간헐적인 조울증세는 그 뒤 20여 차례의 입원 치료에도 불구하고 별로 차도를 보이지 않다가 마침내 이런 비극을 부르고 만 것이다. 예심 판사는 정신착란을 이유로 공소 기각 결정을 내렸지만 공산당원, 대학교수, 아내 살해, 공소 포기 등등 온갖 선정적 요소들을 고루 갖춘 이 사건이 당시의 신문과 잡지를 얼마나 부산하게 만들었을지는 직접 보지 않고도 너끈히 짐작할 만한 일이다. 공산당원은 아내까지 죽이느냐는 야유에서부터 아내를 죽여도 대학교수면 무사하냐는 비난에 이르기까지 그야말로

'여론'이 무성했지만, 정신이상의 상태에서 범한 행위는 범죄를 구성하지 않는다는 프랑스 형법 64조가 사건을 종결했다. 남의 불운을 꼬치꼬치 들추는 것도 예의가 아니니, 그만 그의 영면을 빌도록 하자. 그가 떠나면서 남긴 숙제는 이제 우리 모두의 몫이니, 산 자여 따르라!

알튀세르는 1948년 프랑스 공산당에 입당한 이래 당의 지도노선 정립에 상당한 정도로 발언권을 행사했다. 우선 흐루시초프의 스탈린 비판을 두고 당시 강경 노선을 추종해온 모리스 토레즈Maurice Thorez 휘하의 프랑스 공산당이 노출했던 온갖 동요와 당황에 대해, 그는 스탈린주의의 전제를 과감하게 고발하면서도 동시에 그것을 빙자하거나 혹은 거기에 편승하여 무성하게 속출했던 '수정주의' 노선을 엄격하게 경계하는 태도를 취했다. 요컨대 사회주의를 물적 토대의 강화로 환원한 스탈린의 경제주의적 편향도 결코 용서할 수 없는 것이었지만, 그에 대한 반동으로 사회주의를 서구의 시민사회가 과시해온 민주주의적 가치의 수호로 해체한 안토니오 그람시Antonio Gramsci류의 문화주의적 취미도 도저히 용납할 수 없는 것이었다. 이와 같은 혼돈을 제거하는 일이 그의 필생의 과업이었던 셈이지만, 그러나 그가 쳐든 반항의 깃발은 당분간 외롭게 펄럭이는 수밖에 없었다. 알튀세르의 사상 연보에서 보자면 비교적 초기 저작에 속하는 『마르크스를 위하여』를 통해 그가 제기한 과학적 마르크스주의는 당내 논쟁에서 로제 가로디Roger Garaudy와 루이 아라공Louis Aragon이 주장했던 인간적 마르크스주의에 패배하고 만다. 물론 '좌파연합' 전략의 붕괴로 그의 정치적 전망이 한결 정확했음을 입증했지만, 당내 기류를 바꾸는 데는 아직 역부족이라는 현실을 자인하지 않을 수 없었다. 아무튼 알튀세르는 끝까지 무사했으나(?), 당내에서 그와 '이복형제'라고 불리던 가로디는 나중에 제명당하는 비운을 겪는다. 세상만사 새옹지마라!

1968년 파리의 '5월혁명'은 알튀세르의 이론이 정치 정세에서 가장 위력을 발휘했던 순간으로 기록된다. 레몽 아롱$^{Raymond Aron}$까지도 배반자로 규정하여 단죄의 법정에 세우는 판국에 그에게는 면죄부를 발행했기 때문이다. 그의 반수정주의적 저항이 역시 반소비에트 노선을 견지하던 중국 공산당의 입장과 일치하여 본의는 아니나마 그는 잠시 마오주의자의 호적에 올랐으며, 실제로 그의 제자들의 주동으로 결성된 마오주의 경향의 학생 단체가 70년대 초엽까지 프랑스의 급진 운동에 막강한 영향력을 행사하기도 했다. 그러나 미구에 폴 보카라$^{Paul}$ $_{Boccara}$의 주도 아래 프랑스 공산당이 '국가독점자본주의' 이론을 강령으로 채택하게 되자, 그는 그 내용이 주로 경제적 요인의 분석에 치중되어 있고 더구나 '반독점동맹' 등의 대응 전략이 사실상 위기의 세계화 현상을 경시한 채 오직 국민국가적 토대 위에서 수립되었다는 이유로 이 노선에 크게 애착을 보이지 않는다.

알튀세르의 정치적 실천은 1976년부터 프랑스 공산당에 보낸 두 차례의 '혹독한' 비판을 끝으로 막을 내린다. 제22차 당대회가 '유로코뮤니즘'으로의 선회를 촉구하면서 황급히 '프롤레타리아 독재'의 폐기를 선언하자, 그는 "갈릴레오$^{Galileo Galilei}$ 이래 모든 유물론자는…… 현실 문제의 객관적 반영인 과학적 개념의 운명이 정치적 결정의 대상이 될 수 없다는 사실을 잘 알고 있다"면서 맹렬한 비판의 포문을 열었다. 사회주의로의 평화적 이행의 길이 열려 있고 계급 동맹에 의한 대중 노선의 추구가 더 효과적인 시점에서, 구태여 프롤레타리아 독재라는 그

으스스한 명제를 고수할 이유가 없지 않느냐는 당의 변명은 그의 견해에 따르면 문제제기 자체가 잘못된 데서 나온 것이다.

우선 알튀세르는 사회주의가 독자적 생산양식이 아닌 그 고유의 모순을 보유한 과도기의 체제이므로, 이런 모순의 극복은 일반 민주주의의 확립이나 물질적 욕구의 충족으로는 완성될 수 없고, 오직 새로운 형태의 계급 지배에 의해서만 실현될 수 있다고 주장한다. 요컨대 사회주의는 프롤레타리아 독재 위에서만 가능하다는 말이다. 이어서 그는 자본주의 국가의 '파괴'와 사회주의 국가의 '소멸'을 다같이 확실하게 전제하지 않는 한, "우리는 국가의 강화를 통해 국가의 소멸에 도달했다"는 소련의 실패를 되풀이할 뿐이라고 경고한다. 따라서 아무리 민주적이고 아무리 혁명적이란 수식어를 동원해도 이 국가기구의 분쇄가 없이는 어떤 진정한 혁명도 불가능하기 때문에, 비록 사회주의 체제를 실현한 경우에라도 프롤레타리아 독재에 의한 이 과업의 완성은 여전히 필요하다는 것이다. 이렇게 사회주의의 역사적 위상과 국가의 본질이란 두 요소를 평화적 이행과 대중노선의 대립항으로 설정할 때, 프롤레타리아 독재는 결코 폐기될 수 있는 명제가 아니라는 것이 알튀세르의 소신이며, 바로 이 소신에 그의 고집과 과학이 도사리고 있는 셈이다. 실상 이 문제는 시장의 도입과 함께 '현실 사회주의'가 당면한 가장 심각한 쟁점의 하나가 되는데, 이런 항의야말로 여전히 시들지 않는 그의 이론이 뿌리는 신비한 마력이 되고 있다. 자꾸 파고 들수록 더욱더 까다로워지는 그의 정치 얘기도 이제 그만 끝내자.

10여 년 전에 벌써 서구에서의 '마르크스주의의 위기'를 분명하게 선언했던 알튀세르의 예지가 지금 벌어지고 있는 동구 마르크스주의의 위기에 과연 어떤 진단을 내릴 터인가? 이제는 알튀세르에게도 동유럽에도 모두 부질없게 되어버린 이런 의문이 그에 대한 상념으로 몹시 어지러운 나의 뇌리를 얼핏 스치고 지나간다. 혹시 우리가 "그는 역사를 믿었지만 역사는 그를 버렸다"는 한 잡지의 심판에 동의하면서 문득 사회주의 사회의 와해에도 불구하고 마르크스주의는 여전히 필요한 과제인가라는 질문을 던진다면, 아마도 그는 "물론이지. 사회주의의 붕괴에도 '불구하고'가 아닌 오히려 그 붕괴 '때문에' 마르크스의 메시지는 더욱더 소중한 것이오"라는 대답을 준비해놓고 우리의 곁을 떠났으리란 다소 투박한 확신의 피력으로 한 경제평론가가 그에게 보내는 추도사를 대신한다. 이 초라한 '서문'에 다소 관심을 기울여준 독자들을 위해 서슴잖고 나는 국내에서 알튀세르 연구에 거의 독보적인 지위를 차지하고 있는 윤소영 교수의 화려한—그러나 어지간히 엄격하고 난해한—논문 「알튀세르를 어떻게 읽을 것인가」(「문학과사회」, 1988년 여름호)를 '본문'으로 추천한다.

▌1990년 12월

# 사제와 농부

11월은 그 절기만큼이나 스산하다. 문학 속의 11월은 한결 더 쓸쓸한 느낌이어서, 황금색 가을을 노래한 헤세Hermann Hesse 역시 퇴색과 이별로 그의 「11월」을 떠나보냈다.

이제 만물이 뒤덮여 퇴색하려 합니다
안개 낀 나날이 불안과 근심을 깨웁니다
폭풍의 밤이 지나면 아침에는 얼음 소리가 납니다
이별이 울고 세상은 죽음으로 가득합니다

한 해가 한 달 남는다는 초조감으로 11월은 허전하게 보내기 십상이다. 날로 심해지는 정치판의 치매 증세나, 겨울의 한기를 가늠해줄 경제 지표도 오늘은 그만 잊기로 하자. 뭐 좀 넉넉한 얘기를 하고 싶다.

올해도 예외가 아니었다. "김장했어? 배추 뽑아 가." 그 초단축 대사의
전화를 받고 지난 주말 서울 근교의 배추밭에 모인 일행이 50여 명이
었다. 열 포기면 된다고 사전 신고를 했지만, 내 몫으로 배추 열다섯
포기와 그만큼의 무가 기다리고 있었다. 필요에 따른 무상 분배였다!
배추 값이 뭐 값이 되어 기름 값도 안 나올 텐데 하며 도리어 당신이
민망한 표정이었다. 말씀이야 그렇더라도 여든의 노구로 여름내 지은
농사를 그냥 가져오는 것도 도리가 아니어서, 즉석에서 모은 성의 표
시 헌금을 학비 마련이 어렵다는 한 학생에게 보내기로 했다. 노<sup>老</sup>사
제의 한 해 노고가 한 젊은이의 장래를 돕는 작은 거름으로 뿌려지게 되
었다.

1960년대는 가난한 시대였다. 어느 시인의 말처럼 가난은 그저 남
루한 것일 뿐 비굴할 이유가 없었다. 경제 발전을 내세운 군사 정권의
개발 독재가 시작되면서 먼저 대학에 저항의 물결이 일렁였다. 캠퍼
스 밖의 보호막은 종교였다. 하느님과 부처님이란 막강한 '빽'이 있어
공안 당국의 음험한 '색깔' 올가미를 막아주었기 때문이다. 그때 우리
는 명동성당에서 한 사제를 만났다. "그리스도의 가르침은 교회에 모
여서 기도하는 것이 아닙니다. 밖으로 나가서 불의와 싸우는 사회 참
여에 있습니다." 그의 강론은 항상 그런 식이었다. 제 발로 찾아온 학
생들을 교회 안에 붙잡아놓는 대신 사회로 내쫓는(?) 그의 '첨단 신학'
에 우리는 꽤나 반했었다. 앙가주망<sup>engagement</sup> 문학 얘기는 여기저기서
주워들었지만, 해방신학은 그 이름조차 수입되기 전이었다. 그는 당시
서울대학 맞은편 명륜동에 가톨릭 학생회관을 지어 '아지트'를 옮기고
는 그 물목에서 마구 그물질을 했다.

시선—정운영 선집

김수환 추기경과 고등학교 동기인 그는 경성제대 법문학부에 입학해서 서울대 법과대학을 졸업했다. 해방 공간의 소용돌이에 하느님이냐 이데올로기냐의 치열한 갈등을 겪은 뒤, 프랑스 유학 중에 사제 서품을 받았다. 그가 하느님의 그물에 걸린 것은 하늘의 섭리겠지만, 우리가 그의 그물에 걸린 것은 무슨 소이였을까? 은퇴한 사제로서 그는 이제 그물 대신 삽과 호미를 들었다. 늙으면 쉽게 서러워지는 법이라는데, 그 고독을 노동과 추수로 이겨내는 것이다. 당신의 수고로 기른 무와 배추를 나눠주면서 내심 "너희에게 짐이 될 생각은 조금도 없어. 내게는 아직도 할 일이 많아" 하고 다짐하는 듯했다. 은퇴한 사제에서 현역 농부로! 그는 멋지게 늙는 법을 가르치고 계셨다.

밭머리 식당에서 드린 미사에서 그는 농부의 깨달음을 이렇게 전했다: "예전에는 '생각하므로 존재한다'cogito ergo sum는 말이 아주 근사하게 들렸으나, 내 손으로 농사를 짓다 보니 '자연이 존재하므로 나도 존재한다'는 느낌이 듭니다." 중세 같으면 단연 종교재판 감인데, 땅과 땀의 변증법을 통해 자연과 사유가 하나가 된 것일까? 앙상한 나무에 매달린 마지막 잎새 몇 개를 기어코 장대로 떨어내리려는 아파트 경비원에게 그렇게까지 할 것이 무엇이냐고 내쏜 적이 있다. 요즘 낙엽은 잘 썩지 않기 때문에 한데 그러모아서 태우려고 그런다는 대답이 돌아왔다. 산성비가 낙엽을 썩이는 미생물을 죽여버려서 낙엽이 거름이 되는 자연의 질서가 망가진다는 기사를 어디서 읽었다. 낙엽조차 썩지 못하고 화장 당하는 억지 시대이기에 노사제가 실천하는 흙과의 화해와 교섭이 더할 나위 없이 고귀하게 다가온다.

"신부님, 배추 값 걱정은 그만하시고 영혼 구할 걱정이나 하십시오."

"이런, 너희가 잘살아야 내 낚시질이 쉬울 것 아니야."

배추밭에서 낚시질을 생각하는 그 나상조 신부님은 벌써 내년의 추수를 계획하고 계셨다. 11월의 퇴색과 이별이 그토록 황량하지 않은 것은 새봄의 채색과 재회에 대한 이런 기약 때문이리라.

▌2001년 11월 30일

# 봄의 비밀, 봄의 소리

봄은 염치없는 계절이다. 혹독한 추위 속에 씨앗과 뿌리를 건사해온 겨울의 기나긴 산고를 잊고 새로 돋는 움과 싹의 축하를 가로채기 때문이다. 그래서 우리는 엘리엇Thomas Stearns Eliot을 찾게 된다.

4월은 가장 잔인한 달

죽은 땅에서도 라일락이 자라고

추억과 정염이 뒤섞여 잠든 뿌리가 봄비로 깨어난다.

겨울이 차라리 따스했거니

대지를 망각의 눈으로 덮고

메마른 뿌리로 작은 목숨을 이어줬으니.

1960년대를 학창에서 보낸 우리 세대 대부분은 이 잔인한 4월의 변증법을 무던히도 좋아했었다. 우리의 봄은 4월이었고, 그해 4월은 그대로 혁명이었다. 이듬해 5월 군홧발의 무참한 반동으로 혁명이 스러지면서 마침내 우리는 겨울이 차라리 따스하다는 의미를 깨닫고, 너나없이 메마른 뿌리로 목숨을 이어가고 또 이어주는 잔인한 지혜를 배우기 시작했다. 그리고 또 40년을 보내면서 잠든 뿌리가 봄비로 깨어나기를 기다린 것이다.

2000년대 최초의 봄을 맞이하는 내 심정은 어쩐지 편치 못하다. 아니 허탈하다고 해야 정직할 것 같다. 분명 내 회상의 정원에 라일락은 다시 피겠지만, 지금 그 꽃과 향기를 완상할 정열도 없고 여유도 없다. 그것은 욕심만큼 경제가 성장하지 않고, 정치가 개혁되지 않은 현실에 대한 불만 때문만은 아니다. 국제통화기금 탁치의 수모가 가시지 않고, 무참한 반동의 주역과 그 추종자들이 여전히 무대에 남아 있는 것은 사실이지만 그것이 전부는 아니다. 그런 일이야 한미한 일개 서생이 감당할 짐이 애초에 아니지 않은가? 차라리 봄과 라일락 얘기를 함께 나누고 싶은 젊은 세대한테 나름대로 느끼는 '엉뚱한' 좌절감이 그 진짜 이유일 것이다.

그래 당신들. 토익 공부와 컴퓨터 게임에 밤을 지새우고 증권 투자와 국가 고시에 목을 매는 젊은 당신들한테 한마디 하겠다. 토익과 인터넷이 오늘을 살아가는 중요한 무기라는 사실을 누가 모르겠는가? 그러나 임마누엘 칸트Immauel Kant 옹의 엄한 논법을 빌리면 무기는 수단이지 목적이 아니다. 목적이 수단을 통제하지 못할 때 횡행하는 혼란은 세계화 탈선에서 유전 공학의 섬뜩한 미래까지 실로 허다하다. 증권 투자와 국가 고시의 필요를 난들 우습게 여기지 않는다. 그러나 그것이 돈과 권력으로 치닫는 불길이 되고, 그래서 거기 불나방처럼 대드는 실수만은 어떻게든 피하라고 인생의 봄을 누리는 젊은 벗들한테 간곡히 전하고 싶다.

물론 당신들의 항변을 충분히 예상한다. 사람을 토익 점수로 계산하는 시대를 누가 만들고, 책과 숲의 산책 대신 사이버 월드에 골몰하지 않으면 대열에서 낙오하는 세태를 누가 만들었으며, 증권 투기로 떼돈을 벌지 못하면 불출이 되는 세상을 누가 만들고, 뻑적지근한 권력으로 무장해야만 등신 취급당하지 않는 사회를 도대체 누가 만들었느냐는 그 절절한 항변을! 그래 옳다. 구구절절 옳은 말이다. 그러나 역사는 그런 '원죄'에 대한 시비 판정을 기다릴 만큼 한가하지 않다. 어떤 의미로 역사가 그런 영구 미제 현실의 연속이라면, 젊은 여러분의 과제는 자명하다. 그처럼 막가는 역사에 항거할 권리를 회수하고, 그 권리를 행사하는 것이다. 젊음의 특권이란 이름으로 여러분의 저돌이 용납되는 것은 바로 그런 기대 때문이다.

저항은 봄의 화제로 온당하지 않다. 그러나 봄의 몰염치를 탓하면서도 봄을 계절의 여왕으로 섬기는 까닭은 생명을 잉태하는 잔인함 때문일지 모른다. 시험 전날 밤새워 읽은 『데미안』의 한 구절처럼 알이 생명으로 깨는 데는 껍질이 깨지는 고통이 앞서야 한다. 달리 보자면 그것은 껍질을 깨뜨리고 나오려는 알의 모진 투쟁이기도 하다. 그런 점에서 모든 잉태는 필경 살모殺母의 잔인한 파괴를 수반한다. 어허, 생의 도약élan vital을 노래할 이 찬란한 봄의 축전에 이처럼 어처구니없는 배은을 들추는 나도 참 한심한 녀석이다.

자연의 이런 이치는 우리 경험에서도 낯설지 않다. 생명의 질서 못지 않은 사회의 구박으로 이제 '퇴출' 위기에 몰렸지만 왕년의 우리 세대는 독일 탄광에서, 베트남 정글에서, 중동 사막에서 목숨을 걸고 달러를 벌어들였었다. 유례없는 장시간 노동과 극도로 열악한 근로 조건 아래 위암 사망률 세계 1위, 폐암 사망률 세계 2위, 40대 사망률 세계 1위, 산재 사망률 세계 3위의 처절한 기록을 세우며 100달러 소득을 30년 만에 1만 달러로 끌어올렸다. 이제 망각의 눈에 덮여버렸지만 바로 그 살신의 과실을 따는 당신들이 인터넷을 모른다고, 영어 회화가 서투르다고, 그리고 또 '늙은 피'라고 우리를 비웃으면 안 된다. 작은 목숨을 이어준 메마른 뿌리의 고투를 쉽게 잊겠다면, 당신들이 가꿀 목숨들과 그 뿌리의 정성도 뒷날 쉽게 잊힐 수 있기 때문이다.

역사가 할퀸 사람의 잔인한 운명은 1,200년 전 두보杜甫가 읊은 봄의 소회 「춘망」春望이 빼어난 절구로 화답한다. 나라가 어지러우니 봄의 전령 꽃과 새소리마저 괴롭다는 탄식이다.

나라는 망했으나 산하는 여전하고
도성에 봄이 오니 초목이 우거졌네.
세월을 슬퍼하여 꽃에 눈물 뿌리고
이별이 한스러워 새소리에 놀란다.
國破山河在
城春草木深
感時花濺淚
恨別鳥驚心

이런 우수의 색조는 "오랑캐 땅에는 꽃도 없으니 봄이 와도 봄이 아니라"<sup>胡地無花 春來不似春</sup>는 전한前漢 시대 비련의 여인 왕소군의 한탄이 훨씬 앞선다. 나라가 망했든 나라를 떠났든 봉건 왕조 시인의 이런 우국 설교가 인터넷 시대의 젊은 당신에게 필시 흘러간 유행가 가사쯤으로 들리리라. 그럼에도 젊은 한때 그 숱한 소주병을 비우며 그 숱한 밤을 불면으로 지새운 우리는 오늘 민족이니 국가니 하는 치열한 화두들을 말짱 귀신 씨나락 까먹는 소리로 바꿔버린 세계화의 중독을 진정 걱정하지 않을 수가 없다. 우리 사회에 가장 먼저 수입할(!) 것이 '운동권'이라는 캠퍼스 일각의 자조가 내게만 시대의 비수로 꽂히는 것일까? 가벼운 것이 장땡인 포스트모던 유행 앞에 이 따위 철지난 담론들은 기껏해야 삼겹살 안주감이겠지만 그래도 나는 김수영이 남긴 자유와 고독의 절규를 읊조릴 테다. 어차피 이 넋두리는 시대를 착각한 한 경제학도의 공염불일 것이므로……

> 푸른 하늘을 制壓하는
>
> 노고지리가 自由로웠다고
>
> 부러워하던
>
> 어느 詩人의 말은 修正되어야 한다
>
> 자유를 위해서
>
> 飛翔하여 본 일이 있는
>
> 사람이면 알지
>
> 노고지리가
>
> 무엇을 보고

노래하는가를

어째서 自由에는

피의 냄새가 섞여 있는가를

革命은

왜 고독한 것인가를

革命은

왜 고독해야 하는 것인가를


자유를 위한 비상과 혁명의 고독을 차마 시인의 노래로만 끝낼 것
인가? 화려한 축제에 가린 잔인한 잉태의 역설, 그것이야말로 봄이 간
직한 비밀이다. 우리 거기서 봄의 소리 듣자. 잠든 뿌리가 봄비로 깨어
나는 소리를.


❚ 2000년 3월

시선—정운영 선집

# J에게

힐스 여사의 발굽이 총독의 마차처럼 오연하고
왜인 에사카 상의 방한 일백회 기념 행사가 성대하던 날
왕조의 숨결을 철책으로 차단한 거리에서
나는 그만 "알레 멘셴 베르덴 브뤼더"를 노래부르는 실수를 범했다.

카사블랑카 술잔에서 지중해의 태양빛을 처음 확인하기까지의 순수
한 무지와
새벽 두 시의 선정릉에서 늑대의 출몰을 목격한 황홀한 떨림 앞에
풀잎 가슴 사위는 조선의 여인이여
바삐 치마를 여며라.

광주에서 비롯된 너의 멀미는

홍련암에 드린 수척한 기도로 이제 끝을 맺자.

독한 소주 기운이 아니고는

역사를 읽지 못한다는 시대의 참회를 어찌 혼자 감당하려느냐

실존이 굳이 연기緣起가 아니라는 중생의 항변쯤 동해의 관음은 이미 알고 계실터이다.


사랑한다는 관계의 미망을 세월에 실어보내고

그 황폐한 자취를 변증법의 투명한 사유로 채워도 여전히 번뇌는 남는 법.

인연이 재가 되고 재 속에서 다시 생명이 태어난다는

불꽃의 윤회를 기다리기엔 우리가 아직도 젊다.


삶은 매번 도약이기에

목로주점 담벼락 위의 달력을 찢으며 후반기 시무식을 올렸던 60년대의 어느 불우한 시인을 위로하며

뜨건 생명으로 오늘은

80년대 마지막의 남루한 캘린더를 넘기고 싶구나.

혁명과 배반의 미진한 언어들은

하얀 눈발 아래 선홍색 객혈 같은 영웅의 슬픈 구도로 선연하게 남으리니.


숱하게 뜨고 지는 수치의 일월 속에

내 비록 빙하기의 토청색 화석처럼 묻힐지라도

어서 너는

90년대의 장엄한 의식을 위하여

레테의 강물로 목마름을 달래라.

기사년 섣달 그믐날

불면의 밤을 밝히며

---

**후기**

여기 "모든 사람은 형제가 되고"Alle Menschen werden Brüder로 이어지는 실러Friedrich Schiller의 시는 베토벤Ludwig van Beethoven의 아홉 번째 교향곡의 제4악장 「합창」의 대사를 이룬다. 낙산의 홍련암은 강화의 보문사와 남해의 보리암과 더불어 관음보살의 현신이 전해질 만큼 영험한 기도 도량으로 알려져 있다. 「조선의 창호지」에 눈물을 그리기를 소망했던 불우한 시인 박봉우는 끝내 '하늘만큼한 사연'을 다 못 그린 채 1990년 3월 56세를 일기로 타계했다. 그리스 신화에서는 사람들이 레테 Lethe 강물을 마시면 모든 과거를 깨끗이 잊게 된다고 한다.

　지난 가을 낙엽 덮인 선정릉 옆을 지나가다가 문득 내게 엄습해온 어느 맹인 가수의 뜨거운 절규 "내 가슴에서 사슬을 걷어내고 나를 자유롭게 해주오"Take this chain from my heart and set me free로 인해 크게 당황한 적이 있었다. 당시의 나는 완전히 「미드나이트」의 게리 쿠퍼Gary Cooper였다. 그 사슬을 그대로 지니고 90년대를 맞는다. "역사는 아무리 더러운 역사라도 좋다"는 어느 시인의 말은 수정되어야 한다.

5부 | 크리티크

# 메이데이의 핏빛 역사

고대인들은 5월 첫날 플로랄리아Floralia 축제를 열었다. 봄과 꽃의 여신 플로라를 기리는 이 축전은 단연 장미와 장밋빛 잔치였으리라. 기원전 253년 로마에서 비롯된 이 축제일에 즈음해서 현대인은 메이데이May Day 행사를 치른다. 그러나 5월의 잔치답지 않게 메이데이에는 피와 핏빛 얼룩이 가득하다. 역사학연구소가 집필한 『메이데이 100년의 역사』(서해문집, 2004)는 이런 얘기로 시작된다.

한쪽에는 100달러짜리 지폐로 담배 말아 피우는 사람이 있고, 다른 한쪽에는 7~8달러의 주급으로 목숨을 부지하는 사람들이 있었다. 개판이라고 말하고 싶겠지만 개들의 세계는 절대로 그렇지 않으렷다. 이런 세상은 바뀌어야 하기에 미국노동총연맹AFL은 하루 8시간 노동을 내걸고 1886년 5월 1일 총파업을 단행했다. 시카고 시위에서는 3일 파업자에 대한 경찰 발포로 4명이 죽었다. 4일 헤이마켓 광장에서 열린

항의 집회에 폭탄이 터져 경관 7명이 숨지고, 대응 사격으로 200여 명의 사상자가 났다. 노조 지도자 8명을 범인으로 기소한 당국은 이듬해 처형 4명, 종신형 2명, 옥중 자살 1명으로 사건을 종결했다.

그러나 그것은 재판이 아니라 재판을 빌린 살인이었다. 피고인들의 성향이 무정부주의자라는 것뿐 어떤 유죄 증거도 밝히지 못했기 때문이다. 최후 진술에서 그들 중의 하나는 "만약 그대가 우리를 처형함으로써 노동운동을 쓸어 없앨 수 있다고 생각하면, 그렇다면 우리의 목을 가져가라"(27쪽)고 외쳤다. 그는 또 "언젠가 우리의 침묵이 오늘 우리의 목을 매다는 당신들의 사형 명령보다 훨씬 강력해지는 날이 오고야 말 것이다"(28쪽)라는 말을 남기고 교수대에 올랐다. 오죽했으면 런던에서 버나드 쇼가 "세상이 8명의 인민을 잃느니 일리노이 주 대법원의 법관 8명을 잃는 편이 낫다"고 직격탄을 날렸을까. 뒷날 재조사로 주지사는 그들의 혐의를 벗겨주었으나 6년 전에 가져간 목을 돌려줄 수는 없었다. 제2인터내셔널은 1890년 5월 1일을 기해 '만국 노동자의 시위'를 선언했다. 메이데이의 효시였다. 정작 유혈로 메이데이를 연출한 미국은 9월 첫 월요일을 '노동의 날'로 정해 딴판을 벌이고 있다.

메이데이는 박래품<sup>船來品</sup>이지만 반갑게도 이 책은 '메이데이의 한국사'를 들려준다. 식민지 조선 노동자의 메이데이 행사는 민족 해방을 위한 투쟁의 장이었다. 일제는 메이데이 탄압에 혈안이 되었으며, 1924년 5월 2일 「조선일보」는 "시가에는 기마 순사의 말 자취 소리가 요란하고 사상 단체의 사무소 앞에는 사복 형사가 지켜 서서 무엇인지 기다리고 있는 것을 보면, 무산자는 소리 없이 압박에 묻혀 있고 그 대신에 경관대가 메이데이를 축하하는 듯하더라"(57쪽)라고 썼다. 일제가 전쟁 준비에 광분하던 1938년 메이데이도 '근로일'로 창씨개명을 한다.

해방 공간에서 노동운동을 주도한 것은 좌익계 전평全評이었다. 군정은 진보적 민주주의 정부 수립을 요구하는 등 '정치 운동'을 한다는 이유로 1947년 전평을 불법화했다. 대한노총이 이승만 정권의 충복이 되었는데, 일례로 1956년 메이데이 개회식에서 "이번 선거에서는 노동자의 은인인 이승만 박사를 절대 지지하자"(123쪽)고 용비어천가를 읊조릴 정도였다. 메이데이는 공산 괴뢰 도당의 선전 도구라는 이승만의 훈시에 따라 1957년 대한노총은 3월 10일을 '노동절'로 정하고 정부의 승인을 받았다. 생일을 바꾼 것이다.

1963년 박정희 정권은 노동절을 '근로자의 날'로 개칭했다. 역사적으로 근로자란 지칭에는 천황과 국가를 위해 열심히 일한다는 일제의 통치 음모가 배었다고 한다. 군사 정권의 시녀를 자임한 한국노총은 박정희의 유신 정변이 "구국 통일을 위한 영단"이고, 전두환의 독재 연장 기도마저 위기 해소를 위한 결단이라고 칭송했다. 비뚤어진 역사를 바로잡는 데는 전태일의 분신과 김경숙의 죽음에서 6월 대항쟁까지 엄청난 투쟁과 희생이 따랐다. 드디어 1989년 재야의 민주 노동 세력은 "민주적인 노동조합 운동에 대한 탄압의 상징인 '근로자의 날'을 '노동자 불명예의 날'로 규정함과 아울러 메이데이를 우리의 진정한 노동절로 엄숙히 선포한다"(208쪽). 그리고 1990년 메이데이 기념 100년 만에 민주노총의 누룩 전노협이 결성된다.

이 책은 치열한 시대에 대한 치열한 보고서이다. 그래서 오늘의 눈으로 읽자면 다소 튀는 부분도 없지 않다. 1904년 4월 레닌은 "낡은 러

시아는 죽어가고 있다. 자유로운 러시아가…… 다가오고 있다"(178쪽)
고 치열한 레토릭의 메이데이 기념사를 썼다. 2004년 4월 그 자유로운
러시아는 어디 있는가? 그것도 역사의 간지奸智라면 해방 공간에서의
함성대로 '노동자 환희의 날 메-데-'가 자본가의 대액일大厄日일 필요
는 없으리라. 장미는 핏빛도 아름다우니!

▌2004년 5월 1일

시선―정운영 선집

# 그가 남긴 칼과 사랑

나는 김남주 시인을 만난 적이 없다. 그럼에도 그에게 빚이 있다. 사연인즉 이러하다. 역사적 사회주의의 실패로 사회 분위기가 어수선할 때 우리는 「이론」이란 잡지를 만들었다. 그 연재물의 하나로 시대를 증언할 인물을 골라 생각 불문, 색깔 불문(?), 분량 불문의 인터뷰를 기획했다. 첫 회에 신영복 교수를 내보냈다. 다음으로 김남주를 염두에 두었는데 그만 시인의 타계 소식이 들렸다. 숙제를 저승으로 미루는 수밖에.

서점 판매대 위의 『김남주 평전』(한얼미디어, 2004)에 덥석 손이 갔다. 빚진 죄인 의식의 발로였을까. 김남주를 시인으로만—시로만—대하는 것은 본인은 물론 그를 기억하는 사람들에게 적이 불만스러울지 모르겠다. 게다가 10여 권으로 나뉜 전작 470여 편을 다 찾아 읽기도 쉬운 일이 아니다. 김남주 시선집 『꽃 속에 피가 흐른다』(창비, 2004)는 이런 고민의 해결사로 다가왔다. 시에 문외한 경지인 나로서는 여간 고맙지 않다.

시인의 아버지는 머슴 출신이었다. 주인집 딸을 얻어 소농으로 독립할 만큼 세상을 보고 살아가는 지혜가 단연 발군이었다. 어머니 추억은 인종과 용서였다. "니 나왔은께 인자 나는 눈감고 저승 가겄어야 / 니 새끼가 너 같은 놈 나오면 그때는 / 니 예편네가 이 고개를 넘을 것이로구만 / 풍진 세상에 남정네가 드나들 곳은 까막소고 / 아낙네는 정갈하게 몸 씻고 절을 찾아나서는 것이여"(선집, 297쪽). 이 모진 운명은 "니 새끼"까지 갈 것도 없이 바로 "니 예편네"로 물려진다.

김남주는 전남대 재학 중에 유신 반대 투쟁을 주도하다 국가보안법 위반 혐의로 구속된다. 1974년 처음으로 시를 발표했으니 올해가 등단 30주년이다. "그대는 아는가 / 육신이 어떻게 피를 흘리고 / 영혼이 어떻게 꽃을 키우고 / 육신과 영혼이 어떻게 만나 / 꽃과 함께 피와 함께 합창하는가를"(선집, 17쪽). 꽃과 피의 합창! 그러나 "시인은 억압과 착취가 있는 곳에 있어야 한다"면서 시 대신 무기를 잡는다.

그가 찾은 무기는 조직 활동이었다. 남민전에 가입하고, 그 전위대로서 재벌 회장 집을 털려다가 수위의 대항으로(!) 실패하는 '해프닝'을 연출하기도 한다. 당시의 심정을 "이름도 없이 죽어가야 한다고 생각했어요. …… 싸움이 서툴렀다고 부끄러워하지도 않습니다. …… 희생은 어차피 따르기 마련인 거예요"(평전, 88~89쪽)라고 술회했다. 김남주한테 15년 징역이 선고된다. 투쟁은 실패했지만 옥바라지를 자청한 동지이면서, 인종 못지않게 저항을 체득한 생의 반려 박광숙을 만난다. "잘 있게 친구 / 그대 손에 그대 가슴에 / 나의 칼 나의 피를 남겨

두고 가네"(선집, 154쪽). 그 마지막 인사를 남기고 감옥으로 향한 것이 1979년이었다.

옥중에서 무기는 다시 시로 바뀐다. "노동에서 멀어질수록 인간은 동물에 가까워진다"며 그는 노동을 통한 민중과의 연대를 강조했다. 좌파 내지 리얼리즘 계열의 작가들을 섭렵하면서 계급 의식을 학습하고 수련한다. "내 시 세계의 특징이라면 사회적 현실과 인간 관계를 유물론적이고 계급적인 관점에서 보는 데 있을 것이다"(평전, 207쪽). 그에게 계급 해방의 종착역은 민족 해방이다. "우리가 지켜야 할 땅이 / 남의 나라 군대의 발 아래 있다면 / 어머니 차라리 나는 그 아래 깔려 / 밟힐수록 팔팔하게 일어나는 보리밭이고 싶어요"(선집, 202쪽). 나의 칼, 나의 피는 이렇게 민중의 칼, 민족의 피와 합류한다.

징역 덕에 김남주는 광주학살 만행에서 무사할 수 있었으리라. 1988년 형집행정지로 출감하고, 이듬해 결혼한다. 그러나 결코 광주에서 자유로울 수 없었으니, 1994년 췌장암으로 불꽃 같은 생애 48년을 마감하고 망월동 5월 묘역에 묻히기 때문이다. 자유와 민주가 '범람하는' 이 시대의 눈으로 보자면 김남주의 시는 불온하고 과격하다. 문민 → 국민 → 참여로 간판을 바꾸면서 권력은 줄곧 '투쟁의 예의'를 설교하고 있다. 그 예의를 거절하는 시는 용도를 폐기해야 하는가? 아니다. 결코 아니다! 선집 편자의 소망처럼 그의 삶과 시를 통해 "김남주가 살아보지 못한 21세기의 타락을 뒤엎는 예술적 항체가 형성될 수 있다면"(선집, 336쪽) 그가 남긴 칼과 피의 사랑은 우리 곁에 여전할 것이다.

편자의 토로는 계속된다. "문단 데뷔 30년, 작고 10년의 그의 시는 세월을 뛰어넘어 나의 굳어진 감성과 메마른 육신을 쑤시고 들끓게

한다. 내가 느낀 통증과 격정을 동시대의 독자들로 하여금 공유하게 만
드는 것이 이 선집을 만드는 동안 내가 줄곧 간직한 욕심이었다"(선집,
336쪽). 그 욕심의 한 줌을 독자들에게 전하려는 것이 이 글의 욕심이
다. 사족으로 자의식 과잉은 평전 작가들이 극히 경계할 사항의 하나
이다. 일례로 김남주의 종교관을 살핀다면서 20쪽 가운데 13쪽을 주제
와 헛도는 종교론 사설로 때우는 것은 아무리 봐줘도 심하다.

▌2004년 7월 10일

시선―정운영 선집

# 10월의 크리스마스

서대문 학교의 야간 강의를 위해 지하철을 탔는데 시간이 20분 정도 남았다. 광화문에서 내려 쏜살같이 교보문고로 달렸다. 매장 안내자에게 '그 책'을 물으니 즉시 한 권을 찾아다 준다. 그날 나는 교보에서 최단기 방문, 최소량 구매라는 두 개의 기록을 세웠다. 책에 찍힌 판매소인이 2002년 11월 22일이었다. 흔들리는 곳에서는 책을 읽지 않는 평소의 신조를 깨고, 강의 뒤 자정 가까운 지하철에서 책을 펴들었다. 얼마나 지났을까 눈시울이 화끈하더니 책 위로 무엇이 후드득 쏟아지는 게 아닌가. "내 이 아줌씨, 이럴 줄 알았다니까."

그러니까 이런 얘기들이다. 암 말기 환자인 젊은 엄마가 임종을 앞두고 아홉 살과 일곱 살짜리 아들에게 유언을 남긴다. "언제나 씩씩하고, 아빠가 새엄마를 모시고 오면 잘해드리라"고. 엄마를 묻고 온 날 형제는 아빠에게 "우리 항상 씩씩할게요. 그러니까 제발 새엄마를 데리고 오지 마세요"라고 편지를 쓴다. 오늘 그 대목을 다시 들추니 눈이 부예지더니 컴퓨터 자판의 글씨가 둘로 보인다. 여기서 저자는 "진정 남을 위해 흘리는 이들의 눈물이 자갈밭 같이 메마른 내 가슴을 촉촉이 적셨다"(27쪽)고 썼다.

장영희 서강대 교수의 『내 생애 단 한번』(샘터, 2002)이 바로 그 책이다. 「조선일보」 독서 칼럼에서 그분의 글을 일종의 '직업의식'으로 읽었으나 점점 빠져들어 이제 직업도 팽개치고(?) 팬이 되기로 했다. 독서를 끝내고 딸아이한테 슬쩍 권했다. 책에 나오는 대로 아버지에 대한 저자의 사모와 존경도 함께 배우라는 꿍심도 섞어서. 그랬더니 "아빠가 그렇게 반한 책이면 나도 한 권 살게"라는 답이 돌아왔다.

핵전쟁이 났는데 동굴에는 여섯밖에 들어갈 수 없다. 수녀, 의사, 맹인, 교사, 창녀, 가수, 정치인, 물리학자, 농부, 본인 가운데서 여섯을 고르도록 학생들에게 그룹 토론을 붙였다. 제일 먼저 나가떨어진 것이 정치인이고, 만장일치로 뽑힌 것이 본인이었다. 의외로 치열한 토론이 맹인 소년을 둘러싸고 벌어졌다. 그런 절체절명의 상황에서는 동정보다 실리가 앞서야 한다는 그룹의 주장이 다수표를 얻으려는 순간, 평소 말을 심하게 더듬는 반대 그룹의 한 학생이 입을 열었다. 전쟁 피해가 가시고 그 여섯이 새 사회를 세울 때 모두 제 일에만 매달리면 다시 경쟁이 생기고 질투와 미움에 사로잡힐 것이다. 그러나 일단 받아들인 이상 어떻게든 이 눈먼 소년을 돌봐야 하므로 거기서 남을 위해 나를 바치는 희생의 가치를 저절로 배울 테니 그를 반드시 살려야 한다는 말이었다. "그렇게 남을 돕고 함께 나눌 줄 모르는 사회라면, 그런 데서 사느니 차라리 죽는 게 나을지도 모릅니다"(104쪽).

"무슨 여자가(!) 이렇게 글을 잘 쓰지?" 하루는 사내의 J형에게 농담을 던졌더니 "어깨에 힘을 빼서 그럴 거야"라고 했다. 남을 씹고 조지고 그래서 돌아올 반격까지 재고 따지기 일쑤인 우리네 글과 달리, 그는 힘을 빼고 소리를 낮춰 사랑과 희망과 평화를 즐겨 다룬다. 그러나 "어렸을 때부터 본능적으로 체득한 내 삶의 법칙은 슬프게도 '삶은 투쟁이고, 투쟁은 이겨야 한다'는 것이다"(190쪽)라는 토로에 이르면 얘기가 달라진다. 소아마비 장애로 목발에 의지하는 장 교수의 대학 시절 꿈의 하나는 흔히 2층이나 3층에 있는 다방에 한번 가보는 것이었다니……. 그래서 말인데 "왜 하필이면 나만 이 짤막한 글 하나 쓰면서도 머리를 벽에 박아야 하는가"(12쪽)라는 항의도 혹시 그 슬프고 질긴 투쟁의 연장은 아닐까.

장애 소년들의 500미터 육상 경기에서 출발 신호와 함께 여남은 명이 뛰어나갔다. 머지않아 두 소년이 앞서거니 뒤서거니 선두 경쟁을 벌이던 중 갑자기 하나가 무엇에 걸려 넘어졌다. "그의 경쟁자는 잠깐 주춤하더니 뛰기를 멈추고 돌아서서 넘어진 친구를 일으켜 세웠다. 그 사이 뒤쫓아오던 선수들이 앞질러 경주는 끝났고. 이들 둘은 어깨동무를 하고 만면에 웃음을 띤 채 맨 꼴찌로 들어 왔다"(170쪽). 이 외국 방송 프로그램의 제목은 「승리자들」이었다.

길섶에 코스모스가 지천이던 지난 9월 그의 칼럼을 읽고 다소 들뜬 나는 우리 북리뷰 팀장에게 너스레를 떨었다. "정 형, 크리스마스에 멋진 카드를 보내려니 자리 하나 부탁해" 했더니 "누구한테요"라며 씨익 웃는다. 그리고 며칠 뒤 장 교수의 고별 칼럼을 통해 투병 소식을 들었다. 그가 따스한 마음으로 세상을 바라본 것처럼 이제 이웃이 따스한 마음으로 그의 쾌유를 빌 차례이다. "장미, 괴테, 모차르트, 커피를 사랑하면서" 영어 기도가 우리말 기도보다 3초 빠르기에 '주님의 기도'는 영어로, '성모송'은 반대여서 우리말로 바치겠다는 그 살가운 미소를 계속 우리에게 선사할 수 있도록! 멋지기는커녕 이 싱겁기 그지없는 크리스마스 카드를 미리 보내는 뜻도 거기 있다.

▌ 2004년 10월 23일

* 편집자 주—장영희 교수는 2009년 5월에 지병인 암으로 세상을 떠났다.

# 한국 경제의 '등에' 이야기

영국 케임브리지 대학에 경제학을 강의하는 한국인 교수가 있다. 이 말을 듣고 나는 받은 것 없이(?) 가슴이 뿌듯했다. 그 뒤 해외 저널에서 이따금 그의 글을 대하며 남몰래 존경의 마음을 보냈다. 그 저널들은 보수보다는 진보 성향이 강했고, 그의 글 역시 시류에 반하는 내용이 많았다. 그리고 지난해 '중앙일보 경제포럼'에서 '실물'을 처음 만났다. 내가 할 말일지 모르겠으나 그는 조국에서 마땅히 받을 대접을 마땅히 받지 못한다는 느낌이 들었다.

대강 이런 심정으로 장하준의 『개혁의 덫』(부키, 2004)을 집어들었다. 마치 인화 물질을 기다리는 기름처럼 경제와 정부 대책에 대한 사람들의 분노가 폭발 일보 전이고, 그 진단과 처방은 신문 한 장만 펼쳐도 눈이 아플 정도로 넘쳐난다. 그런데 장 교수의 진단은 아주 판이하다. 책 표지에 나온 대로 "개혁에 사로잡혀 경제 위기를 자초한 개혁론자들의 오만과 편견을 반박한다"는 문구가 그의 논지를 압축하고 있다. 세상이 어떤 세상인데 감히 개혁에―더욱더 불손하게는 개혁론자들에게―팔매질을 하다니……. 표지만 읽고 선입견으로 책을 덮지 말기를. 세계화는 '필연'이 아니며 시장경제만으로는 안 된다는 주장이나, 도대체 '다국적' 기업이 어디 있으며 미국식 개혁만이 해법이냐는 반론만으로도 또 하나의 '보수 골통' 얘기가 아닌 것은 분명하다.

저자는 숱한 역사적 예화로 독자를 설득한다. 1달러짜리 미국 지폐에 그려진 워싱턴은 영국제 옷을 마다할 정도의 국산품 애용자였고, 5달러 속의 링컨Abraham Lincoln은 노예 해방보다 관세 인상을 중히 여겼으며, 10달러에 든 해밀턴Alexander Hamilton은 사상 최초로 유치산업 보호를 가르친 장본인이고, 50달러 안의 그랜트Ulysses Simpson Grant는 영국의 자유무역 제의에 미국은 200년쯤 보호무역이 필요하다고 대꾸했으며, 100달러에 나오는 프랭클린Benjamin Franklin은 관세 인상으로 미국이 고임금과 기업 경쟁력을 지키라고 외쳤다. 자유방임의 전도사 미국의 과거가 이랬다면 오늘의 개도국도 그런 '과거'를 만들 자유가 있지 않을까. 이렇게 이 책은 읽는 재미와 생각할 여유를 함께 선사한다.

그는 노무현 정부의 개혁에 현미경을 들이댄다. 재벌 때리기와 기업 해외 매각을 통해서 개혁의 명분만 쌓을 뿐, 내용은 민영화·규제 완화·시장 개방·외자 우대 등 "진보와는 거리가 먼 신자유주의 정책들이 주를 이루고 있다"(237쪽). 이에 저자는 정부 주도 경제는 결코 절대악이 아니라면서 "현 단계에서 우리 사회에 필요한 것은 정부 역할의 축소가 아닌 재정립"(72쪽)이라고 정확히 문제를 짚어낸다. 제조업 기반이 없는 서비스 부문 확대 또한 "저임금, 저부가가치 활동, 그러니까

시선―정운영 선집

소위 '맥도널드' 일자리만"(89쪽) 창출할 뿐이기에 금융화·정보화 유행에 일정한 경고가 요청된다.

　그렇다고 저자를 '회개한 보수주의자' 정도로 여겨서는 안 된다. 단기 차익을 노린 주가 인상 압력은 기업 가치 상승을 위해 근로자 해고를 강요하기 십상이다. 결국 '소액 주주' 운동은 약자 보호라는 정서에 가려 사회의 진정한 약자 노동자의 이익에 반하게 된다. SK그룹을 집어삼키려는 소버린은 유명한 세금 도피처 모나코에 위치한 한탕 위주의 펀드로서 남에게 도덕성을 강의할 처지가 아니다. "재벌들에게는 지배구조와 회계의 투명성을 높일 것을 주장하지만, 그 재벌들을 공격하는 외국 펀드의 지배구조와 투명성에 대해서는 별말 없이 지나가는"(224쪽) 데에 개혁론자들의 이중성이 있다. 이러니 불편한 사람들이 하나 둘이겠는가.

　"안정 지분이 확보되지 않은 상태에서 총수 가족에 의한 통제를 단시간 내에 없애려면 재벌 구조 자체가 붕괴되고, 국민 경제가 외국 자본에 교란당할 수 있다"(163쪽). 이야말로 재벌 앞잡이(!) 발언이라고 길길이 뛰겠지만, 재벌 해체로—그 투철한 개혁의 칼날로도—그가 걱정하는 국민 경제의 외세 교란을 못 막는 것은 현실 아닌가. 1920년대까지만 해도 스웨덴은 파업률이 세계 수위를 달릴 만큼 노사 갈등이 심했단다. 그러나 노동자는 자본가의 소유권을 인정하고 임금 인상을 자제하는 대신, 자본가는 노조와 투자 문제를 협의하고 납세 증대에 동의한 '노사 대타협'으로 복지국가를 건설했다.

　저자의 메시지는 간단하다. 세계화 시대에도 국가 경제가 있고 민족 자본이 있어야 한다는 것이다. 그는 극좌 민족주의자냐 극우 보수주의

자냐 따위의 딱지 붙이기에 익숙한 사회에서 살아가는 고뇌를 호소한다. 소크라테스는 아테네의 등에gadfly로 불렸다. 등에는 꽃의 꿀을 빨면서 식물의 수정受精을 돕는 이로운 무리와, 동물의 피를 빨면서 병을 옮기는 해로운 무리가 있다. 기득권층에게는 해로운 등에였겠지만 자유민에게는 이로운 등에였으리라. 나는 장 교수를 한국 경제의 등에라고 부르고 싶다. 소크라테스한테 닥친 그 마지막 팔자만 빼고.

▌2004년 12월 4일

# 그놈의 '오렌지 시계'가

어느 신문사에서 잠시 수습기자 노릇을 하던 아주 예전의 일이다. 세계적으로 명성이 높은 어떤 영화제에서 스탠리 큐브릭Stanley Kubrick 감독이 1971년에 만든 한 작품이 대단한 찬사를 받았다는 기사가 외신을 타고 날아들었다. 주제와 표현이 다같이 좋았던 영화 「스파르타쿠스」를 제작한 사람이라는 사실만으로 벌써 취해버린 나는 서둘러 기사를 데스크에 넘겼다. 그런데 갈채를 받았다는 그 영화의 제목 '클락웍 오렌지'A Clockwork Orange가 나를 괴롭혔다. 시계처럼 생긴 오렌지라는 말인지, 오렌지로 만든 시계라는 뜻인지 도통 갈피를 잡을 수 없었기 때문이었다. 아무튼 용감하게 「오렌지 시계」로 번역을 해내고, 나중에 다른 신문들을 들췄더니 그들도 나만큼이나 상상력이 부족했던지 대충 비슷하게 작명을 해놓았다.

그 뒤 한참 동안 이 일을 잊고 있다가, 외국에서 공부하던 시절 다시 그 인연을 되찾게 되었다. 대학가의 영화관 간판에서 문득 이 제목을 발견하고는 두말없이 표를 샀기 때문이다. 유감스럽게도 화면을 통해서 그놈의 시계와 오렌지의 관계를 찾아내지는 못했지만, 그 영화에서 받은 감명만은 아직도 내 빈곤한 뇌리의 한편에 선명하게 남아 있다. 나중의 얘기지만 그의 다른 작품, 이를테면 「2001: 우주 장정」이나 「배리 린든」도 본전 생각이 안 나게 만드는 좋은 영화였다고 생각된다.

이 영화 「오렌지 시계」는 영국의 작가 안소니 버제스Anthony Burgess의 소설을 대본으로 하고 있는데, 그는 "히틀러가 「리더스 다이제스트」에서 니체를 읽지 않았다면, 결코 유럽 정복을 꿈꾸지 않았을 것이다"라고 떠벌릴 만큼 영화 따위(?)를 우습게 보는 괴짜였다. 아무튼 큐브릭 감독의 메가폰을 통해 제작된 이 영화는 분명 니체를 훼손한 「리더스 다이제스트」는 아니었다. 악동이라고 부르기에는 좀 싱겁고 악당이라고 부르기에는 좀 지나친 젊은 녀석들 넷이서 처음에는 온갖 부랑자 짓을 다 하다가 드디어 겁탈과 우발적인 살인까지 저지르게 된다. 일상의 윤리관을 다소라도 지닌 관객이라면 장면장면마다 펼쳐지는 이 '젊은 놈'들의 난폭한 파괴와 잔인한 공포에 전율을 느끼다가, 이윽고 '세상은 말세야'를 토하게 된다. 그래서 그런지 영국에서는 이 영화의 상영이 아직도 금지되고 있단다.

경찰에 체포된 이들은 어떤 정치적 계략에 의해 악행을 고치는 세뇌 수술을 받고 나서 마침내 선량한 인간으로 되돌아가는데, 여기서부터 관객은 물론 영화가 땀을 흘리기 시작한다. 수술의 성과를 알리기 위해 개최한 실험발표회에서, 이 회개한 탕자를 앞에 놓고 한 요염한 여자가 교태를 짓자, 갑자기 그 녀석은 얼굴을 일그러뜨리고 팔다리를

시선―정운영 선집

비틀면서 거부 반응을 보이기 시작한다. 여자의 표현이 대담해지면서, 반사적으로 그의 온몸은 고통과 구토와 경련으로 처절하고 처참하게 부서진다. 여자라면 사족을 못 쓰고 달려들던 '인간'이 이제 여자라면 꼬리를 사리고 내빼는 '로봇'으로 완전히 개조된 것이다. 실험 결과에 만족한 의사와 경찰은 만면에 득의의 미소를 날리는데, 관객들은 격렬하게 항의를 다짐한다. 말세라도 좋으니 로봇 대신 인간을 돌려달라는 소리 없는 시위가 스크린으로 대든다. 누가 고함이라도 지르면 금세 극장이 폭발할 것 같은 긴장감이 관객을 휩싼다.

혼히 '사회적 사실주의'—사회주의적 사실주의가 아니고—계열의 영화라고 불리는 이 작품에서, 큐브릭 감독은 괴기한 분장이나 평범한 소도구 하나를 통해서까지 이른바 '블랙 유머'로 포장된 그의 염세주의를 치밀하게 극화해낸다. 그의 계산이 어디에 있든, 자유의지의 방종이 자유의지의 파괴보다 훨씬 낫다는 메시지만은 충분히 전달되었다. 어려서부터 인류의 장래를 심각하게 고민해온(!) 나는 중학 시절엔가 사람의 마음을 고치는 약을 만들면 모두가 평화롭게 살 수 있을 텐데 그런 약을 만들어내지 못하는 어른들의 무지를 몹시 원망한 적이 있었다. 그런데 이 영화를 보고 나서 그런 생각을 뚝 끊어버렸다. 현대 문명이 강요하는 시계 장치처럼 정확한 세뇌공작 앞에 인간의 생존이란 빛과 향기가 제거된 오렌지 조각이거나, 실험대 위의 모르모트 신세에 지나지 않는다는 큐브릭 감독의 고발은 실로 적절한 것이기 때문이다.

2월 21일자 「렉스프레스」는 이 영화의 '근황'을 이렇게 전하고 있다. 1972년 이 작품이 프랑스에서 처음 상영되었을 때만 해도 관객들의 반응은 대체로 당혹스럽다는 것이었으며, 평론가들조차도 큐브릭 감독을 파시스트로 몰아세우거나 '자유분방주의자'로 밀어붙이면서 서로 심하게 다투었다는 것이다. 그런데 최근 이 영화가 다시 개봉되면서 불과 4주 만에 65만 명의 관객을 동원할 만큼, 특히 젊은 세대들에게 폭발적인 인기를 얻고 있다고 한다. 이러한 이상 열기를 분석하면서 이 잡지는 그 원인으로 "그동안 우리의 머릿속에서 금지당해온 어떤 것을 목도하도록 하는 기회를 제공하기 때문에"라는 한 관객의 소감과, "큐브릭은 현실이 되살려낸 공상적 작가"라는 어느 평론가의 관찰을 덧붙였다.

그렇다면 20년 전의 부모들을 당황으로 몰아넣었던 이 영화가 20년 뒤의 자녀들을 열광으로 몰아넣는 그 '현실'의 변화란 대체 무엇인가? 이에 대해 23세의 한 청년은 "사회 부패의 만연"이라고 진단했고, 21세의 어느 예비 숙녀는 "강간이란 것이 아직도 충격을 주나요? 그것에는 이미 면역이 되었을 텐데요"라는 반응을 보였다. 기성세대라는 의미가 지니는 온갖 진부한 함축을 거부해온 나로서도 앞의 대답에는 동의하지만, 뒤의 대답에는 선뜻 동의하기가 힘들었다.

겁탈에 면역증서를 발부하는 사회 해체의 현상은 굳이 큐브릭 감독의 냉소적인 화면을 빌리지 않더라도 현대 문명 내지는 자본주의 윤리의 파산을 선고한다. 그것은 돈 이외에는 달리 지켜야 할 대상이 없다는 아주 삭막한, 그러나 매우 정직한 고백이기 때문이다. 사람은 자라면서 벌기보다는 쓰기부터 먼저 배우는 법인데, 젊은 그들이 뿌리는 돈은 아마도 대부분 부모에게서 나왔을 터이다. 물론 나는 젊은 세대들이 범하는 숱한 실수를 몽땅 기성세대의 과오로만 돌릴 생각이 없다.

자녀의 잘못이 그대로 부모의 책임이라는 말은 곧 모든 잘못을 아담과 이브의 책임으로 전가하는 '불경죄'를 범하는 것이 되기 때문이다. 그럼에도 불구하고 그런 실수와 잘못을 배태해온 토양을 누가 제공했느냐는 질문은 매우 중요하다. 나는 무엇보다도 현대 자본주의의 소비문화에 그 원죄를 추궁할 작정이다. 그런데 그 소비를 규제하는 요인이 바로 생산이라면, 생산 과정에서의 '정직성'이 확보되지 않는 한 소비문화의 병폐를 막을 도리가 없게 된다. 풍요와 안일이 착취와 혹사의 대가로 이루어지는 사회를 나는 부정직한 사회라고 단정한다. 특히 자본주의가 천민적으로 발전해온 사회에서 소비 형태는 한결 기형적으로 왜곡된다.

이 영화 「오렌지 시계」는 분명 풍요한 사회에 앵글을 맞추면서도 관객의 가슴에 자꾸 황폐한 감정을 부추김으로써, 현대 문명이 만들어낸 생존 조건이 고작 이런 퇴폐와 반동이라는 야유를 거듭한다. '뉴 키즈 온 더 블록'New Kids On The Block의 내한 공연에서 벌어진 온갖 소란을, 급기야 사람까지 밟혀 죽은 광태를 목격하면서 줄곧 나는 큐브릭 감독의 참담한 경고를 되새겼다. 뇌의 백질白質 절제수술을 거쳐 그 철부지들을 모두 로봇으로 만드는 것 이외에는 정녕 달리 길이 없는가?

▌1992년 2월 25일

## 후기

나의 무지를 덜어주고자(?) 인디컴 프로덕션의 김익상 님이 자신의 저서 한 권을 보내주었다. 『영화: 이렇게 보면 두 배로 재미있다』(들녘, 1993)가 그 책인데, 하필이면 그 표지가 그놈의 「오렌지 시계」의 한 컷으로 꾸며져 있었다.

"이제 우리의 의문은 점차 풀려가는 것 같다. 무엇이 '클락웍'이고 무엇이 '오렌지'인가 말이다. 중고등학교 때 미술시간에 졸지 않은 사람은 알겠지만, 오렌지는 따뜻함과 열정을 뜻하는 색이다. (영화의 주인공—인용자) 알렉스의 경우는 열정이 지나쳐 파괴적인 광기로 이어지지만, 오렌지란 색 자체는 그만큼 뜨겁고 싱싱한 살아 숨쉬는 인간의 색깔인 것이다. 고로 알렉스는 오렌지요, 오렌지는 알렉스를 표상한다고 볼 수 있다. 그런데 알렉스가 붙잡히고 세뇌를 당하면서 어떻게 되어가는가. '클락웍', 즉 시계 속 내부장치처럼 정확한 통제 메커니즘에 의해 완전히 개조되지 않는가. 그렇다면 '클락웍 오렌지'는 시계같이 움직이는 오렌지, 요컨대 로봇으로 개조된 인간 알렉스를 지칭하는 말에 틀림없다"(위의 책, 251~254쪽).

어쭙잖은 칼럼을 읽고 나의 오랜 고민을 풀어주었으며, 아울러 나의 녹슨 기억 장치에서 발생한 몇 개의 착오를 고쳐준 김익상 프로듀서께 지면을 빌려서나마 깊은 감사의 말씀을 전한다.

# 『도덕감정론』

명동 성당에서 걸인에게 돈 한푼을 던져준 일이 경성제국대학생들의
이념 논쟁(?)으로 비화한 얘기를 들은 적이 있다. 우파 학생들은 그 행
위를 약자에 대한 동정심의 발로라고 주장했고 좌파는 그 값싼 동정이
당자를 영원히 거지로 묶어두는 아편과 같다면서 그런 행동은 행여 자
신이 거지로 전락할 경우에 대비한 자기 보호 본능이라고 반박했다는
것이다. 그러니까 동정은 거지라는 상대가 아니라 거지가 될지도 모르
는 자신에게 베푸는 극히 이기적인 행위로서, 아담 스미스의 도덕철학
이 그런 '고약한' 해석의 원천이라고 한다. 제국대학생들의 유식한 논
쟁에는 기가 질렸지만, 아무튼 이때 나는 스미스의 『도덕감정론』(비봉,
1996)이란 책에 대해 처음 듣게 되었다.

　스미스는 '경제학의 아담'으로 알려졌으나, 실제로 대학에서 가르
친 것은 문학과 논리학과 도덕철학이었다. 그의 비명碑銘을 "『도덕감

정론』의 저자 여기 잠들다"로 새긴 일은 결코 우연이 아니다. 스미스의 사상체계는 이타의 원리에 입각한 도덕의 세계, 이기에 입각한 경제의 세계, 정의에 입각한 법의 세계로 구성된다. 이 삼위일체의 계보에서 도덕의 세계는 1759년에 저술한『도덕감정론』을 통해서, 경제의 세계는 1776년의『국부론』에서, 법의 세계는 1763년 글라스고우 대학에서 그의 강의를 들은 한 학생의 노트를 토대로 1896년 에드윈 캐난 Edwin Cannan이 편집한『정의, 경찰, 수입, 군대에 대한 강의』를 통해서 각기 그 면모를 드러낸다.

스미스의 사상 체계에서 도덕은 이기와 이타의 양면을 지닌 자연적 감정의 발로이며, 그 도덕의 정당성을 판단하는 기준이 동감sympathy이다. 그것은 약자에 대한 연민과는 달리, 관찰자인 자신을 다른 행위자의 처지에 대입했을 때 우러나오는 자연스런 반응이다. 이때 행위자의 감정과 관찰자의 동감이 일치하면 그 도덕은 정당하고, 반대로 일치하지 않으면 부당한 것이다. 그것은 자신이 행위자이면서 동시에 관찰자가 되는 경우에도 그대로 타당하다. 한마디로 제국대학생이 걸인과 똑같이 느끼고, 그가 걸인이 되어도 본래의 제국대학생과 똑같이 느끼는 것이 옳은 도덕이다.

자신의 행위를 자신이 관찰할 때는 자칫 공정성이 무너질 염려가 있는데, 이를 바로잡는 것이 양심의 역할이다. 이타의 윤리를 변호한『도덕감정론』과 이기를 강조한『국부론』이 서로 모순된다는 공방이 소위 '스미스 논쟁'이었다. 그러나 이기로 하여금 타인의 이익을 침해하지 않도록 유도하는 양심, 곧 정의의 개입으로 이 모순은 해소된다. 이런 정의의 실현이 법이다. 요컨대 이기와 이타를 조정하는 기능이 정의이고 경제와 도덕을 매개하는 기능이 법이다.

　양심 없는 이기, 정의 빠진 경제는 온전할 수 없다는 외침이 『도덕감정론』의 저자가 237년 뒤 '자유방임과 경쟁력 만세'의 우리 사회에 전하는 메시지이다. 법학을 공부한 전직 교수와 경제학을 전공한 현직 교수가 직접 뜯들이고 공들였기 때문인지 번역은 거침이 없다. 영어판 편집자 라파엘D. Raphael과 맥파이A. Macfie의 50여 쪽 서문이 한글판에 빠진 것이 전공자에게는 못내 아쉽다.

▌ 1996년 5월 22일

# 21세기 묵시록

지구의 나이를 하루로 잡을 때 인류의 문명이 나타난 것은 23시 59분 58초라는 얘기를 어디선가 읽었다. 그 '2초' 안에서 우리는 머잖아 21세기를 맞게 된다. 단순히 새로운 세기가 아니라, 두 번째 천 년을 마감하고 세 번째 밀레니엄을 열려는 것이다. 세기라는 개념이 다분히 서양 역법의 소산이고 기원 전에도 문명이 없었던 것은 아니지만, 아무튼 그 세기가 바뀌는 순간 지구촌의 '흥분'은 대단할 것이 분명하다. 2000년은 물리적으로 1999년 12월 31일 다음 날일 뿐이나, 거기 담는 사람의 소망은 크게 다를지 모른다. 내일 비가 온다고 아무리 외쳐도 멀쩡한 하늘이 비를 내려주지는 않지만, 주가가 내려갈 것이라고 일제히 떠들면 풀죽은 투자가의 심리가 멀쩡한 주가를 떨어뜨리기도 한다. '세기 예보'도 경기 예보와 비슷해서 무엇인가 달라지리라고 목청을 높이면 실제로 상황이 변할 수도 있는 법이다.

그 거창한 전환을 3년 앞둔 지금 이 세기를—한껏 건방지자면 지난 천 년을—정리하려는 우리의 노력과 반성은 너무 미진하다. 그 드문 예외의 하나가 영국의 사학자 에릭 홉스봄Eric Hobsbawm의 작업이다. 프랑스혁명부터 제국주의 전쟁까지 서양 역사를 1789~1848년 간의『혁명의 시대』(한길사, 1998), 1848~1875년 간의『자본의 시대』(한길사, 1998), 1875~1914년 간의『제국의 시대』(한길사, 1998)로 나누어 이미 세 권의 책을 저술한 그는 마침내 1914~1991년을 포괄하는『극단의 시대』(까치, 1997)를 간행함으로써 실로 32년 만에 '시대 전집' 4부작을 완성했다.「뉴 레프트 리뷰」가 마련한 특집에서 외란 테르본Göran Therborn은 "20세기의 자서전"이란 찬사로 거장의 걸작을 축하했다. 고대 그리스의 희곡 4부작은 본래 세 개의 비극과 한 개의 풍자극으로 구성되는데, 이 책에는 풍자보다 비극의 색조가 훨씬 진하다. 이 극단의 시대를 다시 1947년까지의 재앙기, 1973년까지의 황금기, 그 뒤의 붕괴기로 세분한 홉스봄은 만약 세 번째 밀레니엄이 현존 질서 위에 그대로 건설된다면 "그 실패의 대가는 암흑이다"라는 경고로 대미를 장식했다.

홉스봄은 20세기의 주역을 유럽에 맡겼다. 그에 따르면 양차 세계 대전의 재앙도, 황금기 몰락의 피해도, 사회주의의 대두와 붕괴도 일차적으로 '유럽 중심'의 사건이라는 점에서 미국조차 유럽의 협연자일 뿐이다. 그러나 역사는 주역만이 아닌 숱한 조연과 단역을 필요로 한다. 바로 그 주변부의 역할을 특별히 강조한 사람이 이집트 출신의 제3세계 경제학자 사미르 아민Samir Amin이다. 그의 저서『전후 시기의 재독』은 1945~1992년의 세계체제를 떠받친 세 개의 기둥으로 서구의 포드주의, 동구의 소비에트주의, 제3세계의 발전주의를 꼽는다. 이들 이데올로기의 충돌과 타협을 축으로 그는 1955년까지의 세계경제 성립기, 1975년까지의 반둥Bandung 체제 시기, 이후의 세계경제 붕괴기로 전후 역사를 구분한다. 홉스봄이 설정한 중심부의 '황금기'를 아민은 민족해방투쟁이 치열했던 '반둥 시기'로 대체함으로써 제3세계의 존재를 다소나마 지구의 역사에 각인하려고 했다. 그러나 중심부와 주변부 갈등의 전망에 대해 그는 "차라리 나는 미래를 점증하는 혼돈으로 보고 싶다"고 결론을 맺는다.

현재의 문명에 철저한 반성이 없다면 다음 세기를 암흑의 시대로 맞이하리라는 홉스봄의 통찰은 매우 불길하다. 현재의 발전 형태와 결연히 단절하지 않는다면 혼돈만이 우리를 기다릴 뿐이라는 아민의 관찰 역시 아주 불온하다. 물론 그 반대 방향의 논객도 수두룩한데, 그중의 하나가 프랜시스 후쿠야마Francis Fukuyama이다. 그가 선언한『역사의 종말』(한마음사, 1992)은 말만 들어도 신물나는 사회주의의 종말이 아니다. 지난 수년 동안 "진정으로 중요한 문제들이 모두 해결되었기 때문에" 헤겔과 마르크스가 제시한 진보의 역사는 종언을 고하고, 미래는 이념적으로 "더 이상 개선의 여지가 없을 정도로 완벽한" 자유민주주의—사실상 자본주의—체제에 '영원히' 안주하리라는 것이다. 미국 국무부 전직 관리의 의도적인 프로파간다가 아니라면, 참 놀라운 자신이다. 그러나 그가 잊고 있는 일이 하나 있다. 20세기 말의 신자유주의는 어차피 19세기 말에 유행한 자유주의의 아류인데, 인류에 대재앙을 안겨준 제1차 세계대전의 정신적 모태가 바로 이 자유주의 이념이었다는 사실이 그것이다.

지난 700년의 서양 역사를 탐색한 뒤 거기서 추출한 자본축적과 국가 형성의 관계를 4개의 체제적 '축적 순환'으로 나누어 조망한 『장기 20세기』의 말미에서, 이탈리아의 경제학자 지오바니 아리기Giovanni Arrighi는 "자본주의는 성공을 지킬 것인가"라는 질문을 결론 대신 제기한다. 그의 대답은 회의적이다. 그는 현재의 중심부가 스스로 축적 질서를 바꾸거나, 자본주의 지휘권을 눈부시게 성장하는 동아시아에 내주는 두 개의 대안이 모두 불가능할 것으로 진단한다. 결국 '포스트-자본주의'의 새 세계를 체험하기도 전에 지배 블록의 갈등과 폭력으로 다시 체제적 혼돈으로 회귀하는 세 번째 가능성을 거론하면서, 그것은 단순히 자본주의 역사의 종언이 아니라 인류 역사의 종말일 수도 있다고 경고했다. 그 암흑과 혼돈의 '21세기 묵시록'을 피할 지혜는 정녕 인류에게 없는 것인가?

▌1996년 12월 3일

# 새내기 독서를 위한 '세미클래식 10선'

편집자의 주문은 본래 '신입생을 위한 고전 10선' 추천이었다. 부리나케 서가를 뒤졌지만, 고전치고 신입생에게 읽힐 만한 것이 없었다. 고古전과 신新입생의 변증법적(!) 해후가 제법 그럴듯하게 들리지만, 현실은 전혀 딴판이다. 수업에, 보충 수업에, 과외 수업에 찌들어 공부라면 경기를 하는 '새내기'들에게 플라톤을 읽으랄 것인가, 헤겔을 들이댈 것인가? 그리고 오리엔테이션에서 교양 강좌까지 고전이란 것에 대한 소개와 권장 도서들이 산더미처럼 쏟아져나올 테니, 나 하나쯤 그 대열에 끼지 않아도 대세에 지장이 없으렷다.

마크 트웨인Mark Twain의 말로 기억되는데 "고전이란 사람들이 칭송하면서도 읽지 않는 책"이고, 아나톨 프랑스Anatole France 역시 고전에 대해 "누구나 칭찬하는 책은 아무도 읽지 않는다"고 정직하게 빈정댔다. 어려운 책을 꺼내놓고 초장부터 겁주다가 뒷날 정작 읽어야 할 때에 정나미 떨어지게 하는 잘못은 피해야 한다. 그래서 고전을 '세미클래식' 정도로 바꾸기로 했다. 편집 기자들이 즐겨 제목으로 뽑는 '현대의 고전'이 예전에 나와 현대에 읽히는 책이라면, 나의 세미클래식은 근래에 나와 현대에 읽히는 책을 가리킨다. 아무튼 그 열 권은 다음과 같다.

찰스 반 도렌, 『지식의 역사』, 고려문화사, 1995.●

다니엘 부어스틴, 『발견자들』, 범양사출판부, 1990.

마르크 블로흐, 『역사를 위한 변명』, 한길사, 1981.

레오 후버만, 『경제사관의 발전 구조』, 청하, 1982.●●

페리 앤더슨, 『서구 마르크스주의 연구』, 이론과실천, 1987.

베르나르-앙리 레비, 『자유의 모험』, 동아출판사, 1992.

요셉 슘페터, 『자본주의, 사회주의, 민주주의』, 삼성출판사, 1991.●●●

사미르 아민, 『세계적 규모의 자본축적』, 한길사, 1986.

페니 러녹스, 『민중의 외침』, 분도출판사, 1984.

님 웨일스, 『아리랑』, 동녘, 1992.

참 요상한 바람이 불어서 요즘은 봉사 활동으로도 학점을 따는 모양인데, 대학은 로터리클럽이 아니라 지식을 생산하고 전달하는 전문 기구이다. 그래서 가장 먼저 고른 책이 『지식의 역사』였다. 기원전

---

● 편집자 주—2010년 갈라파고스에서 재출간되었다.
●● 편집자 주—2000년 『자본주의 역사 바로 알기』라는 제목으로 책벌레에서 재출간되었다.
●●● 편집자 주—2011년 한길사에서 완역본으로 출간되었다.

3,000년부터 기원후 2,100년까지 지식의 발전 궤적을 시대적으로 파고든 이 책은 사회 변동과 접맥한 인간 정신의 발전사라고 해도 좋다. 저자 찰스 반 도렌Charles Van Doren은 연전에 상영된 「퀴즈 쇼」의 주인공인데, 그 잠시의 '탈선'으로 대학을 떠난 뒤 「브리태니커」 편집장을 지내면서 마침내 이 명저를 남긴다.

이 책이 상대적으로 가볍게 다룬 자연과학 쪽의 지식 탐험을 다니엘 부어스틴Daniel Boorstin의 『발견자들』이 채워준다. 여기의 발견은 아메리카 대륙과 원자핵의 발견은 물론이고 심지어 경제학의 '총수요' 개념 발견까지 포함한다. 미국 국회 도서관장을 역임한 필자는 왜 중국이 신대륙을 발견하지 못했으며, 케인즈 이전에는 왜 실업이란 말이 유행하지 않았는지 따위를 자세히 설명한다. 위의 두 책이 내뿜는 박학과 유식은 독자의 기를 죽이고도 남지만, 거기 담긴 '재미'를 캐내기 위해서라도 신입생 여러분은 부디 기를 살릴 일이다.

역사 교과서가 얼마나 거짓투성이인지를 알려면 역사라는 화상의 '제작' 과정을 알아야 한다. 나는 기질이나 문체에서 에드워드 카Edward Carr를 훨씬 더 좋아하지만 그의 『역사란 무엇인가』 대신 마르크 블로흐Marc Bloch의 『역사를 위한 변명』을 뽑았다. 그 변심의 동기는 우선 카의 책은 누군가가 틀림없이 추천하리라는 예감 때문이었다. 그리고 레지스탕스 지도자로서 나치에 총살당하는 블로흐의 치열한 삶은 어쩌면 '역사가의 직무' 이행으로 스스로 선택한 운명일지 모른다는 연민이 가슴을 적셨기에 그를 천거했다. 실제로 이 책의 불어 제목은 『역사를 위한 변명 혹은 역사가의 직무』이다.

이 시대의 역정과 삶의 조건을 알기 위해서는 또다시 역사를 읽어야 하는데, 이런 맥락에서 나는 레오 후버만Leo Huberman의 『경제사관의 발전 구조』를 권한다. 원제 『인간의 재화: 국부론 스토리』가 이렇게 둔갑한 것은 유감이지만—『인간과 재화』로 번역된 책도 있다—초등학교 교사 출신의 저자가 땀나는 역사의 예화로 설명하는 자본주의의 경제 이론이나, 혹은 상식적인 경제 이론으로 설명하는 자본주의의 역사는 정말 숨이 막힌다.

대학의 커리큘럼이 온통 반마르크스주의 일색으로 채워진 현실을 감안할 때 페리 앤더슨Perry Anderson의 『서구 마르크스주의 연구』 추천을 한쪽으로 치우친 '불공정 행위'로 시비해서는 안 된다. 혁명을 실현한 '동구 마르크스주의'에 비해 상아탑으로 퇴각한 '서구 마르크스주의'에 점수가 박할 것은 사실이지만, 현실 사회주의가 붕괴한 지금 그나마 버티는 것이 제법 대견스럽기도 하다. 인류가 진보에 대한 신앙을 포기하지 않는 한 마르크스주의 독서는 회피할 수 없는 숙제인데, 그 과제는 무엇보다 대학인이 먼저 이행해야 한다.

지식인과 논쟁이란 말이 가장 잘 어울리는 사회는 어쩐지 프랑스일 것 같다. 베르나르-앙리 레비Bernard-Henri Lévy는 어느 한구석도(!) 내가 좋아하기 힘든 인물이지만, 프랑스 지성사의 우상을 과감히 파괴하는 그의 작업은 아주 흥미롭다. 이 책의 주인공들처럼 명성이 높다고 무조건 이마를 조아릴 것이 아니라 때로는 그들을 '사람'으로 보는 연습이 필요하다는 생각에서 『자유의 모험』을 소개하는데, 좌파에 대한 저자의 생리적 반발이나 신자유주의에 보내는 맹목적 기대는 적이 경계하면서 책을 대할 일이다.

『자본주의, 사회주의, 민주주의』는 고전의 반열에 올려야 마땅한 책이며, 더욱이 완역이 아니기에 빼려고 했었다. 그러나 자본주의에 보내는 열렬한 응원에도 불구하고 사회주의로의 이행이 불가피하다는 요셉 슘페터의 전망이 완전히 뒤틀린 오늘, 자본주의는 자신의 성공 때문에 쇠망한다는 그의 메시지를 차근히 음미할 가치가 있다. 더욱이 인류와 문명의 장래를 걱정하는 그런 '거대 담론'을 요즘 다시 찾기 쉽지 않아서 이 책을 끼워넣었다.

이 지구에는 자본주의로 부자가 된 나라와, 자본주의 때문에 가난하게 사는 나라들이 한데 섞여 있다. 이런 관점 아래 중심부의 발전이 주변부의 희생을 '운명적으로' 강요하는 현실을 분석한 책이 제3세계 경제학자 사미르 아민의 『세계적 규모의 자본축적』이다. OECD 가입으로 우리나라는 제3세계의 남루한 흔적을 어서 지우려고 애쓰지만, 아민이 내세운 '주변부 자본주의' 주술에서 크게 자유롭지 않다. 이 책은 예의 그 10선 가운데 내용이 가장 까다로울 듯한데, 어째서 한 나라는 국민소득이 4만 달러가 넘고 다른 나라는 80달러도 못 되는지 그 사연을 캐고 싶거든 이의 독서에 들이는 까다로운 수고를 탓하지 말아야 한다.

축구와 혁명의 대륙 라틴 아메리카는 종속이론과 해방신학으로 한때 세계 진보학계의 이목을 끌었다. 두 주제 모두 버리기 아까웠으나 '10선' 제약에 걸려서 하나만 가려야 했다. 결국 외세와 착취에 맞서 억압의 땅에 정의를 세우려는 가톨릭 교회의 간고한 투쟁을 그린 페니 러녹스Penny Lernoux의 『민중의 외침』을 골랐다. 에두아르도 갈레아노 Eduardo Galeano의 『수탈된 대지』(범우사, 1988)도 막강한 후보에 올랐으나, 영화 「미션」의 축축한 감동이 가슴에 남은 탓인지 앞의 책으로 기

울고 말았다. 혁명이 유일한 대안이라는 이 사회의 참담한 르포르타즈
는 우리가 '반면교사'의 교본으로 삼을 만하다.

지난 1월 11일 90세를 일기로 타계한 님 웨일스Nym Wales의 『아리랑』
으로 마지막을 장식하기로 했다. 이 책은 1927년 조국 해방의 방편으
로 중국의 '광동 코뮌'을 비롯한 여러 투쟁에 참여했다가, 뒷날 중국의
'동지'에게—매우 표독한 인물로 나중에 부주석을 지낸 캉성康生에게
—처형당한 조선인 혁명가 김산金山의 기구한 투쟁 행로를 그리고 있
다. 그가 지닌 생각의 '색깔'은 지금 별로 중요하지 않으며, 조국에 바
친 절절한 애정이야말로 오히려 기억할 대목이다. 얘기는 오래 전에
들었으나 반공법이 두려워 입도 벙긋하지 못하다가 드디어 유학 시절
영어로 처음 읽었다. 1941년 램파츠Ramparts 출판사에서 간행된 이 책
은 지금 폴 스위지Paul Sweezy가 경영하는 먼슬리 리뷰Monthly Review 출
판사가 판매하고 있다. 후일담이 궁금하거든 『아리랑 2』(학민사, 1986)
와, 『아리랑 그후』(동녘, 1993)를 읽기 바란다. 조정래의 대하소설 『아리
랑』에도 이 코뮌 언저리의 얘기가 잠깐 비친다. 그야말로 얼토당토 않
은 상상이지만 나는 조정래의 『아리랑』에 나오는 윤철훈이란 인물의
비극에서 문득 김산의 최후를 연상했다. 이래저래 『아리랑』은 이 시대
에 필요한 '홍역'이다. 민족의 한을 가슴에 새기고 조국을 더욱더 사랑
할 수만 있다면, 누구의 『아리랑』이면 어떤가?

이럭저럭 열 권을 뽑았지만 그 밖의 얘기가 더 많다. 신입생을 위한
세미클래식으로 당초 서가에서 가린 책이 100여 권 가량 된다. 거기서
줄이고 줄여 본선에 올린 책이 30여 권이었다. 치열한 '접전' 끝에 탈
락한 책들이 참 아까우며, 10선을 고른 지금 오히려 그것들이 더 근사

하게 다가선다. 단독 심사(!)니 만큼 '공정성' 저촉 등 실수가 많겠지만, 그중에도 국내 저작을 하나도 끼우지 않은 점이 못내 아쉽다. 나도 모르게 서양 위주의 사고에 물든 자신이 몹시 부끄럽다. 앤더슨의 책에 대해서는 너무 '조심한' 나머지 함량 미달이 아니냐는 반성이 일고, 스스로 뽑고 나서도 썩 개운하지 않은 것이 레비의 책이다. 슘페터의 예언을 경청하면서도 시대가 많이 변했다는 사실에 유의하며, 다소 산만한 아민의 저작 역시 최선을 유보한 차선의 선택으로 추천한다. 부어스틴과 후버만과 웨일스의 책에는 일절 후회가 없었다. 자 이제 나의 일은 끝났고, 새내기 여러분의 일이 남았다.

▌1997년 3월 6일

시선—정운영 선집

# '출가내인' 이야기

내가 책을 고르는 순서는 대강 이렇다. 신간 소개 등을 통해서 내용을 짐작하는 경우는 그대로 구입한다. 그러나 특별한 사전 정보가 없을 경우는 제목을 보고, 저자를 살피고, 목차를 훑고, 책장을 넘기며 몇 구절 읽어본 뒤에 구입 여부를 정한다. 서점 판매대에 쌓인 이 책, 삼소회의 『출가』(숍리, 2003)는 예외적으로 앞의 두 단계, 즉 제목과 저자 검토에서 심사를 끝냈다.

이 글이 나갈 때가 마침 부처님 오신 날 며칠 뒤여서 출가라는 말에 마음이 끌렸을 법하다. 그러나 겉장만 보고 고른 것은 아무래도 '삼소회'라는 이름 때문이었다. 동진 시대의 고승 혜원慧遠은 평생 여산 동림사의 산문을 나가지 않겠다고 맹세했고, 산문에 이르면 호랑이가 울어 경계했다고 한다. 하루는 유가의 도연명陶淵明과 도가의 육수정陸修靜이 찾아와 담소를 나눈 뒤 그들을 배웅하는데 갑자기 호랑이가 울었다.

청담에 취해 그만 호계 다리를 넘었던 것이다. 37년의 맹세가 도로아미타불이 되는 순간 세 사람이 가가대소呵呵大笑했단다. 말만 들어도 시원한 호계삼소虎溪三笑의 호기가 잡아끄는데 내 어찌 지갑을 닫으랴.

이름과 달리 책은 삼소를 훌쩍 넘었다. 불교 스님, 원불교 교무, 가톨릭 수녀, 성공회 수녀 등 네 교파의 여성 수도자 열두 분의 글이 실렸기 때문이다. 삼소회는 그러니까 기도도 같이 드리고, 음악회와 시화전도 같이 열어 속가의 이웃을 돕는 초종교 모임이다. 이들은 운명적으로 출가出嫁를 단념한 사람들이다. 아니 부처님과 예수님이란 최고의 빽에 출가出家한 사람들이다. 그들에게 출가는 "혈연을 떠나 모든 인연을 얻는 삶, 작은 집을 버리고 세상의 집을 얻는 삶"(55쪽)을 향한 결단이다. 그러나 세상에는 다른 눈도 있는 모양이어서 공덕시장의 나물장수 할머니는 앳된 스님을 보고 이렇게 탄식한다. "아이고! 이렇게 젊고 고운 이가 어쩌다가 이 지경이 되었다요?"(221쪽). 독자들이 어느 쪽으로 기울든 이 책에 대한 나의 삼소를 여기 붙인다.

제1소 자유. 출가 사연은 스님에게 물으면 안 되는 금기의 하나라는데, 그것이 가끔 틈을 드러낸다. "내 큰딸이 스님 될 산에다 선조 묘 자리 쓴 적도 없고, 다리를 부러뜨려서 평생을 먹여 살려도"(49쪽) 중은 안 된다는 아버지의 반대를 꺾고 출가 허락을 받아내기도 하고……. "너는 중이 되어야 해." 아홉 살 때 들은 노스님 말씀을 열여섯 살에 다시 듣고 두말없이 절 문으로 들어서기도 했다. "그해 부처님 오신 날 이틀 후에 재단용 큰 가위로 머리카락을 자르고 삭발 전용 삭도로 남은 머리카락을 밀어내는 날, 남들은 많이도 운다고 하던데 나는 그저 시원하기만 했다"(125~126쪽)니. 정말 자유롭게 사는 길은 팔자대로

시선—정운영 선집

사는 것 아니겠는가.

제2소 책임. 여승의 세계, 수녀의 세계라면 우선 금단의 정원이 떠오른다. 그래서 그곳을 훔쳐보는 무슨 짜릿한 재미를 바란다면 어서 책을 덮는 것이 좋다. 절집의 매운 시집살이와 엄격한 수도 생활의 단면도 나오지만, 재가와의 인연도 자주 들려준다. 엘리자베스 여왕을 세 번이나 만난 수녀님 이야기, 민주화 운동에 참여했다가 정보기관의 블랙리스트에 오른 스님 이야기, 네팔 청소년한테 봉사하는 교무님 이야기, 해병대 법회를 15년이나 지도한 스님 이야기가 그러하다. 속세를 떠나고도 세상에 무한 책임을 지는 그들은 영원한 출가내인出家內人일지 모른다.

제3소 자재自在. 출가자의 신심과 글 쓰는 재주가 무슨 관계냐고 빈정댄다면 번지수가 한참 틀렸다. 예수님과 부처님의 가피만 믿고 책을 낸 것이 아니고, 한가락 하던(?) 왕년의 소질을 유감없이 내보이기 때문이다. 이를테면 이런 관조와 사색들이다. "하얀색 감자 꽃은 캐보나 마나 하얀색 감자인 것처럼 여기 이렇게 있는 게 나야"(73쪽), "푸르다 못해 시린 가을 하늘을 바라보다 나 자신에게 문득 질문 하나를 던졌다. 늘 마음이 아프다고 하는데 그 마음이 무엇인가. 마음이 어디에 있으며 어디가 아프다는 것인가"(62쪽). 이런 솜씨라면 학교 백일장 정도는 도맡아 휩쓸었으리라. "담담하기가 성인의 성품을 우려낸 듯한 군자차君子茶로 입안에 남아 있는 녹색의 마지막 향을 헹구어낸다"(232쪽). 이 말에 혹해 무슨 대단한 차로 알았더니 아니 글쎄 그게…… 스님 능청이 대단하십니다.

"스님! 죽도록 해도 다 못할 공부를 왜 그렇게 욕심을 부리세요?"

"아! 이번 생에 다 못하면 다음 생에 와서 하지요. 뭐 그리 급해요?"

독일에서 공부하던 어느 스님과 목사님이 나눈 대화란다(67쪽). 저들은 이렇게 무애<sub>無礙</sub>의 자유를 누리는데, 어째서 나는 욕심·이생·내생·급함 따위의 번뇌를 잠시도 놓지 못하는 것일까? 죄라면 장가든 죄밖에 없는데!

❚ 2004년 5월 29일

# 명예 잃으니 국운 기울더라

혹시 로마의 5현제五賢帝를 기억하는가? 고교 시절 세계사 시간에 졸지 않았다면 네르바, 트라야누스. 하드리아누스, 피우스, 아우렐리우스의 이름이 떠오르리라. 에드워드 기번Edward Gibbon의 『그림과 함께 읽는 로마 제국 쇠망사』(청미래, 2004)는 여기서 시작한다. 220년 전에 나온 이 책의 초판본은 전 6권 3,000쪽의 대저이나, 고맙게도 언론인 데로 손더스Dero A. Saunders가 한 권으로 편집하여 독자의 가시거리 안에 밀어놓는다. 『삼국지』도 정사正史보다 연의演義를 즐겨 읽지 않는가. 전체 분량 중에 손더스 자신의 글은 4퍼센트 정도라니, 연의식 가감승제 개조의 걱정은 일단 접어도 좋을 듯하다.

국운 흥륭의 절정에서 몰락의 씨앗을 찾는 것은 역사가의 악취미이다. 로마도 예외가 아니어서 이 다섯 현인 황제들이 다스린 80여 년의 전성기를 고비로 쇠망의 길로 들어선다. "사랑해야 할 나라와 지켜야 할 재산이 있었던"(39쪽) 로마 시민의 '명예'가 전쟁과 용병에 의해 파괴되면서, 그 명예와 함께 로마마저 붕괴한 것이다. 결국 전쟁에 져서 망하기는 했지만, 그 궁극 원인은 전쟁에 거푸 이김으로써 자신을 지켜준 명예의 가치를 잊어버린 죄의 대가였던 셈이다. 그래서 "우리는 로마 제국이 왜 멸망했는가를 묻기보다는 오히려 그처럼 오랫동안 존속했다는 데 놀라게 되는 것이다"(540쪽).

역사가의 악취미보다 고약한 것이 역사의 악취미이다. 견인堅忍의 황제 아우렐리우스한테서 콤모두스 같은 무도한 자식이 태어났기 때문이다. 영화「글래디에이터」는 막시무스가 콤모두스 황제를 찌르고 이기는 것으로 끝나지만, 사실은 그렇지가 않다. 원로원의 귀족은 물론 가신과 측근마저 무자비한 학살 메뉴에 올린 나머지 이들의 반격을 불렀던 것이다. 애첩과 시종장과 근위대장이 내민 포도주 한 잔에 잠이 든 황제는 프로 레슬러한테 목이 졸려 살해된다. 관객을 끌어들이는 데는 사실보다 사실의 변조가 나을지 모르겠으나, 우리는 역사 지식 독서로 영화의 이런 돈벌이 취미를 필히 바로잡도록 하자.

이 무렵『국부론』을 발간한 경제학자 아담 스미스는 기번에게 "내가 사귀거나 편지를 주고받는 각계각층의 사람들은 이구동성으로…… 당신을 현 유럽 전체 문단의 선두 주자로 올려놓고 있습니다"(25쪽)라고 썼다. 이 책은 유려한 문장만으로도 선두 주자 자격이 충분하다. 이를테면 "모든 황제들 중에서 가장 어리석은 자에 의해서 착수되고, 가장 방종한 자에 의해서 계속되고, 가장 소심한 자에 의해서 종결된"(34쪽) 로마의 브리타니아 정복이라든가, 또는 "그의 진실성을 믿는다는 것은 위험했고, 불신한다는 것은 더욱 위험했다"(91쪽)는 공화정 위기의 수

시선—정운영 선집

호자(?) 아우구스투스 독재에 대한 묘사가 그러하다.

　그리고 역사의 교훈이 있다. 예컨대 "비잔티움 황실은 로마의 수치, 이탈리아의 불행, 그리고 서로마 제국의 손실을 남의 일처럼 기꺼이 지켜보았다"(541쪽). 1,500년 뒤 한반도의 두 정부는 동로마와 서로마가 보여준 이 분열과 갈등의 추태와 크게 다른가? 교사로서의 역사는 훈계부터 내세워 독서에 근엄한 표정이 필요하지만, '반면교사'로서의 역사 독서는 푹푹 한숨을 토해도 좋고 마음대로 낄낄거려도 괜찮다. 그 '반면'이란 부비트랩을 건드리면 큰일이지만, 다행히도 말과 글로 된 것이라면 한번 밟아볼(!) 만하지 않은가.

▎2005년 1월 15일

# 다시 자유주의자에게

재판장님.

평소 경제평론가를 자청해온 피고 정운영은 작가 복거일 형의 저서 『현실과 지향』(문학과지성사, 1990)에 대한 독후감을 「출판저널」의 '쟁점 서평란'에 게재한 바 있는데, 그 내용 중의 일부가 다소 원고의 의사를 거스르게 되어 「한겨레신문」의 지상을 통해 그의 반론을 받았습니다. 고로 본인은 본 건의 유쾌한 결말을 위해 다음의 자술서를 제출합니다.

1. 도야지 잔등에 살이 올라 삼겹살이 제 맛을 내는 어느 서늘한 저녁에 "이봐, 그 씨알머리 없는 소리 다 집어치우고, 그동안 내 책의 판매 사원 노릇 하느라고 수고가 많았으니 소주나 한잔 하자구"라는 전화 한 통이 걸려오기를 은근히 기다리고 있었는데, 그만 '신문쟁이'들의 호사 취미에 말려들어 그 은밀한 공로가 말짱

　　　　　　　　　　　　　시선―정운영 선집

수포로 돌아가고 더구나 엉뚱하게도 '자유주의 논쟁'이란 그 허울만은 그럴듯한 연속극에 억지 출연하게 되었으니 여간 억울한 일이 아닐 수 없습니다. 아무튼 소주 한잔을 앞에 놓고 옛정을 되새기고 싶은 본인의 생각은 여전합니다.

2. 우선 본인은 우리들에게 붙여놓은 "진보와 보수의 논리를 대변하는 중견 지식인 그룹의 대표적인 논객"이란 공치사에 숨이 차고, 더욱이 이번 일을 '보수-진보 논쟁', '자유주의-민중주의 논쟁' 혹은 '자유주의 논쟁에 불길 당겨' 등속의 선동(!)에는 그저 눈앞이 캄캄할 따름입니다. 거기에는 우선 실정법이란 심판이 '비보수주의' 편에는 별로 반칙이 없는 데도 자주 호각을 불어댄다는 현실적인 부담에 대한 고려도 작용하지만, 그보다 더 근본적인 이유는 본인의 자유주의 비판이 반드시 진보나 민중의 입장에서 전개되지 않았다는 점에 근거합니다. 자유주의는 진보의 관점에서만 오류를 배태하고 있는 것이 아니라 보수의 관점에서도 허점이 허다하기 때문입니다.

3. 원고의 기소장 가운데 가장 먼저 항변하고 싶은 대목이 "과학적 지식은 그것의 진위에 의해 평가된다. 그것이 어떤 사회에 끼칠 영향은 고려되지 않는다"는 선언입니다. 그 말은 즉시 사회과학적 판단에서 진위라는 기준이 이미 존재한다는 단정을 전제로 하고 있습니다. 그렇다면 그 '진'과 '위'를 어떻게 설정했느냐는 질문에 먼저 답변해야만 원고의 주장은 타당성을 보유하게 됩니다.

그런데 흔히 '객관성, 중립성, 보편성' 따위로 규정되는 이른바 과학적 지식 생산의 범주는 실제로 '교과서 밖에서는' 별로 쓸모가 없습니다. 예컨대 "수요가 늘어나면 가격이 올라간다"는 '과학적 지식'은 "날이 추워지면 기온이 내려간다"는 사실의 기술만큼이나 그 내용이 공소합니다. 수요가 늘어나니 계속 공급을 줄여 가격을 올려야 한다는 주장과 반대로 공급을 늘려 가격을 내려야 한다는 주장이 대치할 때, 그리고 그것이 독점자본가와 일반 소비자의 이해의 대결로 표출될 때 "사회에 끼칠 영향력을 고려함이 없이" 대체 무슨 수로 그 진위를 가려내겠습니까? 보수주의자들이 지지한다는 독점 금지의 처방도 그 진의에 관해서는 여전히 의문이 남습니다만, 여하튼 그것이 현실의 '영향력을 고려한' 절충임에는 틀림이 없습니다.

4. 본인은 '소금은 짜고 설탕은 달다'라는 사실 자체를 거부하려는 것이 아니라, 그와 같은 사실의 단순한 서술이 그대로 과학적 지식은 아니라고 설득하려는 것입니다. 혹시 '소금은 달고 설탕은 짜다'라고 강변하는 만약의 사태 발생에 대비해 그 질서의 이반을 저지하는 임무까지도 마땅히 과학적 지식 본연의 기능에 포함되어야 하며, 그래서 그 '단 소금'으로 장을 달이고 '짠 설탕'으로 차를 끓이는 혼란이 단호히 예방되어야 한다는 것이 본인의 생각입니다. 여기의 소금과 설탕 대신에 정치권력이나 독점재벌과 같은 사회현상이 논의의 대상으로 등장하게 되면 그 매듭 풀기는 한층 더 고단해집니다. 한번 생각해보십시오. 유신이라는 낮도깨

비가 이를테면 '소금은 달다'는 유의 궤변을 동원하여 민중에게 혹독한 탄압을 가했을 때 '그래도 소금은 짜다'라고 읊조리던 예의 그 과학적 지식이 보수주의의 가치나마 제대로 지켜낼 수 있었습니까? 그리고 또 여전히 준동하고 있는 그 잔당들의 작태에 대해 과연 어떤 객관성이, 어떤 중립성이, 어떤 보편성이, 요컨대 어떤 '보수주의의 과학적 지식'이 효과적으로 대처해내고 있습니까? 물론 '소금이 달다'는 강요는 형식논리학에서 가르치는 부당 전제의 오류를 범하고 있기에 과학적 지식이 될 수는 없습니다만, 그러나 그와 같은 만용을 제지하지 못할 때, 그 오류가 곧 '현실의 질서'에서 지식으로 행세하거나 통용되었던 사정은 천사의 세계가 아닌 인류의 역사에는 숱하게 널려 있습니다.

5. 설령 지식이 나쁘게 쓰이더라도 바로 그 사실 때문에 그러한 지식의 추구를 제한해서는 안 된다는 원고의 논리는 자칫 무책임이 지식(생산)인의 최고 덕목이라는 의미로 들립니다. 어느 작가가 생산한 작품이 혹은 어느 과학자가 생산한 지식이 지배 세력의 탐욕을 격려하고 피지배 계층을 핍박하는 무기로 이용되더라도 '그래서 어쩌란 말이냐'고 응수하겠다면, 예컨대 한 치의 빈틈도 허용하지 않는 이반의 냉철한 논리가—그것은 물론 그들의 세계에서는 완벽한 과학적 지식입니다—그의 동생 스메르자코프로 하여금 그들의 아비를 살해하도록 유인한 처사에 대해서도 '그러니 어떻단 말이냐'고 대꾸해야 정답이 됩니다. 물론 그것은 『카라마조프가의 형제들』의 작가가 던지는 대답은 결코 아닙니다. 본인은 복

거일 형이 그르며(혹은 옳으며) 도스토예프스키가 옳다고(혹은 그르다고) 심판하려는 것이 아니라 오히려 그런 무책임이 정녕 보수주의가 수호하려는 가치판단의 지표인지를 묻고 싶을 뿐입니다.

6. 마지막으로 자유와 자유주의에 관해 한 말씀 드리겠습니다. 봉건사회와 절대왕정을 무너뜨리고 새로운 지배 질서를 확립한 부르주아지가 가장 먼저 선점한 구호가 바로 자유였습니다. 자유는 그에 대항개념을 구축하기가 힘들다는 의미에서 지배자의 통치 메뉴로서는 일품이었기 때문입니다. 따라서 자본주의 제도의 성립 이래 300여 년 동안 갈고 닦아온—그리고 지금 원고도 가담하고 있는—그 능란한 자유의 행사에 섣불리 시비를 걸었던 본인의 태도가 불찰이라면 불찰입니다. 더구나 자유주의가 한 경제평론가의 무력한 원고지 위에서 간단히 허물어질 만큼 그렇게 허약하지 않다는 사실을 잘 알고 있기에 그 기능이나 효력에 대한 얘기는 여기서 삼가겠습니다. 다만 원고의 주장대로 그 자유주의가 "지배 계층의 전제에 대항하는 이념"이고 동시에 절대적 가난과 상대적 가난을 함께 줄이는 "가장 좋은" 방안이라면 본인은 당장 지금부터 그 누구보다도 더 열렬한 자유주의자가 될 것을 다짐합니다. 그리고 또 반항자로 남기 위해 권위주의자가 되어야 한다면, 본인은 원고가 엄숙하게 전해준 더렐Lawrence Durrell의 경고를 사양하지 않겠습니다. 다만 본인에게 정직한 반항의 길을 걸을 용기만 있다면!

▌1990년 9월 1일

시선—정운영 선집

## 후기

이 글은 「한겨레신문」 1990년 8월 28일자에 게재된 복거일 형의 반론에 대한 나의 재반론에 해당되며, 여기 이 글에 대한 복 형의 비판은 다시 이 신문 9월 6일자에 실리게 된다.

* 편집자 주―이 글은 1990년 당시 장안의 화제가 되었던 소위 '정운영-복거일 자유주의 논쟁' 중의 하나다. 복거일 씨가 출간한 에세이집 『현실과 지향―한 자유주의자의 시각』에 대해 저자는 「출판저널」에 으레 찬사로 일관하던 관례에서 벗어난 비판적인 서평을 싣는 다. 이에 대한 복거일 씨의 반론이 1990년 8월 28일 「한겨레신문」 문화면에 실렸고, 재차 반론을 주고 받으며 '자유주의'를 주제로 치열한 논쟁을 벌였다.

# 11년 만의 혐의 탈출

지난해 6월 대한항공 전세기가 평양의 순안공항에 내려앉자 북녘 안내 요원들이 우리를 맞았다. 카메라 보도 일꾼 하나가 잰걸음으로 일행 중의 조정래 형에게 다가오더니 "『태백산맥』(해냄, 1986)의 작가 선생이시죠" 하고 인사를 건넸다. "북한 주민들이 내 책 많이 읽어요?"라는 조 형의 물음에 그는 "그럼요. 인민대학습당 도서실에 가면 얼마든지 읽지요"라고 대답했다. 그렇다면 소설 인세 중에 북한 주민이 내는 것도 적지 않겠네 하는 희떠운 생각과 함께 얼핏 이런 생각이 스쳤다. 정녕 『태백산맥』이 북한 주민한테 아무 '혐의 없는' 책인가?

가장 먼저 걸리는 것이 전쟁 책임 문제이다. 휴전 협정 체결 20일 만에 북한 당국은 남로당 출신 인사들을 무자비하게 숙청하고, 특히 박헌영은 미 제국주의의 간첩으로 몰아 처형한다. 또 '실패한 전쟁' 6.25에 대해서도 당의 노선은 옳았으나 빨치산을 비롯해 남조선 단체들이 투쟁을 잘못했다는 내용의 조선노동당 '94호 결정'이 내려진다. 엄청난 희생만 들이고 아무 소득 없이 끝난 동족상잔의 비극에 누가 어떻게든 책임져야 하는 운명적 상황을 소설은 '역사 선택'으로 처리한다. 모든 평가는 후세의 역사에 맡기고 지금은 내 목숨을 바치며, 불패의 당에 오류를 전가할 수는 없으므로 모든 잘못은 내가 지고 간다. 마치 성자와도 같은 박헌영 최후의 이런 선택은 여전히 미제 첩자로 각인되었을 북한 독자들의 뇌리에 엄청난 충격으로 다가서리라.

그리고 빨치산 문제가 떠오른다. 항일 빨치산 투쟁을 국체로 내세우는 북한 당국이 한국전쟁 임시의 남선南鮮 빨치산에 어떤 평가를 내리는지 나는 아는 바 없다. 단지 '실패한 전쟁·잘못한 투쟁' 따위의 기계적 역산으로만 전말을 정리한다면, 이는 관료주의적 편의와 종파주의적 결론의 극치가 될 것이다. 이현상은 그 빨치산 투쟁을 지휘한 총사령이었으니, 실패한 전쟁에 대한 희생양이 박헌영이라면 잘못한 투쟁에 대한 희생양은 단연 그가 될 법하다. 그런데 소설은 "그건 이현상의 죽음을 알리는 삐라였던 것이다"라고 지리산에 뿌려진 삐라 한 장을 줍는 것으로 그의 죽음을 어이없이 간략히 처리하고 만다. 이현상의 최후에 대해 필시 작가는 발굴된 모든 자료는 물론이고, 그의 사살이 북의 소행이라는 '소문'마저 놓치지 않았을 터이다. 그렇다면 독자들의 허탈감만 자극하는 이 무미건조한 결말은 때를 기다리며(?) 작가가 작심하고 설치한 회심의 '부비트랩'일지 모른다.

나아가 민족의 문제가 있다. 소설 속의 염상진과 김범우는 상호대칭적 인물이다. 천민의 아들로 사범학교를 마치고 농민운동에 뛰어든 염상진은 출신과 성향이 투철한 좌파 혁명가인데, 지주 출신으로 학병에 끌려가 미군 통역으로 특수부대<sup>OSS</sup> 훈련까지 받은 김범우는 사고와 행동이 우파 지식인의 전형이다. 염상진의 빨치산 활동에 대한 긴장감이 소설의 극적 효과를 위해 불가피한 설정이라 할지라도, 김범우의 중립적 노력이 중립적 대접조차 못 받는 것은 억울하기(!) 짝이 없다. 염상진의 민족에는 계급의 농도가 중요하지만, 김범우의 민족은 다분히 백범의 민족주의를—계급이 탈색된 민족을—따라간다. 왠지 나는 염상진은 소설가가 만든 인물이고, 김범우는 조정래가 빚어낸 인물이라고 믿고 싶다. 이런 탈脫정치·몰沒계산의 민족주의를 '주체' 검열관이 선뜻 용인할지 적잖이 의문이다.

권영민 교수와의 대담에서 조정래는 이렇게 말했다. "내 소설은 언제나 사소한 개인, 평범한 민중의 이야기로 시작됩니다. 그러나 그 하잘것없는 민중 속의 한 개인이 그가 살고 있는 시대의 거대한 흐름 속에 어떻게 끼어들어 있는지를 늘 면밀하게 주시하고 있지요." 이어 "그렇기 때문에『태백산맥』에서는 역사적 진실을 외면해온 정치적 폭력에 대해 비판했을 뿐 어떤 사상이나 이념적 판단을 내세우지 않았습니다"라고 덧붙였다. 이런 판에 이적성이라니 턱도 없는 소리이고, 남한 정통성 부정도 당치 않은 말씀이다. 지난 주말 검찰은 11년이나 끌어온『태백산맥』관련 고소·고발 사건에 '무혐의' 결정을 내렸다. 이제 북녘에서도 '과거사 정리'를 서둘러『태백산맥』독서가 정녕 자유로운 시대가 열리면 좋겠다.

▌2005년 4월 6일

# 가을의 미망

경도經度는 여자만의 전유물이 아니다. 남자도 하혈을 한다. 빈도와 주기가 일정하지 않기에 통증은 한층 더 격렬하기 십상이다. 내 경우 그것은 9월에 찾아온다. 여름이 맹위를 거둘 무렵 나는 부지런히 가을을 준비하며, 가을이 다시 겨울에 차례를 물려줄 때 그 통증을 잊는다. 마흔이 넘어서면서 이 경험은 어김없이 되풀이된다. 나의 가을 준비는 봄에 씨앗 뿌리고 여름의 인고를 거쳐 풍성한 소출을 기다리는 농부의 가을걷이 같이 거룩한 것이 아니다. 누구한테도 알린 적이 없는 유치만발의 자축 행사여서 마땅히 가을의 풍요를 차지할 주인들한테는 죄스럽기까지 하다.

나의 비밀 제의祭儀는 「9월이 오면」 노래로 시작된다. 보비 데어린 Bobby Darin이 작곡하고 그의 악단이 연주하는 경쾌한 리듬으로 이 영화의 주제곡으로 쓰였다. 9월 첫날 센스 만점의 어느 프로듀서가 이 곡을

틀어주기라도 한다면 나는 코스모스 길섶의 팔푼이처럼 하루 종일 히죽거린다. 시는 김광균이 적당하다.

> 슬픈 都市엔 日沒이 오고
> 時計店 지붕 위에 靑銅 비둘기
> 바람이 부는 날은 구구 울었다.

　이날은 양귀비도 귀찮고, 혼자 마시는 쌉싸래한 칵테일이 좋다. 그리고 보잘것없는 내 인생의 초라한 수확을 밤새워 뒤적인다. 누구의 솜씨인지 모르겠으나 나는 신세기통신(017) 광고의 세미클래식 복고취미를 아주 반가워한다. 한적한 들녘에 연기 뿜는 기차를 얻어 타고, 볏짚 자리의 배낭객 청년이 비둘기를 날려보내는 그 넉넉한 고독과 자유 말이다. 아득한 회상의 샘에서 내게도 길어 올릴 청춘이 있었지. 그 방랑이 그리운 것이다.

> 헐어진 風車 위엔
> 홀러가는 落葉이 날카로운 餘音을 굴리고
> 지롤의 凋落한 驛路에 서서
> 나는
> 유리빛 黃昏을 향하여 모자를 벗고

　굳이 알프스 산자락의 티롤 역참이 아니면 어떤가? 어차피 인생은 유리빛 황혼을 향해 달려가는 기차인 것을. 가난과 분노로 비수처럼 창백했던 내 젊은 시절 조용히 「와사등」을 들려준 숙녀도 이제 할머니 대기발령쯤 받았을까?

그리고 아마도 실화일 이병주의 단편 하나가 떠오른다. 「아무도 모르는 가을」. 10대 소녀의 수채화처럼 상쾌하지는 않아도 일몰의 초조에 떠밀리는 내 연배라면 언제 읽어도 가슴 시린 소품이다. 나환자 치료에 일생을 바치려고 동경여의전東京女醫專에 입학한 만석꾼의 고명딸 윤효숙과 그녀 집의 경제적 도움으로 고등문관시험을 준비하는 8촌 오빠 윤효준이 주연이며, 르네 클레르René Clair 감독의 「파리제」巴里祭가 상영되는 1930년대의 화려한 도쿄가 무대이다. 오빠의 간곡한 소개와 주선에도 불구하고 한사코 이성 교제를 거절하는 동생은 문득 바쿠닌 Mikhail Aleksandrovich Bakunin 사상에 심취한다. 나환자 봉사를 다짐한 여의전 학생이 폭탄 테러조차 마다 않는 무정부주의anarchism 운동에 물든 것이다. 러시아 공작의 아들 크로포트킨Pyotr Alekseevich Kropotkin이 아나키즘에 집착한 적은 있지만, 조선 지주의 딸이 아나키스트로 변신한 사건은 내게 적잖이 충격이었다. 머리에 순종을 이고 살던 어머니 세대에 벌써 이런 반란이 있었다니! 동생의 장래를 걱정하는 오빠의 설득에 그녀는 "왜 내가 무정부주의자가 되려는지 오빠는 정말 모르겠느냐"면서 미친듯이 대들었다.

나의 무식을 드러내는 고백이거니와 이 소설에서 나는 베라 피그네르Vera Figner 이름을 처음 들었다. 그녀의 수기『러시아의 밤』이 바로 윤효숙을 아나키스트로 감화시킨 책이었다. 소설을 끝내고 나는 이 소설 속의 책을 서둘러 찾았다. 차르 치하 러시아 혁명가들의 행로대로 처음 나로드니키narodnik 운동에 몰두했던 베라는 점차 과격해져 마침내 알렉산더 2세 암살에 가담한다. 뒷날 그녀는 "우리의 모든 과거, 모든 미래가 이 일요일에 달려 있다. 6번의 암살 시도, 21명의 동지 처형, 우리는 이 모든 과거를 잊고 싶었다. 그리고 밝고 넓은 미래를 갖고 싶었다"는 회고로 거사 당일의 심정을 밝혔다. 거사가 실패로 돌아간 뒤 러시아의 바스티유라는 쉴리셀부르그 요새의 독방에 갇혀서는 "삶의 시계가 멈춘 때"라고 썼다. 1904년 쉰둘의 나이로 감옥에서 나오면서 그녀는 20년 만에 다시 대하는 호수와 태양과 증기선과 아지랑이 마을이 "모두 아름다웠다. 나는 아름다움을 바라보았지만 아름다움으로 느끼지는 못했다. …… 스스로도 놀랄 만큼 냉정하게 바라만 보았다"라는 말로 삶의 시계를 다시 돌린다. 여기서 수기는 끝난다. 스승과 제자가ㅡ베라와 효숙이ㅡ부유한 가문, 의학 전공, 용모까지 비슷했다는 작가의 설명이 아니더라도 "의학은 러시아 사회의 상처만 치료할 뿐 병의 근원은 제거할 수 없다"는 러시아 혁명 투사의 신조가 우리 여의전 학도의 변신과 무관할 수는 없을 터였다.

고등문관시험에 합격한 효준은 해방 후 변호사로 개업했으나, 효숙은 여전히 좌익 운동에 몰두한다. 다시 말리는 그에게 전과 같이 그녀는 "오빠는 내가 좌익 운동에 뛰어든 까닭을 정녕 모르겠느냐"고 울먹이며 대든다. 그 뒤 "자살 같기도 한" 심증만 남긴 채 효숙은 죽는다. 그 기구한 운명과 생전의 은혜를 잊지 않고 효준은 "세상에 악이 있다는 것을 모르고 청결하게 살다 간 처녀 동생의 묘비를 세우고 무덤을 돌보았다. 그리고 세월이 흘러 효준도 죽었다. 그런데 유언으로 남긴 장지는 선영이 아니었다. 소설가의 예감대로 동생의 무덤이 멀지 않은 곳이었고, 생전에 가꾼 나무숲 사이로 그녀의 묘비를 마주보는 자리였다. 무덤으로 이룬 아버지와 고모의 사랑. 자녀들조차 모르는 '가을의 전설'이었다. 베라는 여느 소녀처럼 자신이 암살하려는 황제와 결혼하는 꿈을 꾸었고, 효숙은 오빠가 결혼한 뒤 사흘 만에 목숨을 끊었다. 황제는 철부지 소녀의 꿈을 알 리 없었지만, 오빠는 인습에 괴로워하며 동생의 사랑을 피했다. 그 인습 타파의 출구로 그녀는 아나키를 빌렸던 것이리라. "나는 아무도 모르는, 그리고 아무도 모를 가을 속에 앉아 조용히 눈물을 흘렸다"는 작가의 독백으로 소설은 끝이 난다.

그래 확실히 하자. 목숨을 걸고 나라를 구하려던 러시아 혁명가의 정열과, 생명을 버리면서 지순으로 오빠를 사랑한 조선 의학도의 고뇌를 같은 저울에 다는 것은 옳지 않다. 또 그들이 꿈꾸던 아나키스트의 세상이 압제와 인습의 족쇄를 풀어준다는 약속도 없다. 그럼에도 이 광대무변 우주에서 수유의 시간을 빌릴 뿐인 우리네 삶에 혁명의 무게가 사랑의 무게보다 반드시 더 무거울 이유는 없지 않은가? 이념이고 제도고 나발이고 말짱 엿이나 먹으라는 장자莊子의 반동이 그래서 통쾌하다. 이런 망념이 멋대로 출몰하기에 가을은 어느 계절보다 심란하다. 실로 그 이념이니 제도니 하는 환상들이 우리의 삶과 사랑에 제법 근사한 세계를 선물한 적이 별로 없다. 정의와 평화보다는 압제와 수탈이 본령이었다. 그래서 혁명이 필요한 것이다. 이번에는 장자한테 엿을 먹이고, 바쿠닌과 마르크스를 부를 차례인가? 빌어먹을! 이런 가당찮은 방황과 혼란으로 나의 가을 하혈은 통증이 한결 심하다. 그래 박인환의 시구처럼 가을은 인생이 통속함을 가르치는 최고의 교사이다.

人生은 외롭지도 않고

거저 雜誌의 表紙처럼 通俗하거늘

한탄할 그 무엇이 무서워서 우리는 떠나는 것일까.


　1900년대 마지막으로 보내는 가을에 대한 소감? 원고를 청한 편집자의 객기도 턱없지만, 이 가을의 변덕만으로도 이리 부대끼는 판에 내가 무슨 수로 '세기의 가을'에 소회를 밝힌단 말인가? 사람을 잘못 짚어도 한참 잘못 짚었다. 『중세의 가을』이란 명저에서 요한 후이징가 Johan Huizinga는 "세계가 지금보다 5세기 가량 더 젊었을 때 삶에 일어난 많은 일들은 현재와 전혀 다른 모습과 형태를 띠고 있었다"라고 썼다. 그의 통찰대로 "악마가 어둠의 날개로 세상을 암흑으로 뒤덮어서" 그런지는 알 수 없어도 "15세기의 영혼들이 여전히 비관적이고 우울하게 살아갔다"는 그의 연민은 오늘 다시 들어도 별로 어색하지 않다. 그는 구원의 손길을 르네상스 해방에서 찾는다. 말만 들어도 신물이 나는 세계화, 금융자본, 신자유주의 암흑에 허덕이는 세기말의 절망적인 영혼들한테 구원의 르네상스는 과연 어디 있는가? 이제 정말 지쳤다. 오늘만이라도 이 미친 언사들을 잊게 해다오. 그리고 1,000년 전의 시인 오마르 카이얌 Omar Khayyám을 불러라.


　　닭이 울면 주막 앞의 사람들은 외친다

　　문을 열어라

　　머무를 시간은 짧고

　　한번 가면 두 번 다시 못 오는 길

시선—정운영 선집

왠지 가을에는 페르시아 풍의 이런 관능과 허무가 아쉽다. 인생의 석양에 쫓기는 한 사내의 이 부끄러운 사치를 부디 용서하라.

▍1999년 10월

## 출처

(아래에서 '신디케이트 칼럼'은 저자가 몇 개의 지방신문에 동시에 연재하던 글을 가리킨다.)

### | 1부. 시간의 기억

| | |
|---|---|
| 1789년 7월 14일 | 「한겨레신문」, 1989년 7월 14일 |
| 5월을 위한 추도사 | 「한겨레신문」, 1990년 5월 18일 |
| 그 여름의 신화 | 「한겨레신문」, 1995년 8월 15일 |
| 30년 전의 묵시록 | 「한겨레신문」, 1992년 10월 20일 |
| 5월의 주변에서 | 「한겨레신문」, 1993년 5월 18일 |
| 산티아고, 1973 겨울 | 「한겨레신문」, 1993년 9월 21일 |
| 아편에서 달러로 | 「한겨레신문」, 1997년 7월 1일 |

### | 2부. 저 낮은 경제학

| | |
|---|---|
| 흥부와 놀부가 같이 사는 길 | 「월간중앙」, 1988년 7월 |
| 민주경제 건설의 길 | 「한겨레신문」, 1988년 5월 15일 |
| 플란더즈 개와 플란더즈 사람 | 「한겨레신문」, 1988년 11월 22일 |
| 내 자식의 '교환가치'만은 | 신디케이트 칼럼, 1993년 2월 18일 |
| 너무 비싼 신분증 | 신디케이트 칼럼, 1996년 10월 17일 |
| 시장 우상에 대하여 | 신디케이트 칼럼, 1998년 11월 19일 |
| 꽃 이야기 | 「사람 사는 세상」, 1997년 1월 |
| 오늘 우리에게 마르크스주의는 무엇인가 | 「이론」, 1993년 겨울 |

### | 3부. 세상의 풍경

| | |
|---|---|
| 귀향, 화해 그리고 새 출발을 위하여 | 「한겨레신문」, 1989년 9월 12일 |
| 투표는 해야겠는데 | 신디케이트 칼럼, 1992년 12월 17일 |
| 60년 만의 과거사 회상 | 「중앙일보」, 2005년 8월 16일 |
| 새해 선물 | 「중앙일보」, 2000년 12월 29일 |
| 나는 네가 아닌데 | 「한겨레신문」, 1997년 1월 7일 |
| 망년의 자격 | 「출판저널」, 1996년 12월 5일 |
| 뿔 없는 '마녀'를 위하여 | 「한겨레신문」, 1994년 8월 9일 |
| 사제들의 고통 분담 | 신디케이트 칼럼, 1994년 3월 17일 |

시선—정운영 선집

## | 4부.  사람 읽기

## | 5부.  크리티크

# 연보

1944년 3월 18일 충남 온양에서 태어났다.

1964년에 서울대학교 경제학과에 입학하여 1969년 졸업했다.

1972년 서울대학교 대학원에서 경제학 석사학위를 받았다.

1972년부터 1973년까지 「한국일보」에서, 1973년 「중앙일보」에서 기자로 일했다.

1973년 벨기에 루뱅 대학교 경제학과의 학부 과정에 입학했다.

1981년 루뱅 대학교에서 이윤율 저하를 주제로 박사학위를 받았다.

1982년 귀국하여 한신대학교 교수로 재직하며 김수행, 이영훈, 윤소영 교수 등과 함께
    한신경제과학연구소를 주도했다.

1983년 위암 수술을 받았다.

1986년 한신대학교 학내 민주화 투쟁에 연루되어 해직당했다.

1987년 10월 「국가독점자본주의 이론 연구」 1권(미국·영국·일본·러시아 | 돌베개)을
    출간했다.

1988년 4월 「국가독점자본주의 이론 연구」 2권(독일 | 돌베개), 3권(라틴아메리카 | 돌베개)
    을 출간했다.

1980년대 말부터 10년 동안 서울대학교와 고려대학교에서 마르크스 경제학을 강의했다.

1988년 5월 「한겨레신문」 창간에 참여했다. 1999년 12월까지 비상임 논설위원을 지내며
    「전망대」 등의 칼럼을 통해 명성을 얻었다.

1989년 3월 「국가독점자본주의 이론 연구」 4권(프랑스·이탈리아 | 돌베개)을 출간했다.

1989년 10월 「광대의 경제학」(까치)을 출간했다.

1990년 5월 「저 낮은 경제학을 위하여」(까치)를 출간했다.

1990년 「출판저널」, 「한겨레신문」 등의 지면에서 복거일 선생과 자유주의 논쟁을 벌였다.

1991년 11월 「경제학을 위한 변명」(까치)을 출간했다.

1992년부터 1993년까지 마르크스주의 동인지 「이론」의 초대 편집위원장을 맡았다.

1993년 5월 「노동가치이론 연구」(까치)를 출간했다.

1993년 11월 「시지프의 언어」(까치)를 출간했다.

시선—정운영 선집

1995년 경기대학교 경영대학원 조교수로 강의했다.

1995년 9월 『피사의 전망대』(한겨레신문사)를 출간했다.

1996년 4월 제12회 언론인클럽 언론상 신문칼럼 부문을 수상했다.

1997년 6월 『레테를 위한 비망록』(한겨레출판)을 출간했다.

1999년 2월 제3회 삼성언론재단 삼성언론상 논평비평 부문을 수상했다.

1999년 10월 『세기말의 질주』(해냄)를 출간했다.

1999년부터 세상을 떠나기 직전인 2005년까지 경기대학교 경제학부 부교수로 강의했다.

1999년 10월부터 2000년 6월까지 「MBC 100분 토론」의 초대 사회자를 맡아 진행했다.

2000년부터 2005년 별세하기까지 중앙일보 논설위원으로 칼럼을 썼다.

2000년 7월 「월간조선」이 출간한 『한국의 명문』에 칼럼 「귀향, 화해 그리고 새 출발을 위하여」가 선정되었다.

2001년 EBS에서 「정운영의 책으로 읽는 세상」을 진행했다.

2001년 12월 『중국경제산책』(생각의나무)을 출간했다.

2002년부터 2003년까지 케이블 역사전문채널 「다시 읽는 역사, 호외」를 진행했다. 이 프로그램은 2005년 11월 한국방송학회가 선정한 방송대상의 첫 수상작이 되었다.

2002년 11월 『신세기 랩소디』(산처럼)를 출간했다.

2004년 12월 『노회찬: 우리 시대 진보의 파수꾼』(랜덤하우스코리아)을 출간했다.

2005년 9월 병상에서 부인의 도움을 얻어 구술로 마지막 칼럼 「영웅본색」을 완성하여 9월 7일자 「중앙일보」 지면에 발표했다.

2005년 9월 24일 지병인 신부전증으로 62세의 일기로 우리 곁을 떠났다.

2006년 9월 『자본주의 경제 산책』, 『심장은 왼쪽에 있음을 기억하라』(이상 웅진지식하우스)를 출간했다.

# 시선
## 정운영 선집

1판 1쇄 펴냄 ┃ 2015년 9월 14일
1판 4쇄 펴냄 ┃ 2015년 12월 30일

지은이 ┃ 정운영
발행인 ┃ 김병준
편집장 ┃ 김진형
디자인 ┃ 정계수(표지) · 박애영(본문)
발행처 ┃ 생각의힘

등록 ┃ 2011. 10. 27. 제406-2011-000127호
주소 ┃ 경기도 파주시 회동길 37-42 파주출판도시
전화 ┃ 070-7096-1332
홈페이지 ┃ www.tpbook.co.kr

공급처 ┃ 자유아카데미
전화 ┃ 031-955-1321
팩스 ┃ 031-955-1322
전자우편 ┃ tpbook1@tpbook.co.kr
홈페이지 ┃ www.freeaca.com

ISBN   979-11-85585-16-1   03300

이 도서의 국립중앙도서관 출판시도서목록(CIP)은
서지정보유통지원시스템 홈페이지(http://seoji.nl.go.kr)와
국가자료공동목록시스템(http://www.nl.go.kr/kolisnet)에서
이용하실 수 있습니다.(CIP제어번호: CIP2015022511)